Inhalt

ALGERIEN

LIBYEN

ÄGYPTEN

MAURE-
TANIEN

MALI

NIGER

TSCHAD

SUDAN

ÄTHIOPIEN

GHANA

NIGERIA

KAMERUN

KENIA

GABUN

DRC

TANSANIA

ANGOLA

SAMBIA

MOSAM-
BIK

NAMIBIA

BOTSWANA

SÜDAFRIKA

Nicht weil es schwer ist,
wagen wir es nicht,
sondern weil wir es nicht wagen,
ist es schwer.

Lucius Annaeus Seneca

Vorwort

Bis 1996 ging mein Leben einen geordneten, geregelten Lauf. Ich kämpfte mich durch die Handelsakademie um Sekretärin zu werden. Das wollte damals jedes dritte Mädchen. Schon während dieser Zeit wurde mir klar, dass ich wohl nicht zu diesen dreien gehören wollte.
Erfreut waren meine Eltern nicht darüber, erst als ich mit knappen 22 Jahren ausgebildete Lehrerin war. Doch anstatt in Österreich zu unterrichten, ging ich ein Jahr als Sprachassistentin nach Schottland. Mein erster längerer Auslandsaufenthalt und zum ersten Mal weg von zu Hause. Welch ungezwungenes Leben das doch war!

Was in diesem Jahr vor meiner Abreise nach Schottland noch passierte, war allerdings noch viel schöner: Ich lernte Peter kennen. Er kannte schon viel mehr von dieser Welt und gemeinsam erkundeten wir in den kommenden Jahren so manche Plätze davon mit dem Rucksack, Motorrad oder Kleinbus. Wir liebten das Reisen, doch es war uns nicht intensiv genug, einfach immer zu kurz.
Genau daran arbeiteten wir, viele Jahre lang.
Über das Ergebnis und unsere Afrikareise soll nun dieses Buch erzählen.

Neulengbach, im Juli 2013

Prolog
Warum eigentlich ausgerechnet nach Afrika?

Diese Frage haben sich vor allem Freunde und meine Familie gestellt. Es gibt doch so viele andere, schöne Plätze auf dieser Erde, die weniger gefährlich sind. Und zudem nicht so weit entfernt, mit guter Infrastruktur, wo es sich gut und problemlos leben lässt. Also warum Afrika?

Schon als Kind war ich vom afrikanischen Kontinent fasziniert, speziell die Fauna und Flora hatten es mir angetan und so verbrachte ich tagelang mit dem Schmökern von Lexika und Malen von exotischen Tieren. Bücher und Fernsehsendungen regten zudem meine Fantasie an. Meine erste Puppe war eine Schwarze, genannt Leila. Mein Vater hat sie erst unlängst am Dachboden wiedergefunden und mir zum zweiten Mal geschenkt.
Gerne ging ich in Zoos und beobachtete stundenlang die fremden Tiere, am liebsten die Elefanten. Und doch war es auch ein trauriger Anblick, wie gerne würde ich sie in ihrer ursprünglichen Heimat betrachten. Und die liegt nun mal in Afrika!
Die Idee, nach Afrika zu reisen, existierte schon länger in meinem Kopf und auch in dem meines Partners Peter. Lange behielten wir unser Vorhaben für uns, doch irgendwann berichteten wir doch Freunden und der Familie davon. Das war 2002. Alle wollten natürlich sofort wissen, wann die Reise los gehen sollte. So genau wussten wir das auch nicht, denn zuerst brauchten wir ein passendes Fahrzeug und natürlich auch entsprechende finanzielle Reserven.

Die Jahre vergingen. „Ihr fahrt sowieso nie!", war die Aussage unserer Freunde, an die wir uns bereits gewohnt hatten. Und dann ging alles ganz schnell: Im Frühsommer 2006 beschlossen wir den Abreisetermin: Der 26. Oktober 2006, für den 28. buchten wir bereits die Fähre nach Tunesien.

Peter nahm als selbständiger Techniker keine Aufträge mehr an, ich arbeitete als Flugbegleiterin noch bis Ende September. Im Sommer hatten wir allerdings noch ein Bauprojekt, das uns voll in Anspruch nahm. August der Reisewagen war auch noch nicht fertig. Zudem sprang uns der Mieter für unser Haus ab - als ob wir nicht schon genug zu tun hätten!
Kurzerhand beschlossen wir, das Haus zu verkaufen. Und siehe da, innerhalb von vier Wochen hatte es einen neuen Besitzer. Jetzt mussten wir allerdings noch den ganzen Hausrat, die Werkstatt und den Weinkeller ausräumen. Es ist wirklich unvorstellbar, was sich mit den Jahren alles ansammelt!

Zwei Wochen vor der Abreise wohnten wir schon im neuen mobilen Heim und fühlten uns gar nicht wohl. Der erste Morgenfrost und Nebel stellten sich ein, wir blickten ein bisschen wehmütig auf unser ehemaliges Haus und wollten nur mehr weg! Doch es gab noch so viel zu tun! Das Schlimmste davon war, unsere alte Hündin Mitzi zurückzulassen.
Wir zogen einen Schlussstrich unter alles und machten uns auf den Weg. Damals wussten wir noch nicht, wie stark uns diese Reise prägen würde, wie sehr sich unser Leben verändern würde und dass wir bis zum heutigen Tag noch immer im Mercedes-Lkw „August der Reisewagen" leben würden.

Aus der geplanten sechsmonatigen Reise wurde schlussendlich ein zweieinhalbjähriger Aufenthalt in Afrika. Und davon möchte ich keinen Tag missen.

Teil I   August der Reisewagen in Ostafrika

Das Gute liegt so nah!
Die Geschichte von August der Reisewagen

Für die geplante Afrikareise und auch für andere Freizeitaktivitäten suchen wir nach einem geeigneten Fahrzeug. Ein Allrad muss es sein. Wintertauglich bis minus 30 Grad, Stehhöhe und ein fixes Bett wären schön. Während einer Norwegenreise 2002 mit unserem spartanisch eingerichteten VW-Bus werden uns bei Schlechtwetter alle Nachteile dieser Variante bewusst. Peters Erfahrungen mit Kondenswasser in Bussen jeglicher Größe und die Schwierigkeit des Isolierens bringen uns in Richtung Pick-up mit isoliertem Wohnaufbau. Auf einem Parkplatz treffen wir ein Schweizer Pärchen mit einem Allrad-Wohnmobil, es ist ein umgebauter Mercedes-Lkw. Eine Besichtigung erfolgt sofort und wir sind begeistert. Die Aussagen der Schweizer, dass dies ihre Berghütte, ihr Bungalow am Meer und zu Hause das Gästehaus ist, überzeugen uns sofort. Bezüglich der Größe habe ich meine Einwände. Aber Peter meint, besser ein leicht beladenes, großes Auto als ein überladener Jeep!

Sofort beginnt er mit einer Internet-Recherche und als Mercedes-Oldtimer-Fan wird ihm schnell bewusst, dass nur ein alter Mercedes-Lkw das Richtige für uns sein kann. Fahrzeuge mit wenigen Kilometern Laufleistung sind rar und teuer und werden in Österreich nur von Feuerwehren veräußert. Wir machen uns auch in Deutschland auf Fahrzeugsuche und besuchen das Willy-Janssen-Globetrottertreffen. Viele Afrikareisende treffen sich in der Nähe von Gießen zum Erfahrungsaustausch. Eine gute Gelegenheit für uns, um verschiedene Fahrzeugvarianten zu besichtigen und mit den Besitzern zu reden. Viele Oldtimer-Lkw sind dabei und die Mercedes-Rundhauber sind unsere Favoriten. Die alten Lkw haben noch ein Gesicht und damit mehr Stil. Die zum Verkauf angebotenen Fahrzeuge sind uns zu teuer und haben außerdem einen Turbomotor. Der ist zwar kräftiger, aber anfälliger bei großer Hitze. Außerdem wird uns klar, dass deutsche Fahrzeuge bei uns nur schwer zu typisieren sind. So sucht Peter in ganz Österreich weiter. Nach einjähriger Suche findet er einen passenden Lkw auf einem Bauernhof, keine zehn Kilometer von unserem Haus entfernt. Wir schreiben Juli 2003. Es ist exakt das, was er gesucht hat: Mercedes 1113, Feuerwehr Tankwagen, Baujahr 1966. Technisch in Ordnung, 160.000 Kilometer, rostig und billig! Viele Jahre stand er bereits auf der Pferdekoppel als Tränke.
Peter zahlt Euro 295, schließt eine kleine Autobatterie an und fährt nach Hause.
Ich arbeite gerade im Garten und als ich das Fahrzeug kommen sehe, weiß ich sofort, dass dies unser Afrika-Auto ist. Den aufgebauten Wassertank verkauft Peter um Euro 350 und so hat uns das Fahrzeug nichts gekostet!

Im Februar 2004 beginnt Peter mit der Restaurierung des Fahrgestells und des Führerhauses. Ein Freund arbeitet drei Wochen mit. Wir beseitigen die Rostschäden und erneuern alle Verschleißteile. Peter besorgt neue Felgen und Reifen. Das Führerhaus wird verlängert, um den Batterien und den luftgefederten Sitzen genug Platz zu verschaffen. Das Rahmenende verlängert Peter um einen Meter, damit ein großer Kofferaufbau darauf passt. Alles wird neu lackiert und poliert. Nach fünf Wochen sind diese Arbeiten abgeschlossen und unser Auto sieht aus wie neu. Mir gefällt der Oldtimer-Lkw sehr gut, bezüglich der Größe bleibe ich aber skeptisch: Zu groß! Und den Wohnaufbau kann ich mir noch nicht vorstellen.

Im September 2004 erwirbt Peter für Euro 550 einen gebrauchten, gut isolierten Kühlkoffer in selbsttragender Bauweise. Dieser wurde zuvor von einem Getränkehersteller verwendet. Dies ist sehr wichtig, da ehemalige Fleischkühlkoffer aufgrund des Geruches und der eventuellen mentalen Belastung nicht empfehlenswert sind. Der Koffer wird zerschnitten und auf unsere Idealmaße angepasst. Die Materialreste finden als Trennwand für die Schlafbox und Dusche Verwendung. Bei allen Arbeiten und Materialien wird penibel darauf geachtet, dass keine Kältebrücken entstehen.

Da wir den Lkw im Winter zum Skifahren benutzen wollen, bauen wir auch eine Dusche ein. Wir entscheiden uns für eine portable Campingtoilette, die in der Dusche Platz findet. Eine Küchenzeile mit Gasherd, Dunstabzug und Kompressorkühlschrank fertigt ein Freund von uns an. Es folgt eine kleine Sitzecke für vier Personen. Unter dem Bett werden die Versorgungsbatterien und die Wassertanks verbaut. Es bleibt genug Platz für Ski, Campingausrüstung etc. übrig. Unter der Spüle in der Küche installieren wir einen Warmwasser-Boiler und eine Heizung, beide mit Gasbetrieb. Ein Radio mit CD-Player und ein CD-Regal werden über dem Tisch montiert. Das Bett wird mit einer 18 cm hohen Gelschaummatratze ausgestattet. Da wir im ersten Winter Probleme mit Kondenswasser unter der Matratze haben, bauen wir einen zusätzlichen Warmluftkanal. Dieser heizt von unten die Duschtasse, die Wassertanks, die Versorgungsbatterien und auch die Matratze. Ein Bücherregal und drei Schränke für Kleidung werden angefertigt und montiert. Auf das Kofferdach kommen zwei Solarpanele und ein Konverter sorgt für 220 Volt. Damit kann ich nun also auch einen Mixer mit auf die Reise nehmen. Niemals hätten wir uns damals vorstellen können, dass wir mehr als sechs Jahre in diesem Wohnmobil verbringen würden.

Bei der ersten Urlaubsfahrt im August 2005 haben wir einen Kupplungsschaden. Innerhalb von zehn Stunden haben wir Ersatz für ein 40 Jahre altes Auto! Wieder eine Bestätigung für die richtige Fahrzeugwahl. In nur fünf Stunden reparieren wir am Straßenrand die Kupplung und sind wieder unterwegs Richtung Osttirol. Dort machen wir wunderschöne Tageswanderungen und genießen die Nächte in unserem neuen mobilen Heim. Es folgen mehrere Ausfahrten im Oktober und November und viele Testfahrten im Gelände (Schottergruben). Im Winter machen wir einige Skiausflüge und haben selbst bei minus 20°C keine Probleme. Auch der Motor springt hervorragend an! Wir diskutieren viel über das, was wir noch verändern bzw. brauchen werden. Schließlich wollen wir im Herbst 2006 unsere Afrikareise starten!

Wir besuchen das Därr-Treffen für Globetrotter in der Nähe von München und holen uns weitere neue Ideen. Ein Vortrag von Joe Pichler über eine Motorradreise nach Südafrika inspiriert uns total. Dort müssen wir auch hin! Sandbleche, Fahrradträger, Reservereifen und ein zusätzlicher 500-Liter-Tank werden montiert. Des Weiteren kommen eine Dachgalerie mit Gedore-Werkzeugkiste und ein 80-Liter-Wassertank für die Außendusche auf das Führerhaus. Viel Werkzeug, Ersatzteile und Material verschwinden im Fahrzeuginneren. Nun ist der Lkw abfahrbereit. Fertig ist er nicht, aber solch ein Fahrzeug wird eben nie fertig.

Doch halt! Einen Namen braucht der Mercedes noch. Wir nennen ihn August. Er sieht aus wie ein August. Er ist groß, klobig und schrankförmig. Und die erste Probefahrt war im Monat August.
Später soll aus August „August der Reisewagen" werden. Auf die Idee hat uns ein etwa zehnjähriger deutscher Bub 2007 in Tansania gebracht. Er ging mit seinem Vater an unserem Fahrzeug vorbei und fragte: „Du Papa, was ist denn das??" Der Vater antwortete: „Tja, das ist ein Reisewagen!"

Nationalfeiertag, doch uns ist nicht zum Feiern zumute

Der Himmel war grau, das weiß ich noch - passend zu meiner Stimmung. Wie lange hatte ich auf diesen Moment gewartet? Endlich wegzufahren, aufzubrechen. Und jetzt, wo er gekommen war, befielen mich große Zweifel. Ich hasse Abschiede, aber sie gehören nun mal dazu. Nachdem ich meinen Eltern auf Wiedersehen gesagt hatte, verabschiedete ich mich zum dritten Mal von unserer heißgeliebten Hündin und wieder konnte ich die Tränen nicht zurückhalten. Es war ein Sonntag und ein Feiertag, aber ich heulte. August rollt auf der Autobahn Richtung Westen. Peter und ich schweigen uns an. Jeder hängt seinen Gedanken nach. Und allmählich fällt uns ein, was wir alles vergessen haben. Gedanklich sind wir immer noch zu Hause. Die Sonne bricht zwischen den Wolken hervor und hellt unsere Stimmung auf. Mit einem müden und verschwollenen Gesicht blicke ich in einen strahlenden Herbsttag.

Zwei Tage später müssen wir in Genua sein, ansonsten legt die Fähre ohne uns ab. Wir kommen gut voran, die Kilometer fliegen dahin, nur unser Kopf ist träge, von Freiheitsgefühl keine Spur.
Als es am zweiten Fahrtag dunkel wird, sind wir in irgendeinem engen Tal zwischen Piacenza und Genua. Beide sind wir hungrig, wollen nur mehr essen und schlafen. Im Nirgendwo taucht plötzlich ein Restaurant auf, wir sehen es zu spät und müssen nun umdrehen. Peter erspäht einen Güterweg, legt den Retourgang ein und schiebt zurück. Es ist stockfinster, das Einzige, was beleuchtet ist, ist der Himmel durch unsere steil empor strahlenden Scheinwerfer. Wir sind mit dem rechten Hinterrad in einen tiefen Straßengraben gefahren. Das Vorderrad ist fast einen Meter in der Luft. Ist das bereits das Ende unserer Reise? Ich habe vollstes Vertrauen zu Peter. Zu Recht, 45 Minuten später steht August am Parkplatz des Restaurants und wir sitzen bei der ersten Flasche Wein.

Nach dem x-ten Versuch sind wir am richtigen Dock im Hafen von Genua. Zu unserer Überraschung sind unsere Wiener Freunde, Steffi und Stefan, schon da. Gemeinsam mit ihnen wollen wir Libyen bereisen. Die beiden sehen auch nicht merklich besser aus …
Als wir am Schiff sind, kehrt ein bisschen Ruhe ein. Einen Tag lang Nichts tun ist nun angesagt. Aufs Meer schauen macht süchtig. Langsam begreife ich, dass wir unterwegs sind. Wir steuern auf Afrika zu, lassen Europa hinter uns. Für wie lange, wissen wir zu diesem Zeitpunkt noch nicht.
Der Parkplatz vor der Kathedrale und dem Nationalmuseum von Karthago wird unser erster Schlafplatz in Afrika. Auf einem Campingplatz am Strand versuchen wir erstmals zu entspannen. Wir wollen herausfinden, was wir alles vergessen haben. Da wir total urlaubsreif sind, trennen wir uns von Steffi und Stefan und wollen vorläufig nur faul sein. An der libyschen Grenze werden wir uns wieder treffen. Mir erscheint alles wie ein gewöhnlicher Urlaub. Ich trage zwar schon seit Tagen keine Uhr mehr, dennoch spielt Zeit eine Rolle. Wann wird sich das ändern? Wird es sich ändern? Werde ich mich ändern?
Nach ein paar Tagen ist es wie zu Hause: Waschen, kochen, putzen, sauber machen – aber doch anders. Irgendwie genieße ich diese eintönige Arbeit, auch meine Gedanken sind dementsprechend und auch das ist gut so. Ein Augenzwinkern und schon ist eine Woche vergangen. Eine faszinierende Landschaft ohne Tourismus und unglaublich gastfreundliche Menschen, das sind meine ersten Eindrücke von Tunesien. Und Ruhe, viel Ruhe. Ich mag diese Einsamkeit, so kann die Natur voll auf mich wirken. Ich denke schon voraus, die kommenden Monate werden – so glaube ich – landschaftlich gewaltig sein; endlos und dünn besiedelt. Darauf freue ich mich, aber auch auf Begegnungen, denn sind sie auch noch so selten, so bereichern sie den Tag.

Mir fehlt Bewegung, ich bin es nicht gewohnt, so viel im Lkw zu sitzen. Ich beschließe, so wie zu Hause, laufen zu gehen. Die Ausrüstung habe ich mit dabei. Mit einem weiten T-Shirt und einer halblangen Laufhose versuche ich eine Strecke zu finden, wo ich ungestört und ungesehen bin. Die Sonne steht schon hoch und knallt auf mich herunter. Als ich einer Gruppe von Frauen begegne, ist mein Kopf bereits hoch rot. Sie lachen. Sie lachen mich aus. Aber nicht wegen meiner Gesichtsfarbe, sondern wegen meiner Kleidung. Ich komme mir echt blöd vor, fehl am Platz, laufe zurück zu August. Die Lust ist mir vergangen. Als ich duschen möchte, muss ich feststellen, dass unsere Wassertanks fast leer sind. Auch das noch! Alle Zeichen stehen also gegen das Laufen. Schweren Herzens sehe ich ein, dass ich es aufgeben muss. Zumindest in muslimischen Ländern, in heißen Ländern und in Ländern, wo man nicht überall Wasser tanken kann. Es soll das erste und letzte Mal in Afrika gewesen sein. Man kann eben nicht alles haben.

Noch eine Umstellung gibt es. Ich bin mit Peter 24 Stunden am Tag zusammen, sieben Tage die Woche, vier Wochen im Monat usw. In Österreich waren wir beide viel unterwegs, aber getrennt voneinander. Das machte mir nichts aus, ganz im Gegenteil. Und nun Zweisamkeit rund um die Uhr auf 9,5 m². Aber es gefällt mir. Gut sogar, sehr gut. Und Peter auch.
Immer weniger denke ich an zu Hause, an meine Eltern, meine Freunde, meine Hündin. Und immer wohler fühle ich mich in unserem Gefährt, in dem alles noch neu ist und neu riecht. Jeden Tag begeistert uns etwas anderes: Vom ersten Kamel, kleinen Sanddünen über Dattelpalmen bis zu den Berberdörfern. Wir wagen uns ein Stück in die Wüste vor, befahren zum ersten Mal eine eher schlechte Piste und fragen uns, ob unser Lkw diese Rütteleien schadenfrei überstehen wird.
Auf der Suche nach einem Schlafplatz treffen wir auf den eingesunkenen Trucktrial-Europameister aus der Ramsau. Während eines Umkehrmanövers vor einer Schlammpassage versank der 13-Tonner im Nu! Soll das ein kleiner Vorgeschmack auf unsere Reise sein?

Wir sind immer neugierig, was die Einheimischen so essen. Obwohl ich gerne selber koche und am Souk (Markt) einkaufe, landen wir eines Tages in einem kleinen tunesischen Restaurant. Wir bestellen die Spezialität des Hauses, viel Couscous mit Ragout und Salat. Es schmeckt herrlich. Mit so einem vollen Bauch beschließen wir einen Verdauungsspaziergang zu machen. Es beginnt zu rumoren in unseren Bäuchen, zu zwicken und zu schneiden. Wir eilen zurück zu unserem Fahrzeug und sind heilfroh, ein Campingklo zu besitzen. Unsere Kost in den nächsten Tagen besteht aus Reis und Schwarztee. Doch wir sind guter Dinge, wir müssen uns eben erst an die Umstellung gewöhnen - und an den Reisedurchfall.

Langsam begeben wir uns Richtung libysche Grenze. Zwei Wochen sind wir nun in Tunesien, normalerweise würde das schon das Ende eines Urlaubs bedeuten. Nicht auszudenken! Unter keinen Umständen möchte ich nun zurück. Die Reise hat ja noch nicht einmal richtig begonnen.
Ein letzter Einkauf im Souk. Als wir vollbepackt zu unserem Fahrzeug August zurückkommen, finden wir auf unserer Windschutzscheibe einen Strafzettel. Das gibt es doch nicht! Bei genauerer Betrachtung ist uns alles klar. Tatort des Parkvergehens ist die Seidengasse in Wien! Kurz danach treffen wir den Straftäter Stefan. Die letzte Nacht in Tunesien hat bereits Einzug gehalten, ein paar Hunde unterhalten sich von Dorf zu Dorf, leise höre ich die Wellen, etwas lauter den Kühlschrank brummen und Peter schnaufen. Die Lider werden schwer. Schon morgen werden wir in Libyen sein.

Libyen – Mehr als Sand

Libyen unter der Herrschaft von Gaddafi ist das erste Land in Afrika, bei dem unserer Familie nicht ganz wohl ist. Auch wir sind schon gespannt, wie die Stimmung dort ist. Am 12. November 2006 erreichen wir die libysche Grenze und sind neugierig, ob unser Führer, den wir per Internet engagiert haben und der leider für das Reisen in Libyens Süden Pflicht ist, bereits auf uns wartet. Als wir in der Kolonne stehen, sehen wir in der Ferne einen Mann, der wie verrückt winkt. Das muss er sein! Tatsächlich, es ist unser Guide Hussein, der uns die nächsten Wochen begleiten wird. Der erste Eindruck ist sympathisch, er grinst bis zu den Ohren, heißt uns willkommen und nimmt die ganzen Einreiseformalitäten in die Hand. So einen einfachen Grenzübertritt haben wir noch nie erlebt. Auch die Navigation ist dank Hussein leicht und so erreichen wir spielerisch seine Heimatstadt Zuara an der Mittelmeerküste. Dort campen wir im Garten von Husseins Bruder. Wir sind schon neugierig auf den Strand, sind dann aber etwas enttäuscht, da sehr viel Müll herumliegt. In der Zwischenzeit chauffiert Hussein Stefan in die 90 Kilometer entfernte Haupt-stadt Tripolis, um Ersatzteile für die Lichtmaschine zu kaufen. Sie kommen erst spät abends wieder und Stefan sieht ganz verändert aus. Er hat einen Höllenritt hinter sich. Hussein meint, er sei ein begnadeter Rennfahrer. Zumindest haben sie die passenden Teile aufgetrieben.

Bevor wir in die Wüste aufbrechen, wollen wir unbedingt noch einige antike Städte besichtigen. Die erste ist die römische Stadt Sabratha. Hier wurde einst mit afrikanischen Tieren und Elfenbein gehandelt. Reichtum und Wohlstand von damals sind bis heute noch sichtbar. Wir haben all die antiken Tempel, Bäder, Basiliken und das wunderschön restaurierte Theater fast für uns alleine. Im Landesinneren suchen wir uns einen Schlafplatz. Hussein kann es anfangs gar nicht glauben, dass wir hier in der Einöde nächtigen wollen und versucht uns zu überreden, ins nächste Dorf zu fahren. Pech gehabt, Hussein, wir lieben die Natur und so verbringt er seine erste Nacht im Zelt, wie wir es ja ausgemacht haben.
Am nächsten Tag erblicken wir Nalut schon von weitem. Hier ist die Heimat der Berber, zu denen auch Hussein gehört. Beeindruckend ist nicht nur die Lage, sondern auch die Architektur. Es ist eine Speicher-stadt mit engen Gassen und 400 Kammern, die teilweise mit Türen aus Palmenholz verschlossen sind. In manchen sieht man noch alte Tongefäße, in denen Datteln, Öl, Weizen und Gerste gelagert wurden. Auch einige Ölpressen sind noch vorhanden. Wir können uns völlig frei bewegen und sind einfach nur fasziniert.
Die dritte Stadt im Bunde ist Ghadames. In der Altstadt verbringen wir einen halben Tag, schlendern durch die engen, meist überdachten Gassen der größten und am besten erhaltenen Oasenstadt Libyens. Der Hunger treibt uns zu den Geschäften, es ist an der Zeit, Lebensmittel aufzustocken. Vor einem Laden hängt ein Kamelkopf, das bedeutet, dass Kamelfleisch erhältlich ist. Da schlagen wir natürlich sofort zu. Die netten Verkäufer schneiden uns dicke Steaks herunter, die wir am Abend grillen. Einfach köstlich!

Der Wermutstropfen kommt am nächsten Tag. Wir erfahren, dass die parallel zur algerischen Grenze verlaufende Piste aufgrund von Unruhen gesperrt ist. Von deutschen Reisenden bekommen wir allerdings GPS-Koordinaten für einen Track durch die Ubariwüste nach Al-Aweinat (Serdeles). Wir füllen unsere Wassertanks und haben somit 340 Liter Wasser für drei Personen. Auch unsere Dieseltanks sind mit 700 Liter randvoll. Das muss nun für die Wüstendurchquerung reichen. Anfangs ist die Landschaft flach und die Piste steinig, doch langsam verliert sich die Piste im Sand und wir queren zum ersten Mal kleine Dünen. Der Sand ist sehr fein. Wir reduzieren den Luftdruck in den Reifen, ein vollkommen neues Fahrgefühl!

Mit so wenig Luft in den Reifen muss man höllisch aufpassen. Peter muss erst ein Gefühl für das Fahren im Sand entwickeln. Sand verhält sich doch anders als Schnee oder Schlamm. Bei einer leichten Schrägfahrt rutscht der Lkw mit der Hinterachse weg und wir kommen sehr schräg zu stehen. Mir fällt das Herz in die Hose. Wir sichern August mit Stefans Lkw und schaufeln! Die Dünen werden immer höher, die Abfahrten immer steiler. Mit 9,5 Tonnen Gesamtgewicht ist das gar nicht so ungefährlich. Mit dem Vorwand, Fotos zu schießen, steige ich immer vor einer Abfahrt aus. Ohne Servolenkung ist es manchmal schwierig den Lkw gerade die Dünen hinunterzubringen. Aber Übung macht den Meister! Nach einer steilen Dünenabfahrt errichten wir unser Nachtlager und vergnügen uns noch mit dem Erklimmen und Hinunterspringen der höchsten Dünen. Kindheitserinnerungen werden in der großen Sandkiste wach.

Hier ist die Ubariwüste die klassische Wüste schlechthin. Riesige Sanddünen, Licht- und Schattenspiele, elegante Formen, die sich, sobald die Sonne etwas tiefer steht, von der besten Seite zeigen. Dazwischen Kamelgrasbüschel, Tierspuren im Sand und ab und zu ein Kamel, das sich scheinbar ohne Ziel in den Dünen bewegt. Keine Düne gleicht der anderen, es ist fast ein Verbrechen, sie zu erklimmen, da sich die eigenen Spuren – zumindest bis zum nächsten Sturm oder Regen – verewigen. Obwohl hier alles Sandwüste ist, ist die Landschaft sehr abwechslungsreich. Ich bin immer gespannt, wie es hinter der nächsten großen Düne weitergeht, wie sich die Spuren am nächsten Tag im Sand abzeichnen und in welchem Orange sich die Berge im Abendlicht färben werden.

Unserem Führer Hussein ist scheinbar nicht ganz wohl, denn er hat jetzt erkannt, dass wir tatsächlich die Ubariwüste von Nord nach Süd durchqueren wollen. Etwas Unbehagen bereiten ihm auch die Nächte im Zelt. Wir beginnen den Tag mit einem Spaziergang, während die Sonne über den Dünen aufgeht.

Es ist unglaublich, wie kalt es in der Nacht in der Wüste werden kann. Die Dünen werden zahlreicher, größer und steiler – wir sind inmitten der Sahara. Die Landschaft ist beeindruckend und die Vielfalt der Dünen unendlich. Peter und ich sind das erste Mal in der Wüste, wir sind begeistert, sind ihrem Zauber erlegen. Gerne würden wir schon am Nachmittag unser Lager aufschlagen, um die Wüste zu genießen, sie intensiv auf uns wirken zu lassen, doch Stefan ist eine Fahrernatur. Am liebsten sitzt er den ganzen Tag hinter dem Lenkrad. Wenn man mit anderen unterwegs ist, muss man sich eben anpassen, Rücksicht nehmen, Kompromisse finden. Schon jetzt beschließen wir, in Ägypten getrennte Wege zu gehen.

Den ganzen Tag fahren wir die Sandberge auf und ab, immer wieder müssen wir aussteigen, um nach einer möglichen Passage zu suchen. Am Nachmittag rasen drei Pick-up auf uns zu und umzingeln uns regelrecht. Wir befürchten einen Überfall. Die Herren stellen sich jedoch als freundliche und hilfsbereite Grenzpolizisten und Zollbeamte heraus, die uns mit frischem Brot versorgen. Bei der Weiterfahrt wird uns klar, dass wir die Route der Deutschen mit den leichten Jeeps nicht verfolgen können, da die Dünen für unsere Lkw zu steil sind. So müssen wir nun selbst einen Weg durch die Wüste finden. Mit leichtem Unbehagen stellen wir fest, dass es doch noch 350 Kilometer bis zur nächsten Siedlung sind. Unser Führer Hussein ist keine große Hilfe, da er noch nie in der Ubari war und nur mit seinem alten Schulatlas und einem Geschichtsbuch ausgerüstet ist. Wir suchen mehrere Stunden nach einer möglichen Route und beschließen, aus dem Wadi (Trockental) heraus und wieder zurück zu fahren. Wir realisieren, dass Reifenspuren in der Wüste nicht aussagekräftig sind, da unsere eigenen Spuren selbst den Eindruck einer stark befahrenen Route vermitteln. Nachdem es bereits dämmert, will Peter auf dem ersten erhöhten Platz das Nachtlager aufschlagen. Stefan ist dagegen und so fahren wir bei Dunkelheit weiter. Es kommt wie es kommen muss, August bleibt im Sand stecken. Bei der Bergeaktion mit der Seilwinde verletzt sich Peter am Finger. Das macht ihn noch grantiger. Eines seiner Prinzipien ist, nicht bei Finsternis zu fahren und schon gar nicht in der Wüste. Schließlich finden wir trotz tiefschwarzer Nacht einen guten Platz zum Campieren. Unsere Stimmung ist nicht die beste. Beim Abendessen diskutieren Peter und ich über unsere Situation und erst jetzt wird uns klar, dass wir uns navigationsmäßig überhaupt nicht auskennen und uns voll auf andere verlassen haben. Das ist ernüchternd, doch die Einsicht kommt zu spät.

Bis tief in die Nacht sitzen wir am Laptop und studieren unsere alten russischen Karten. Jetzt wären natürlich Satellitenkarten toll. Stefan setzt neue Wegpunkte am GPS und wir einigen uns auf eine neue Route. Wir beschließen, durch ein langes, sandiges Wadi zu fahren, das in eine weitläufige Steinwüste führen soll. Es ist schon ein eigenartiges Gefühl, nicht genau zu wissen, ob es auch hinter der x-ten Düne weitergeht, ob sich unsere Lkw einen Weg bahnen können. Ich bin dabei der größte Angsthase von allen, es ist keine Angst um mich persönlich, dass ich verloren bin und nun verhungern oder verdursten muss. Nein, es geht um unser gesamtes Reisevorhaben. Immerhin möchte ich mehr als die Ubariwüste sehen und demnach nichts riskieren. Wir brauchen August und unsere Ausrüstung noch um einiges länger. Ich bin aber zuversichtlich, dass wir einen Weg finden werden, so Gott will – inshallah, wie man hier sagt.

Die Durchfahrt ist möglich und wir fahren entlang der Dünen Richtung Süden. Am sechsten Tag der Wüstendurchquerung geht es über felsige Abbrüche und grobe Steine in ein breites Tal. Wir kommen nur sehr langsam voran. Die teilweise sehr spitzen Steine setzen unseren Reifen heftig zu. Unglaublicherweise schaffen wir den Tag ohne gröbere Reifenschäden. Am Ende des Tales müssen wir wieder durch Dünen, wo wir auch unter einem fantastischen Sternenhimmel unser Nachtlager aufschlagen. Sobald die Sonne untergegangen ist, wird es kalt, bitterkalt. Auf ein Lagerfeuer verzichten wir, denn wir wollen einen ungestörten Blick auf den Himmel haben. Weit und breit ist kein künstliches Licht und so erstrahlen die Sterne in ihrem vollen Glanz. Über uns funkelt es. Es sind so wahnsinnig viele sichtbar! Auch vom Bett aus können wir sie noch betrachten, denn die Dachluke ist genau über unseren Köpfen. Sterne schauen und dabei langsam ins Land der Träume reisen …

Im frühen Morgenlicht sehen wir Reifenspuren im Sand und hoffen, auf dem richtigen Weg durch die letzten hohen Dünen zu sein. Bei der Überquerung der ersten Düne fährt Peter mit zu viel Schwung an und August hebt mit der Vorderachse über einen Meter hoch ab! Sofort springt er aus und kontrolliert unser Fahrzeug. Wie durch ein Wunder wird kein Schaden festgestellt. Glück gehabt! Wir schaffen die letzten Sandberge ohne Probleme und haben nun nur eine Ebene bis Serdeles vor uns. Husseins Gesicht entspannt sich zum ersten Mal seit Tagen wieder. Als wir in Serdeles eintreffen, ist er überglücklich und lädt uns sogleich zum Essen ein. Auch wir sind heilfroh, die Ubariwüste unbeschadet durchquert zu haben. So schlecht vorbereitet würden wir das kein zweites Mal machen.

Die Sahara hat uns verzaubert, nochmals wollen wir sie ein Stück durchqueren. Unser Ziel sind die Ubari Seen. Es heißt, dass die erste Passage zu den Seen die schwierigste und nur für leichte Fahrzeuge befahrbar sei. Wir sehen, dass die erste Düne stark zerfahren ist und haben Bedenken. Überraschenderweise gelingt uns die Auffahrt gleich beim ersten Mal. Wir erreichen noch am selben Nachmittag den Gebraoun See. Auf der unglaublich hohen Düne am Südufer des Sees sehen wir Spuren eines Skifahrers. Nanu? Ein geschäftstüchtiger Tuareg verleiht dort Ski- und Snowboardausrüstung. Stefan ist nicht zu halten. In perfekter Haltung meistert er die Abfahrt, während wir im stark salzhaltigen, kühlen See schwimmen oder uns vielmehr treiben lassen. Die Bekanntschaft mit einem ortsansässigen Reiseführer verändert unsere Pläne. Es gibt eine Passage nach Norden zur 150 Kilometer entfernten Asphaltstraße ins Wadi Ashatti. Wenn wir die erste Düne schaffen, sollte es auch für unsere schweren Lkw kein Problem sein. Die Tuaregs mit den leichten Toyotas demonstrieren uns, wie wir

die Düne bewältigen können: Erster Gang, zweiter Gang und Vollgas! Dass wir mindestens dreimal schalten müssen, um in Schwung zu kommen, verstehen sie nicht. Auch das Gewichtsproblem ist für sie nicht existent. Sie schütteln nur den Kopf und verlassen uns alsbald. Fünf Stunden und viele Liter Diesel später schafft Stefan mit Hilfe aller Sandbleche die Auffahrt. Mit der Seilwinde ziehen wir unseren Lkw hoch. Mit vereinten Kräften (Seilwinde und Bergegurt) geht es danach gut voran und wir nächtigen an einer idyllisch gelegenen Wasserstelle. Ab hier müssen wir nur mehr durch einige Wadis bis zur Asphaltstraße. Der Dreck der Zivilisation empfängt uns schon vor der ersten Ortschaft. Riesige Müllhalden säumen den Weg. Wie schön war es doch in der Wüste!

Unser Visum ist nur ein Monat gültig, wir müssen uns also schon auf den Weg nach Bengasi machen. Hier hat Hussein wieder Freunde. Wir werden natürlich sofort zum Essen eingeladen.
Ablehnen ist nicht möglich. Ich weiß bis heute nicht, was genau wir dort gegessen haben, aber es war unglaublich gut. Die Dame des Hauses freut sich sehr über unser Kompliment. Zwei Minuten später habe ich eine Flasche kalt gepresstes Olivenöl und ein Glas mit genau dem libyschen Gewürz, das im Essen war, in der Hand. Typisch arabische Gastfreundschaft!
In Bengasi beantragen wir auch das ägyptische Visum, denn hätten wir es schon in Österreich gelöst, so wäre es bereits abgelaufen. Danach wollen wir uns alleine in der Stadt umsehen. Hussein passt das gar nicht. Als wir die ägyptische Botschaft verlassen, steht er „zufällig" vor uns. Ziemlich vehement erklären wir ihm, dass wir einmal alleine sein wollen. Es scheint zu klappen. Obwohl wir schon seit über drei Wochen in Libyen sind, hatten wir kaum Kontakt zur Bevölkerung. Hussein hat uns regelrecht abgeschottet. Ewig schade, denn die Leute sind extrem nett und hilfsbereit. Besonders die jungen Libyer suchen den Kontakt zu uns, sie freuen sich, Ausländer zu

sehen und mit ihnen reden zu können. Viele Einladungen folgen in den nächsten Tagen. Es tut gut, ein bisschen Abstand von Hussein zu haben. Manchmal ist er mir schon auf die Nerven gegangen, dann muss ich aber wieder lachen, über seinen Einfallsreichtum oder wie er mit Schmollmund abseits von uns trotzt. Er ist ein gescheiter, aber verwöhnter Kerl, der langsam versucht, uns gegeneinander auszuspielen und immer eine Geschichte parat hat. Bald werden wir uns von ihm verabschieden.

Ägypten – Feluka?
Taxi? Welcome! Yes!

Wir bereuen schon, dass wir erst gegen zehn Uhr zur Grenze kommen, denn die Formalitäten dauern hier etwas länger. Wenn man kein Bakschisch (Schmiergeld) bezahlt, kann man gleich noch einmal ein paar Stunden dazurechnen. Peter findet recht schnell heraus, in welches Büro wir zuerst gehen müssen. Als er zum Lkw zurückkommt, um Stefan Bescheid zu sagen, ist schon ein junger Ägypter im Jogginganzug da, der sich als Polizist ausgibt und alle Dokumente von uns haben will. Peter möchte seinen Ausweis sehen. Der Ägypter hat ihn nicht dabei. Daraufhin meint Peter, wenn er ein Polizist sei, dann sei Peter der Kaiser von China. Peter kehrt dem vermeintlichen Polizisten den Rücken und marschiert mit Pässen und Dokumenten in das Büro. Dort stellt sich dann heraus, dass der besagte Polizist tatsächlich einer ist. Um es kurz zu machen: Es war mit acht Stunden der längste Grenzübertritt der gesamten Reise!

Erst bei Einbruch der Dunkelheit kommen wir in die erste ägyptische Stadt: Sollum. Für uns ist alles neu – ein totaler Schnitt zu Libyen! Extrem viele Leute auf der Straße und überall riecht es herrlich nach Essen. Wir schlagen gleich zu und sind begeistert, wie gut all die verschiedenen Sachen schmecken und wie billig sie sind. Da der Lkw unserer Freunde auf Asphalt um einiges schneller läuft als August, trennen wir uns. In Kairo werden wir uns wieder treffen. Das Wetter ist zum Reisen optimal, leicht bewölkt mit gelegentlichen Regenschauern. Wir wissen, dass Kairo für eine Tagesetappe zu weit entfernt ist und nehmen uns vor, im Wadi Natrun ein Kloster zu besichtigen. Es ist dunkel, als wir zur richtigen Abzweigung kommen. Straßenbeleuchtung gibt es keine. Mit ca. 50 km/h übersehen wir eine künstliche Bodenwelle zur Verkehrsberuhigung und heben mit allen vier Rädern ab. Auch ich hebe ab und es schleudert mich mit dem Kopf gegen das gepolsterte Dach. Mir ist nichts passiert, vielmehr fürchten wir, dass beim Lkw etwas kaputt gegangen sein könnte. Nach einer genaueren Kontrolle atmen wir auf. Fazit: Ein Marmeladenglas ist zerbrochen und uns ist wieder bewusst geworden, dass wir auf keinen Fall mehr in der Finsternis fahren sollen!

Seitdem wir Libyen verlassen haben, fressen wir uns durch Ägypten und haben mittlerweile den kulinarischen Höhepunkt in Kairo erreicht: Der Speichel tropft, wohin das Auge blickt. Zum Frühstück gleich ein paar Fladenbrote gefüllt mit allerlei vegetarischen Köstlichkeiten. Man schafft es zu zweit nicht, einen Euro zu verfuttern. In Gizeh haben wir GPS-Daten des einzigen Campingplatzes weit und breit. Wir sind sehr zuversichtlich, diesen bald zu finden. Irrtum, sprach Zeus. Irgendwie sind die Gassen alle zu eng oder die Kabel zu niedrig. Welch ein Riese August doch ist! Wir kommen nicht näher als 300 Meter Luftlinie an den Campingplatz heran. Nach zwei Stunden sind wir schließlich doch erfolgreich, treffen auf Steffi und Stefan und erspähen zum ersten Mal die Pyramiden vom Autodach! Sehr imposant!

Ein paar Tage lang ist Kairo faszinierend. Nachdem wir unser Sudanvisum beantragt und einen Tag später bekommen haben, haben wir genug Zeit zum Sightseeing. Es gibt viel zu sehen: Ägyptisches Museum, Khan el Khalili Bazar, Totenstadt, Hassan Moschee, Islamisches Viertel, Atbara Markt, um nur einiges zu nennen. Dazwischen schlagen wir uns die Bäuche mit allen möglichen Köstlichkeiten voll. Am meisten genießen wir das Kairo abseits der Touristenpfade. Da wird man nicht dauernd abgezockt und angebettelt. Aber eines fehlt uns natürlich noch: Die Pyramiden von Gizeh. Man darf sogar mit dem Auto auf das Gelände fahren! Wir sind bereits früh morgens dort, um noch eine Eintrittskarte für die Grabkammern der Cheops-Pyramide zu bekommen und den Menschenmassen zu entkommen. Es hat geklappt, zumindest das mit dem Ticket! Alle paar Meter stoßen wir auf ägyptische Schulklassen, die mehr an uns als an den Pyramiden interessiert sind. „How are you? What's your name? Where are you from?", schallt es von allen Seiten. Nur im Inneren der 137 Meter hohen Cheops-Pyramide haben wir Ruhe.

Es ist Zeit, die Millionenmetropole zu verlassen. Wir haben genug von den Menschenmassen, dem Smog, Gestank, Lärm, Verkehr und den unzähligen neugierigen und aufdringlichen Kindern. Irgendwann gelange ich ziemlich schnell zu dem Punkt, wo ich weg möchte, wo mir die Stadt zu viel wird. Ich merke dann wieder, wie sehr ich die Natur genieße – am besten ohne Leute.
Am nächsten Morgen werden wir durch den Geruch von frischem Fladenbrot auf der Halbinsel Sinai geweckt. Also nichts wie hin in die Bäckerei! Peter gibt ein ägyptisches Pfund (£E), also rund Euro 0,10, durch das kleine Fenster. Der Bäcker beginnt die Brote vor ihm aufzustapeln, es nimmt kein Ende. Normalerweise haben wir für diesen Betrag vier Brote bekommen. Was ist hier los? Vielleicht hat Peter irrtümlicherweise zehn Pfund hergegeben. Nein, nein, es hat alles seine Richtigkeit: 20 Brote kosten nun mal ein Pfund. Das ist also der normale Preis!
Von hier ist es nicht weit zur Pharaonenquelle, einem schwefelhaltigen, natürlichen Hammam (Dampfbad), direkt am Meer gelegen. Leider gibt es Unmengen schaulustiger Ägypter, die sich an den weißen Frauen gar nicht satt sehen können. Dies und der Dreck in der Grotte sind aber die einzigen Nachteile. Über meinen Bikini ziehe ich also noch ein T-Shirt und eine kurze Hose an, krieche auf allen Vieren tief in die heiße Grotte, räume den Müll zur Seite und lege mich auf meine Iso-Matte. Ein Bus fährt vor, unzählige ägyptische Familien steigen aus und kommen zur Grotte.

Die Frauen setzen sich mit ihren langen, schwarzen Gewändern an den Eingang, die Männer legen eine Schicht ab und sitzen etwas weiter drinnen. Sie verrenken sich, um mich näher betrachten zu können, doch der Dampf vergällt es ihnen. Ich halte es schon nicht mehr aus, so heiß ist mir, aber den Gefallen, neben ihnen auf allen Vieren aus der Höhle zu kriechen, tue ich ihnen nicht.
Ich weiß immer noch nicht recht, wie ich mich hier verhalten soll. Noch nie in meinem ganzen Leben bin ich so angestarrt worden! Würde mir das zu Hause passieren, so hätte ich gleich die passenden Worte parat, aber hier ist alles ziemlich schwierig. Anfangs biss ich mir auf die Zunge, sah diese Menschen so böse an, wie ich es eben konnte und fluchte innerlich. Aber was nützt es? Ich glaube, die Männer wissen ganz einfach nicht, dass in anderen Ländern niemand Frauen so ansieht ohne dementsprechende Reaktion. Mein Resumée: Ignorieren. Das geht mir zwar gegen den Strich, ist aber noch die beste Lösung. Ich würde dieses Gaffen ja noch ansatzweise verstehen, wenn ich sehr freizügig, die Sitten missachtend herumspazieren würde. Aber ich trage langärmelige, weite Hemden, lange Hosen und auch sonst nichts Auffälliges. Vielleicht verstehe ich es in ein paar Wochen besser oder ein bisschen oder nie …

Wir sind in der Touristenhochburg Sharm el Sheikh und fühlen uns gar nicht recht wohl. Es sind zu viele Urlauber hier, deswegen sind die Preise auch dementsprechend hoch. Es gibt nur mehr sehr wenige öffentliche Strände, alle anderen Abschnitte gehören zu großen Hotelanlagen, die man nur gegen eine Gebühr benutzen kann. Nachdem wir uns eine Schnorchelausrüstung zugelegt haben, hält uns nichts mehr in dieser Stadt. Am Golf von Aqaba gefällt es uns schon besser. Herrlich! Keine Leute, nur ein kleines Fischerdorf in der Ferne. Wir genießen die Ruhe. Lange, einsame Strandspaziergänge sind alles, was wir machen können. Eine Erkältung hat voll zugeschlagen. Dabei sind wir beide zum ersten Mal am Roten Meer und hatten uns schon so auf das Schnorcheln gefreut. Wir sind aber nicht die einzigen, die verkühlt sind. Die ortsansässigen Fischer und ihre Familien leben in Armut. Obwohl das Meer kühl ist, stehen sie stundenlang im Wasser und fischen. Die Frauen in vollem Gewand! Ihre Hände greifen sich an wie Eiszapfen. Wir geben den Kindern Orangen und Brot und fahren weiter.

Am 24. Dezember wandern wir bereits in den frühen Morgenstunden durch den Coloured Canyon auf der Halbinsel Sinai. Ein wolkenloser Himmel und menschenleerer Canyon liegen vor uns. Dank der Enge der Schlucht sind die wunderschönen Farben noch nicht verblasst. Die Schattierungen der Sandsteinschichten reichen von gelb über ocker, rosa, rot bis hin zu lila. Wir sind in unserem Element! Wir weichen von der Standardroute ab und erklimmen einen Berg, von dessen Gipfel wir eine grandiose Aussicht haben. Als wir den Ausgang des Canyons erreichen, sind auch die ersten Besucher eingetroffen. Die Weiterfahrt durchs Wadi Ghazalla ist anstrengend für August und Peter. Viel Weichsand und bizarre Felsformationen begleiten uns durch das einsame Trockental. Wir versuchen einen besonders schönen Platz zum Nächtigen zu finden, immerhin ist heute Weihnachten. Unsere Bordverpflegung besteht aus einer Orange, zwei Mandarinen und zwei Liter Wasser. Leichter Kopfschmerz macht sich bei meinem Chauffeur bemerkbar. Wir halten an. Auf meine Frage: „Ist dir schlecht?", antwortet Peter: „Naja, eigentlich nicht, aber jetzt schon …" und springt mit einem Satz aus dem Auto. Die Bordverpflegung hat er in den Sand gesetzt! Wir bleiben an Ort und Stelle. Es ist ein sehr schöner Platz, das findet auch ein Beduine, der eine Panne vortäuscht, aber dann tatsächlich nicht weiterfahren kann. Sein Fahrzeug springt nicht mehr an. Peter kann leider auch nicht viel helfen, da er kreidebleich im Bett liegt. Das versteht selbst ein Bedu. Ein kurzes Schläfchen tut Peter gut. Nach einem Sakkara-Bier fühlt er sich schon besser und beim anschließenden Weihnachtsmenü blüht er richtig auf: Es gibt Gemüsecurry mit Reis und zur Nachspeise einen Nuss-Zimtkuchen.
Frohe Weihnachten und gute Nacht Ägypten!

Nach Tagen in der Natur, an denen wir nur Kontakt zu netten Beduinen hatten, nerven die zahlreichen Polizeikontrollen an der Hauptstraße wieder. „Where you go?", „What country?", „What's your name?", sind nur ein paar von den gestellten Fragen. Äußerst mühsam sind auch die Passkontrollen, vor allem aber sinnlos! Was soll das Ganze? Vielleicht ist es reine Beschäftigungspolitik, denke ich mir. Wir müssen ein paar Fahrtage einlegen, denn um den Jahreswechsel sollen wir in Assuan sein, um uns nach der Fähre in den Sudan zu erkundigen. Dort werden wir auch Steffi und Stefan wiedertreffen. Vorbei an der Touristen- hochburg Hurghada, entkommen wir nur knapp dem Polizeikonvoi, der für Touristen vorgeschrieben ist. Wir finden einen genialen Platz im Römersteinbruch Mons Claudianus. Die Atmosphäre dort fesselt uns. Hier wollen wir auf alle Fälle bleiben. Unseren Lkw parken wir ganz in der Nähe einer überdimensionalen Steinbank, die unser Lieblingsplatz wird. Der Steinbruch hat etwas Besonderes, er hat Kraft, er regt zum Nachdenken an. Ich beginne zu sinnieren. Wozu macht man eine solche Reise? Wozu reist man überhaupt? Für mich ist diese Reise ein totaler Schnitt, ein Entkommen vom Alltagstrott. Ich habe Zeit, um zu re- flektieren, aber auch um neue Gedanken zu fassen – was sehr wichtig ist und hier fernab von Bekanntem leichter gelingt.

Und dann reise ich mit Peter wieder in die Vergangenheit. Wir können uns so richtig in das Leben der Römer hineinversetzen. Vor allem aber sind wir fasziniert von ihren damaligen handwerklichen und kün- stlerischen Fertigkeiten und ihrem Sinn für Ästhetik. Alle hier hergestellten Säulen, Pfeiler, Kapitelle, Blöcke, Sarkophage usw. wurden mühsamst nach Rom transportiert. Zuerst auf Rutschen, Rollen oder Schlitten bis zur heute noch erkennbaren Verladerampe, danach mit mehrspännigen Wagen ins Niltal bei Qena. Und von dort schließlich mit dem Schiff Richtung Europa. Es gab schon damals eine Qualitätskon- trolle. Die Teile, die nicht abgenommen wurden, liegen noch immer im Steinbruch und die dürfen wir jetzt bestaunen.

Bei der Stadt Qena stoßen wir wieder auf den Nil. Auf einer modernen Brücke fahren wir ans Westufer und hoffen, dass wir den nächsten Checkpoint umfahren können. Keine Chance! Wir haben absolut keine Lust, im Konvoi zu fahren. Ich schlage rasch den Reiseführer auf und sehe ganz in der Nähe Richtung Nor- den den Tempel Dendera eingezeichnet. Also fahren wir eben dort hin. Der Abstecher zahlt sich auf jeden Fall aus! Unsere Strategie bei der Weiterfahrt ist, beim Checkpoint als Reiseziel einfach das nächste Dorf anzugeben. Es funktioniert!

Das Niltal sieht genauso aus, wie wir es uns vorgestellt haben. Extrem fruchtbar, mit vielen kleinen Dör- fern gesäumt, auf uns wirkt es sehr friedlich und idyllisch. Da wir noch genug Zeit haben, besichtigen wir in Theben das Tal der Könige. Mit der Eintrittskarte darf man aber nur drei der insgesamt 64 Gräber betreten. Wir entschließen uns für die Gräber von Tuthmosis III, Tauseret/Sethnacht und Ramses III. Wir betrachten intensiv die Hieroglyphen und Reliefs, können sie allerdings nicht im Geringsten deuten. Wir haben Glück, der Aufseher und Führer vom Grab des Siptah winkt uns zu sich und lädt uns auf einen kos- tenlosen Besuch ein. Da wir Erklärungen zu fast jedem Detail erhalten, wird uns dieses Grab am besten in Erinnerung bleiben.

Jetzt müssen wir nochmals den Nil überqueren, um nach Luxor zu gelangen. Wir wollen mit Steffi und Stefan, die bereits im Rezeiky Camp sind, den Jahreswechsel feiern. Gemeinsam mit ihnen, dem niederlän- dischen Paar Inger und Peter und zwei Deutschen verbringen wir den Silvesterabend. Nach einem feudalen Abendessen sind wir alle müde. Als wir auf die Uhr sehen, ist es erst 21 Uhr, wie sollen wir bloß bis Mit- ternacht wach bleiben? Als wir das nächste Mal auf die Uhr blicken, ist es bereits vier Uhr morgens! Ein wunderbarer, unterhaltsamer Abend, an dem sogar Walzer getanzt wurde.

Am 1. Januar 2007 müssen wir das erste Mal in Ägypten im Konvoi fahren – von Luxor nach Assuan. Eine absurde Situation. Der Konvoi soll die Sicherheit der Touristen garantieren, eine Maßnahme nach den Terrorangriffen. Praktisch ist es nur für die Terroristen, denn sie wissen nun auf die Minute genau, wann ein Konvoi mit Touristen von A nach B fährt. Bei der ersten Kreuzung verlieren wir bereits die Kolonne, werden aber bald wieder auf den richtigen Weg zurückgebracht. Die bewaffneten Polizisten wollen partout nicht verstehen, dass wir mit unseren Lkw nicht schneller fahren können und bedeuten uns dauernd aufs Gas zu steigen. Mit der Zeit finden wir das sehr amüsant und lachen bis wir Assuan erreichen. Dort lässt auch endlich mein Kopfschmerz vom Vorabend nach.

Bevor wir uns die Stadt Assuan und Umgebung ansehen können, müssen wir die Schiffspassage in den Sudan organisieren. Da wir alle das gleiche Ziel haben, gehen Inger und Peter, Steffi und Stefan und wir beide gemeinsam zur einzigen Fahrgesellschaft in Assuan. Dort treffen wir auf Mr. Salah, der es schafft, viel zu reden, ohne etwas zu sagen und uns alle zu verwirren. Ich versuche das Ganze zu umreißen:

Unsere Frage: „Wann geht eine Fähre von Assuan nach Wadi Halfa (Sudan)?"

1. Antwort: „Diesen Monat nicht mehr."

2. Antwort: „Eventuell am 15.01."

3. Antwort: „Kommen Sie am Donnerstag wieder, vielleicht haben wir ein Schiff am Sonntag oder Montag."

Und das alles innerhalb weniger Minuten. Weiters ist es natürlich von der Fahrzeuggröße abhängig. Für Lkw bestünde die Möglichkeit, ein Floß zu mieten – für lächerliche £E 30.000 (Euro 3.800), was laut Mr. Salah natürlich die beste Variante wäre. Allerdings darf hier nur der Fahrer mitreisen, alle anderen müssen auf dem Passagierschiff fahren, welches einen Tag später abfährt, aber zur gleichen Zeit mit dem Floß ankommt. Die 1. Klasse kostet £E 424, die 2. Klasse £E 266. Der Fahrer muss sich für das Floß allerdings auch eine Karte lösen, die wiederum …

In unseren Köpfen raucht es, es wird gerechnet, kalkuliert und schlussendlich festgestellt: Es ist viel zu teuer! Selbst wenn wir insgesamt vier Fahrzeuge wären, so würde es pro Auto noch Euro 950 ausmachen. Noch dazu ist Mr. Salah nicht sicher, wie groß das Floß ist. Es wird von Tag zu Tag kleiner. Wir wollen nicht ungerecht sein, vielleicht ist die Flotte so riesig, dass Mr. Salah die Abmessungen durcheinanderkommen. Die einzig brauchbare Information ist der Name eines englischen Reiseunternehmens, das den ganzen Ponton für den 15. Januar gechartert hat. Wir nehmen Kontakt mit Dragoman auf und der Fahrer garantiert uns gegen Bezahlung eines moderaten Betrages einen Platz auf dem Ponton. Uff!

Jetzt heißt es nur mehr warten und das ägyptische Visum verlängern. Kein Problem. Unser Fahrzeug August braucht auch ein neues Visum, doch es ist uns zu teuer und so einigen wir uns darauf, uns bis zur Ausreise nur in Assuan aufzuhalten. Es sind nur noch ein paar Tage bis zur Ausreise. Wieder einmal schlendern wir durch die Stadt und entlang des Nils. Aber heute ist uns Ägypten zu viel, abgesehen von den ständig wiederkehrenden Fragen, "Where you go? What country? What's your name? Feluka? Taxi? Gimme money! Bonbon! Bakshish! Hello, gimme pen! Yes? Welcome! Take a look at my shop! No hassle!", werden wir auch noch von Jugendlichen mit Steinen beschossen. Nichts wie zurück zum Lkw! Welcome to Egypt my friend!

Die verbleibenden Tage vergehen dank den Niederländern Inger und Peter wie im Flug. Die beiden sind ein bemerkenswertes, interessantes Paar, das schon auf der halben Welt gelebt und die andere Hälfte bereist hat. Sie sind nun mit einem alten Landrover unterwegs nach Sambia, wo ihre Tochter arbeitet. Als die beiden ihr Alter preisgeben, haut es mich fast vom Hocker! Sie sehen hervorragend aus. Ein absolutes Glück, sie getroffen zu haben. Sie inspirieren, veranlassen uns nachzudenken.

Es gibt so viel mehr im Leben! Ich glaube, dass viele Menschen gar nicht über ihr Leben nachdenken, zumindest nicht mehr, wenn sie einen fixen Arbeitsplatz, Haus und Familie haben. Irgendwie ist es dann gelaufen. Die meisten werden dahingehend erzogen, sich eine sichere Arbeit zu suchen, Geld zu verdienen, um sich ein schönes Haus, ein neues Auto und einen tollen Urlaub jedes Jahr leisten zu können. Und nur nicht zu viel hinterfragen, sich treiben lassen im Konsumrausch und Geltungsdrang! Ich bin ungeheuer froh und glücklich, über manche Dinge anders zu denken und andere Prioritäten zu haben. Was wohl die Zukunft bringt? Ich weiß es nicht, aber ich kann sie auf alle Fälle beeinflussen!

Am Tag vor der Verladung der Lkw stellen wir entsetzt fest, dass unser Sudan Visum abgelaufen ist. Wie blöd kann man nur sein!! Das sudanesische Konsulat in Assuan hat jedoch geschlossen. Aber eine Verlängerung des Visums soll am nächsten Morgen möglich sein. Noch ist nichts verloren. Zurück auf unserem Stellplatz am Nil treffen wir auf das französische Pärchen Hélène und Marc und ihren gelben Renault-Truck. Später am Abend kommen noch zwei Lkw hinzu: Der Belgier Didier und Martin aus Deutschland mit ihren MAN. Sie alle wollen auf den Ponton. Wir verabreden uns für den nächsten Tag, den 15. Januar, im Hafen. Steffi und Stefan und wir beide müssen zuvor noch auf das sudanesische Konsulat, um unser Visum zu verlängern. Wenn das alles nur so einfach wäre! Die zuständigen Herrschaften sind nicht da. Man lässt uns warten. Doch viel Zeit haben wir nicht mehr und so bleibt uns nichts anderes übrig, als erneut ein Visum für den Sudan zu lösen, also nochmals Euro 80 pro Person bezahlen!
Es ist der 15. Jänner 2007. Zumindest geht mit dem Ponton alles in Ordnung. Es ist gerade Platz genug für die sechs Lkw. Die Fahrer dürfen am Ponton bleiben, die Beifahrer müssen allerdings mit dem Passagierschiff am folgenden Tag fahren. Und so wünschen wir den Männern eine gute Reise. Der Ponton legt ab und die Chauffeure winken mit einer Dose Bier in der Hand zum Abschied. Die Schiffsführer fahren ohne GPS und navigieren nach Bojen. Die Herrn Lkw-Fahrer genießen ihr wohlverdientes Abendessen und trinken dazu französischen Rotwein.

Die Dragoman-Passagiere, Hélène, Steffi und ich nächtigen in Assuan und sind wie vereinbart am nächsten Tag um zehn Uhr im Hafen. Eine Stunde später sind wir bereits am Schiff und warten auf die Abfahrt. Wir haben keine Kabine, sondern müssen auf dem Deck schlafen. Kein Problem, das Schiff ist ja groß genug. Um 17 Uhr bekommen wir eine ungefähre Vorstellung, wie viele Passagiere und wie viel Fracht auf so einem Schiff Platz finden. Die Ellbogentechnik ist auch den Ägyptern und Sudanesen bekannt! Wir legen gegen 19 Uhr ab und können nicht einmal mehr unsere Beine ausstrecken. Glück im Unglück! Wir drei dürfen neben dem Steuerstand des Kapitäns schlafen. Eine wunderschöne, sternenklare Nacht, wenn auch ein bisschen kalt.

Was tut sich an diesem Tag auf dem Ponton? Um fünf Uhr morgens startet der Scania-Diesel, der das Boot antreibt und der Ponton legt ab. Peter macht eine Kanne Kaffee und einer nach dem anderen findet sich am Dach von unserem Lkw August zum Frühstück ein. Strahlender Sonnenschein am Nasser Stausee. Enjoy your Monday! Didier kann es gar nicht oft genug wiederholen. Das Frühstück geht mit Champagner ins Mittagessen über und am Abend gibt es Omelette mit Prosciutto als Vorspeise und viele andere Leckereien vom belgischen Gourmet danach. Dazu wird herrlicher Muskat aus Frankreich gereicht. Nur die Beifahrerinnen fehlen den Männern.

Am Passagierschiff gibt es zum Frühstück Tee, Brot, Bohnen und ein hartgekochtes Ei. Gegen zehn Uhr sind wir auf der Höhe von Abu Simbel. Mit dem Fernglas können wir sogar die Tempel erkennen. Aber da ist noch etwas. Der Ponton! Wir winken den Fahrern und schon sind wir an ihnen vorbei. Das Passagierschiff erreicht am Nachmittag Wadi Halfa, der Ponton kommt erst am Abend an. Die Zollbeamten sind schon nach Hause gegangen und so bleiben die Lkw mit den Fahrern am Ponton. Die Damen suchen sich in Wadi Halfa einen Schlafplatz.

Die Enttäuschung unter den Fahrern ist groß. Ein Programm für die Nacht im Hafen wird in Windeseile erarbeitet. Man muss Vorkehrungen treffen, denn im Sudan herrscht Alkoholverbot. Tja, bevor sich die Chauffeure auspeitschen lassen, trinken sie noch geschwind zum Käse-Fondue französischen Weißwein und abschließend eine Flasche Havannaclub.

Sudan – Zeit spielt für uns keine Rolle mehr

Wadi Halfa ist zwar nicht das Gelbe vom Ei, aber es hat schon was. Vor allem unglaublich nette Leute, die dauernd Hände schütteln wollen und fragen, ob alles in Ordnung sei - und ein Klo vom Feinsten. Ein Loch im Boden, umgeben von Blechwänden, und damit man sicher ist, dass es sich um ein Klo handelt, haben sie es auch markiert - mit Würsterln aller Art!

Steffi, Hélène und ich machen uns bereits früh morgens auf den Weg zum Hafen. Dort sind die Lkw immer noch auf dem Ponton. Wir haben schon von anderen Reisenden gehört, dass die Zollabfertigungen in Wadi Halfa etwas länger dauern können, vor allem wenn man an einen gewissen Herrn Kamal gerät. Und so ist es auch. Bezahlt man kein Bakschisch, so dauert es eben um Stunden länger, ähnlich wie in Ägypten. Wir haben Zeit. Nach vielen Streitereien erreichen wir alle mit unseren Fahrzeugen den mir schon bekannten Ort Wadi Halfa. Wir schauen, was es am Markt alles gibt und kaufen frisches Rindfleisch und Gemüse. Peter montiert noch vor der Abfahrt den zweiten Luftfilter – eine weise Entscheidung! Weit kommen wir nicht, denn wir entdecken bald einen netten Platz, beginnen Feuerholz zu sammeln und grillen am Abend das leckere Rindfleisch. Wir, das sind Steffi und Stefan, Hélène und Marc und Peter und ich.

So gut wie diese Nacht habe ich schon lange nicht mehr geschlafen. August fehlte mir, ich kann mir nicht vorstellen anders zu reisen.

Wir fahren morgens als erste los und genießen die Fahrt auf der Piste. Streckenweise ist sie wie ein Wellblech. Erst kurz bevor wir auf den Nil stoßen, passieren wir die ersten Dörfer. Die Sudanesen empfangen uns freundlich und sind dankbar als Peter einem Bauern hilft, die Reifen seines Traktors aufzupumpen. Wir sind ganz verzaubert vom Niltal und machen eine Teepause im Ort Ginnis. Dort lernen wir Mohammed kennen, der ein bisschen Englisch spricht, da er fünf Jahre in London für die saudiarabische Botschaft gearbeitet hat. Er lädt uns natürlich sofort zu sich nach Hause ein, aber wir lehnen höflich ab und versprechen, ihn am nächsten Tag zu besuchen. Wir trinken gemeinsam Tee, betrachten den Nil und die blühenden Bohnenfelder am Ufer, die zu uns herüber duften. Als wir Motorengeräusche vernehmen, vermuten wir richtig: Es sind Steffi und Stefan und die Franzosen Hélène und Marc. Stefan hat starke Zahnschmerzen und muss so schnell wie möglich in die Hauptstadt Khartum, beschließt aber, die Nacht noch hier zu verbringen. Auch die Franzosen bleiben.

Unsere Wege trennen sich wieder am nächsten Tag. Wie versprochen besuchen wir Mohammed, der schon mit Tee, Keksen und getrockneten Datteln wartet. Die ganze Familie ist unglaublich nett. Wir sitzen im sonnigen Innenhof seines gepflegten Hauses, reden ein bisschen, schlürfen Tee, schweigen, knabbern an einer Dattel, schweigen, trinken wieder Tee und reden abermals. Es herrscht eine entspannte Atmosphäre, wir fühlen uns absolut wohl. Die langen Pausen, in denen keiner spricht, machen uns nichts aus. Zu Hause würde man verkrampft nach einem Gesprächsthema suchen, man sitzt nicht einfach mit jemandem da und schweigt sich an. Noch dazu, wenn man ihn nicht kennt. Da wird man als Europäer unruhig. Zum Abschied schenken sie uns Unmengen von Datteln, wir geben den Frauen der Familie etwas Hautcreme, da das trockene Klima ihre Haut aufspringen lässt. Unsere Wassertanks füllen wir auch bei Mohammed. Natürlich lässt uns der gastfreundliche Nubier nicht gern fahren, denn Besucher aus Europa sind rar. An diesem Tag kommen wir durch den ersten größeren Ort – Abri. Als wir einen Lkw-Fahrer fragen, ob man hier Brot kaufen kann, reicht er uns seinen Vorrat. Wir schütteln wie wild die Köpfe, aber er nimmt das Brot nicht mehr zurück und wünscht uns eine schöne Reise. Kurz nach Abri finden wir einen perfekten Platz zum Schlafen direkt am Nil. Peter sieht ein kleines Krokodil ins Wasser huschen oder ist es doch ein Nilwaran?

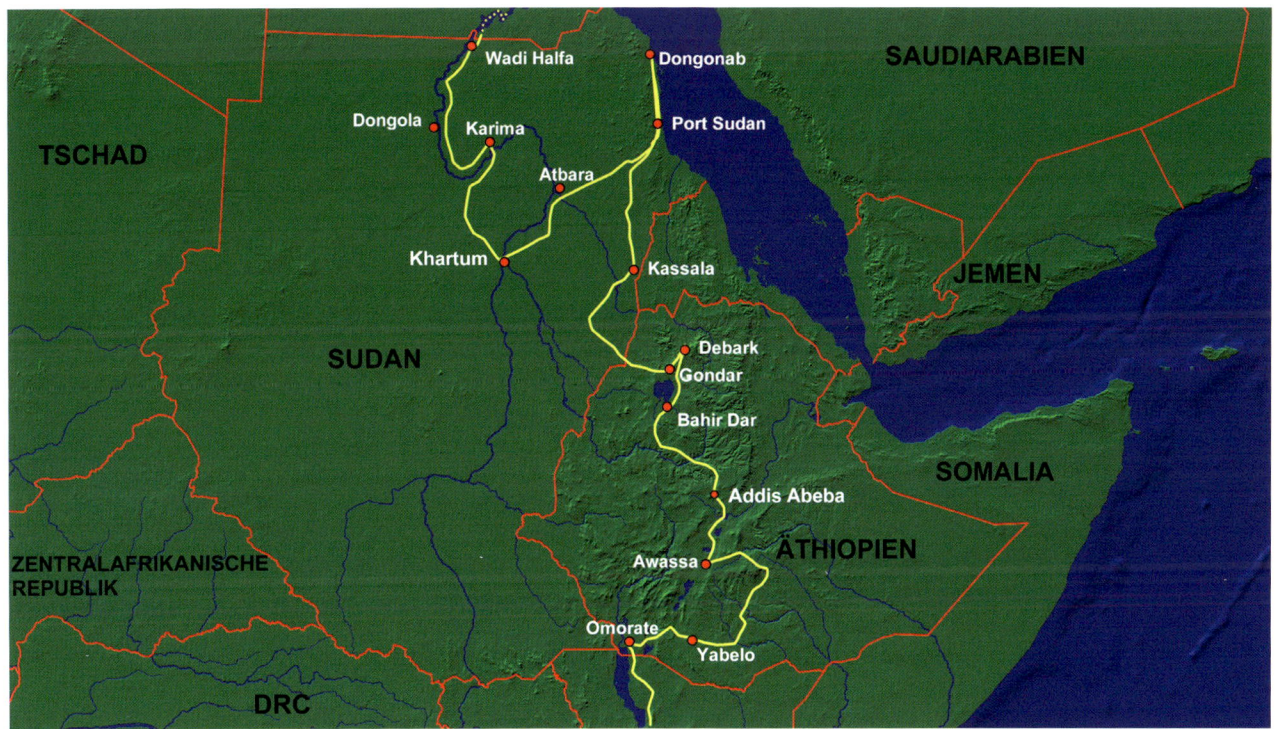

Auch wenn die Sudanesen im Reiseführer als sehr gastfreundlich, hilfsbereit, nett und warmherzig be-
schrieben werden, so konnte ich mir bis vor wenigen Tagen kein richtiges Bild machen. Oft trifft das
Gelesene nicht annähernd zu. Doch hier schon! Die Menschen sind natürlich und gehen – so scheint es mir
– ohne Vorurteil oder Erwartungen auf dich zu. Auch wenn das Gespräch aufgrund meiner äußerst be-
scheidenen Arabischkenntnisse (~ 50 Wörter) eher kurz ist, so ist es doch etwas Besonderes für mich.
Ich habe hier ein sehr gutes Gefühl und das Lachen und Lächeln der Nubier springt auf mich über, ich
absorbiere es und lächle selbst.
Die Sudanesen sind überhaupt nicht scheu, aber auch nicht aufdringlich. Sie sind neugierig auf eine ganz
natürliche Art und Weise. Würden wir jede Einladung zum Tee annehmen, so würden wir ewig im Sudan
bleiben. Außerdem möchte ich die Gastfreundschaft nicht ausnützen, allzu viel haben die Menschen hier
nicht. Doch von einem haben sie ausreichend und das ist Zufriedenheit. Und natürlich Zeit. Das ist gleich
ein Stichwort. Seit gestern hat auch Peter die Uhr abgelegt, dafür hat er aber Zeit. Ganz nach dem afrikanischen Sprichwort: „Als Gott die Welt erschaffen hat, gab er den Weißen die Uhr, aber den Schwarzen
die Zeit." Das Sich-Zeit-Lassen funktioniert im Sudan ganz gut, trotzdem bin ich immer wieder versucht,
wissen zu wollen, wie spät es ist. Doch abends gehe ich schlafen, weil ich müde bin, nicht weil es schon
spät ist. Es ist Markttag in Abri, deswegen fahren wir das kurze Stück zurück. Das Angebot ist eher dürf-
tig, zumindest wenn man es mit Ägypten vergleicht. Die Hauptnahrungsmittel sind Hülsenfrüchte, Brot
und Reis. Tomaten und Zwiebeln scheint man überall zu bekommen. Die Nubier tragen alle strahlend
weiße Jallabiyas (lange Gewänder) und die Frauen sind eingehüllt in bunte Tücher, die man Tobe nennt.

Unbedingt wollen wir uns den Tempel von Soleb ansehen, der liegt aber auf der anderen Seite des Nils, also am Westufer. Wir finden einen Fährmann, der als einziger ein Motorboot besitzt und uns zum Tempel bringen kann. Der Bootsmann ist wie alle Nubier extrem nett. Wir können aber noch kaum Arabisch und er nützt dies, um uns den Fährpreis nicht zu nennen, egal wie oft wir fragen. Nachdem wir bisher nur positive Erfahrungen gemacht haben, denken wir, dass er uns vielleicht gratis ans andere Ufer bringt. Wir überlegen uns schon, wie viel wir ihm geben werden. Aber zuerst besichtigen wir den am besten erhaltenen ägyptischen Tempel Soleb, der bereits im 14. Jahrhundert vor Christi gebaut wurde. Als wir wieder am Ostufer des Nils sind, schaffen wir es nicht, die Einladung zum Mittagessen abzuwehren. Schließlich erfahren wir doch, wie viel die Bootsfahrt kostet. Wir trauen unseren Ohren nicht, als die Dame des Hauses die stolze Summe von Euro 30 nennt. Und wir dachten schon, es wäre kostenlos … Aber nun können wir nicht anders, wir müssen bezahlen. Ein paar Kilometer weiter treffen wir wieder auf den gelben Renault der Franzosen. Beim gemeinsamen Tee erfahren wir, dass es ihnen bei der Tempelbesichtigung gleich ergangen ist. Der Platz ist wunderschön, wir beschließen zu bleiben. Es kommen viele Besucher am Nachmittag, vorwiegend Frauen und Schulkinder. Sie singen uns sogar ein englisches Lied vor: „Every day I brush my teeth, first thing in the morning …".
Als die Sonne schon tief steht, sitzen Peter und Marc am Nilufer, philosophieren und sinnieren über das Leben. Ein Auszug aus Peters Tagebuch:

Ich sitze auf einem Baumstamm am Nil. Wie spät es ist, weiß ich nicht. Weil ich keine Uhr trage. Ist auch egal. Wie langsam hier im Sudan doch alles ist. Keine Hektik. Alles geht seinen Lauf. Welch eine andere Welt. Sitzen und ins Wasser des Nils schauen. Sinnieren. Nichts denken müssen. Denken können. Zeit zum Denken haben. An nichts Wichtiges denken. Was ist wichtig? Selber entscheiden, was wichtig ist.

Mein Kopf wird von Tag zu Tag klarer. Unsere Reise verlangsamt sich. Wir genießen die Zeit zum Leben. Es geht nur ums Leben, unglaublich. Kein beruflicher Stress, keine Termine, kein Zeitdruck und genug Geld für die nächsten Jahre. Absolute Freiheit. Das was ich immer wollte, davon habe ich viele Jahre geträumt. Als Techniker war ich beruflich immer voll gefordert. Im Kopf konstruieren, Lösungen erdenken und mit den Händen anschließend umsetzen. Wenn ich um drei Uhr früh aufwachte, machte ich mir oft Notizen von technischen Lösungen. Der Arbeitsspeicher war immer voll.

Und jetzt? Ich denke viel an meine Kindheit und mein Leben. Und welches Glück ich habe, die richtige Partnerin zu haben. Immer wenn ich Sabine eine neue Idee erzähle, sagt sie: „Super, das machen wir!" Noch nie hat sie eine noch so schräge Idee ins Lächerliche gezogen oder als undurchführbar abgetan.

Plötzlich habe ich Zeit meinen Gedanken nachzugeben. Mir fallen Erlebnisse ein, längst vergessene und welche, die mir neu sind. Wie gibt es denn sowas? Vorkommnisse von meinen ersten Lebensjahren kommen wieder ans Licht. Unglaublich. In meinem Kopf herum zu stöbern, gefällt mir immer besser. Man muss die Zeit und die Ruhe dazu haben. Ist es der Nil, der meine Gedanken fließen lässt? Ein Fischer rudert vorbei. Langsam. Er spricht mit jemandem am Ufer und gleitet weiter. Langsam. Langsam. Gut.

Gut? In der westlichen Welt ist langsam schlecht. Der Schnelle ist gut. Schnell entscheiden, schnell arbeiten, schnell Geld verdienen, schnell leben. Der Langsame verliert. Er wird nicht akzeptiert, nicht befördert, nicht gefragt, nicht gebraucht! Zu langsam. Im Beruf bin ich ein Schneller. Als Bauleiter nannten mich viele den Mann fürs Grobe, den Sklaventreiber. Kein Erbarmen mit langsamen Arbeitern. Alles muss schnell gehen.

Was habe ich wohl früher über Leute gedacht, die am Flussufer sitzen und ins Wasser schauen? Und nicht reagieren, wenn man sie anspricht. Oh, sorry Marc. Ich habe den Franzosen nicht kommen hören. So sehr war ich in Gedanken versunken. Ich erzähle Marc von meinen Erkenntnissen. Meine Selbstkritik gefällt ihm. Wir diskutieren bis die Köchinnen zum Abendessen rufen.

Am Morgen wünschen wir Hélène und Marc eine gute Reise und nehmen den ersten Autostopper auf unserer Fahrt im Sudan mit. Er ist Lehrer und so können wir uns auf Englisch unterhalten. Aus Dankbarkeit lädt er uns zum Mittagessen ein. Als wir weiterfahren, sehen wir einen gelben Lkw. Komisch, den kennen wir doch. Es gibt nur eine Möglichkeit, in die Stadt Dongola zu fahren und das ist die Piste am Ostufer des Nils. Kein Wunder, dass wir die Franzosen schon wieder sehen. Wir fahren aber ein Stück weiter, parken unseren Lkw und betrachten den Sonnenuntergang von einem hohen Felsen über dem Nil. Später erfahren wir, dass Hélène und Marc auf der anderen Seite des Felsens genächtigt haben.

Wir wollen zum dritten Nilkatarakt und zweigen von der Piste ab. In einem kleinen Dorf fragen wir, wo denn die Stromschnellen seien. Man versteht uns nicht, also schickt man nach der Lehrerin. Anscheinend sind wir die ersten Europäer hier, der Rummel um uns wird immer größer. Jeder möchte uns einladen. Schließlich trinken wir Tee beim Schuldirektor und anschließend müssen wir noch zum Haus der Lehrerin. Wir könnten hier leicht mehr als eine Woche verbringen. Die Gastfreundschaft der Nubier kennt keine Grenzen. Von der Lehrerin erfahren wir, dass dieser Ort einige Monate im Jahr von der Außenwelt abgeschnitten ist, er liegt dann auf einer Insel im Nil. Wir fragen, ob wir fotografieren dürfen. Kein Problem, nur die erwachsenen Frauen müssen sich verhüllen. Ganz aufgeregt sind die Menschen, als wir ihnen am Display unserer Kamera die eben aufgenommenen Bilder zeigen. Ein Foto ist etwas ganz Besonderes für sie, denn einen Fotoapparat hat hier weit und breit niemand. Fast jeder möchte fotografiert werden. Leider haben wir keinen Drucker mit dabei, aber wir versprechen ihnen, die Fotos in der Hauptstadt ausdrucken zu lassen und ihnen zu schicken. Dazu brauchen wir natürlich die Adresse, damit wir die Fotos mit der Post versenden können. Ich blicke in ein überraschtes und verständnisloses Gesicht der Lehrerin. Post gibt es keine und die Adresse ist der Name des Dorfes. Ich soll vielleicht noch Schule auf das Kuvert schreiben und es dem Busfahrer mitgeben. Es gibt in Khartum allerdings drei Busbahnhöfe, ich müsse zu dem gehen, wo die Busse nach Norden fahren. Der Bus in ihr Dorf fährt ein Mal pro Woche, an einem Samstag. Ich verspreche nochmals, ihr die Fotos zukommen zu lassen. Das haben wir beibehalten, immer wenn wir jemanden Fotos versprochen haben, haben wir sie versandt, ganz egal, wie kompliziert es war. Wir können nur hoffen, dass sie auch alle angekommen sind.

Bald erreichen wir Kerma, den größten Ort zwischen Wadi Halfa und Dongola. Es herrscht geschäftiges Treiben. Wir erledigen unsere Einkäufe und verlassen auf einer Fesh-Fesh-Piste (extrem feiner Sand, wie Staub) den Ort. Gerade als wir unsere Teepause beenden, hören wir bekannte Motorengeräusche. Schon wieder der gelbe Renault! Nachdem es anscheinend nicht möglich ist, alleine zu reisen, beschließen wir also, gemeinsam weiterzufahren. Zu diesem Zeitpunkt hätte sich keiner von uns vier gedacht, dass wir fast vier Monate miteinander verbringen würden. Gemeinsam bahnen wir uns einen Weg zwischen nubischen Häusern zum Nil. Wir landen im Dorf Hamuk und werden sofort herzlichst willkommen geheißen. Die Menschen sind hier sehr diskret, auch wenn sie noch so neugierig sind, respektieren sie unsere Privatsphäre. Wir fühlen uns absolut wohl. Die Einheimischen sind fast traurig, als wir am nächsten Tag unsere Lkw starten. Nach ungefähr 150 Metern ist für uns aber auch schon wieder Schluss. Peter fährt durch eine kleine Wasserpfütze und plötzlich versinkt unser Mercedes mit dem rechten Hinterrad im Schlamm. Vom Reifen ist gar nicht mehr viel zu sehen. Schuld daran sind wir selbst, denn am Vortag haben wir anscheinend die Wasserleitung beleidigt, das Wasser sickerte seitdem in den Sand und daraus wurde Schlamm. Welch ein Glück, dass wir mit den Franzosen unterwegs sind. Mit Hilfe unserer Seilwinde dauert die Bergung nicht lange. Peter und Marc freuen sich wie kleine Kinder, denn nun können sie endlich ihr Spielzeug ausprobieren.

Keine zwei Kilometer weiter entdecken wir einen Brunnen. Der Besitzer erlaubt uns selbstverständlich, unsere Wassertanks zu füllen. Während Marc und Peter beschäftigt sind, gehe ich mit dem freundlichen Nubier in dessen Garten, der voller Orangen- und Grapefruitbäume ist. Wir pflücken einen ganzen Kübel frischer Früchte. Als ich frage, was ich schuldig sei, ist der Mann fast beleidigt. Ein paar Naschereien für seine Kinder nimmt er allerdings gerne an. Dafür werden wir wieder zum Tee eingeladen. Wir lernen die ganze Familie kennen: Seine hübsche Frau und die vierzehn (!) Kinder. Hélène und ich werden in die Küche geführt, wo die Großmutter und die Schwägerin gemütlich das Getreide säubern. Die Männer haben hier keinen Zutritt. Eine Tochter zeigt mir die einzelnen Schlafräume, die Mutter stillt inzwischen das Kleinste. Nach unzähligen Tassen Hibiskustee verabschieden wir uns schweren Herzens von dieser Familie, die eine Würde und einen Stolz ausstrahlt, wie man es nur selten erlebt. Mit auf den Weg geben sie uns noch mehrere Kilo getrocknete Datteln. Sie werden uns ewig in Erinnerung bleiben. Manchmal kann ich meine Gefühle gar nicht in Worte fassen, ich habe solch eine Gastfreundlichkeit noch nie erlebt! Viele könnten sich daran ein Beispiel nehmen. Man kann sie einfach nur lieben, die Nubier!

Dongola kennt jeder, der von Ägypten in den Sudan einreist. Es ist eine Kleinstadt am Westufer des Nils. Hier endet die Asphaltstraße von Khartum, nördlich davon gibt es nur Sand. Fast zwei Wochen haben wir bis hierher gebraucht, für uns ist aber klar, dass wir am Ostufer des Nils weiterfahren werden. Uns fasziniert der Kontrast von der Wüste zu dem schmalen fruchtbaren Streifen des Nils. Wir sind überwältigt von der Natürlichkeit und Herzlichkeit der Nubier und von der schon erwähnten Gastfreundschaft. Außerdem gibt es hier kaum Touristen und das lieben wir! Deswegen schnappen wir nur unsere Rucksäcke

und setzen nach Dongola zum Einkauf über. Unglaublich, was es hier alles zu kaufen gibt. Das Angebot an Gemüse ist hervorragend!

Dass gerade Zwiebelernte ist, sehen wir an den vielen überladenen Lkw, die einen besonderen Geruch mit sich bringen. Als die Rucksäcke voller Lebensmittel sind, nehmen wir ein Boot zurück zu den Fahrzeugen. Langsam geht es weiter Richtung Old Dongola. Uns gefällt es so gut, dass wir teilweise nicht mehr als acht Kilometer pro Tag fahren. Die Landschaft ist atemberaubend! Der Nil ist gesäumt mit Dattelpalmen, die wenigen Dörfer kämpfen mit den Sanddünen, die manche Häuser zu verschlingen drohen. Wir nächtigen immer etwas außerhalb von Siedlungen. Natürlich wissen die Bewohner von uns, trotzdem kommen nur wenige auf Besuch, der meistens nicht länger als zehn Minuten dauert. Paradiesisch ist es hier, friedlich, stimmungsvoll, ruhig. Die Sonne ist ein orangefarbener Ball, der hinter den Gärten am gegenüberliegenden Ufer versinkt. Immer wieder schön! Der Mond ist bereits aufgegangen – groß und fast voll – das Abendlicht ist so weich und angenehm für die Augen, die während des Tages durch Sonne, Wind und Sand stark beansprucht worden sind. Peter und ich denken nach, was morgen alles zu erledigen ist. Dabei fällt uns sofort auf, dass all das für einen Tag viel zu viel ist. Wir lassen uns treiben und werden sehen, was der morgige Tag bringen wird. Ganz nach dem nubischen Lebensstil: IBM – die wichtigsten Worte: Inshallah (so Gott will), bokra (morgen), malesh (Entschuldigung). Wir haben schnell gelernt. Ein Leben mit Stress, dicht gedrängtem Zeitplan und einem herkömmlichen Job können wir uns beide nicht mehr vorstellen. Die Wertigkeiten beginnen sich zu verschieben. Hier im Sudan erlernen wir die Langsamkeit.

Als Marc in der Früh aufsteht, bemerkt er, dass im Hinterreifen keine Luft ist. Da er schlauchlose Reifen verwendet, ist ein Aufpumpen sehr schwierig. Peter zeigt ihm einen Trick. Krawumm!! Mit brennbarem Gas erzeugt Peter eine Explosion und schon ist der Reifen auf der Felge, noch dazu aufgepumpt. Keine 50 Kilometer weiter hat unser Mercedes den ersten Reifenschaden auf der Reise. Das Gesetz der Serie. Die Felswüste in Libyen hat also doch Spuren hinterlassen. Der linke Hinterreifen hat einen Riss. Peter und Marc flicken den Reifen und mit dem Explosionstrick wird alles ein Spaß. Marc filmt Peter und sendet später das Video nach Frankreich. Seine Freunde verbringen oft Stunden mit dem Problem, das Peter in Sekunden löst. Super Peter!!!

Wir nähern uns der Hauptstadt Khartum schneller als erwartet. In Karima setzen wir zum ersten Mal ans Westufer des Nils über. Nach 1.000 Kilometer Piste haben wir plötzlich Asphalt unter den gequälten Reifen. So angenehm es auch sein mag ohne Erschütterung und Staub und Sand zu fahren, so verliert die Landschaft gleich an Charme. Seit Wochen wieder einmal den fünften Gang benutzt! Man fährt viel zu schnell (60 – 65 km/h). Es gibt wieder Strommasten, Tankstellen, Verkehr und viele Ortschaften, die man gar nicht richtig wahrnimmt. Alles geht so schnell! Wir wollen ein letztes Mal in der Wüste nächtigen bevor wir nach Khartum kommen. Wir werden fündig. Es ist so schön, dass wir gleich zwei Tage bleiben! In Khartum verbringen wir die meiste Zeit mit Behördengängen. Die Bürokratie im Sudan ist berühmt-berüchtigt! Das äthiopische Visum bekommen wir innerhalb eines Tages, aber die Verlängerung des su-danesischen Visums gestaltet sich etwas schwieriger als anfangs gedacht.

Völlig unbeschwert spazieren wir zur ersten Behörde. Malesh – sie sind umgesiedelt, also mit dem Taxi weiter zur angegebenen Adresse. Malesh – hier sind wir falsch, hier gibt es nur die Reisegenehmigung. Rein ins nächste Taxi und diesmal sind wir richtig. Eine Visaverlängerung ist leider nicht möglich, ohne sich vorher registrieren zu lassen. Das haben wir zwar schon bei der Einreise in Wadi Halfa erledigt, doch wir müssen es erneut in Khartum machen. Nach mehrmaligem Anstellen – auch bei falschen Schaltern (alles ist in Arabisch angeschrieben) – und Entrichtung der fälligen Gebühr bekommen wir doch keine Registrie-rung, da uns ein Empfehlungsschreiben des Hotels fehlt. Ein Hotel haben wir aber nicht, denn wir stehen am Parkplatz vom Blue Nile Sailing Club. Egal, wir nehmen abermals ein Taxi und fahren zum besagten Club. Keiner da! Ein paar Telefonate und Stunden später haben wir dank unserer Überredungskunst das Schreiben in der Hand. Jetzt aber schnell zurück zur Behörde bevor sie zusperrt. Hurra! Wir haben die Registrierung in einem Tag geschafft! Den Rest machen wir morgen, also bokra. Peter fährt in der Früh alleine los und kommt nach drei Stunden schon wieder zurück. Ich grinse und denke mir: „Ist ja alles halb so wild." Zu früh gefreut. Wir brauchen noch ein Empfehlungsschreiben unseres „Hotels", diesmal adres-siert an das Amt der Visaverlängerung. Und im Blue Nile Sailing Club ist keiner da … Als wir den Brief haben, hat das Amt bereits geschlossen. Bokra! Am nächsten Tag fahre ich mit und wir haben in nur 1 ½ Stunden alles erledigt, d. h. die Pässe mitsamt allen Formularen, Fotos, Stempelmarken usw. abgegeben. Man teilt uns mit, in zwei Stunden wieder zu kommen, unglaublich! Ein bisschen skeptisch sind wir schon und als wir nach knappen zwei Stunden wieder bei der Behörde auftauchen, sagen sie uns, dass wir um 14 Uhr wiederkommen sollen, allerdings bokra! Um uns ein bisschen abzulenken, gehen wir abends vom Blue Nile Sailing Club in die Stadt. Straßenbeleuchtung gibt es keine, außer uns scheint in dieser Straße niemand unterwegs zu sein. Kurz vor uns sehen wir schwaches Licht und können bewaffnete Soldaten erkennen. Plötzlich dreht sich einer von ihnen zu mir her und legt auf mich an. Keine sieben Meter von mir entfernt! Komischerweise verspüre ich keinen Schreck oder Angst, sondern denke mir nur: „Der ist dep-pert!" Was ich ihm dann auch mitteile, indem ich auf ihn zugehe und meine Hand in Kopfhöhe hin und her drehe, um ihm zu signalisieren, dass eine Schraube bei ihm locker sei. Ich sage ihm noch, dass das Ganze überhaupt nicht lustig sei, bevor wir auf die andere Straßenseite gehen, denn hier lassen sie uns nicht durch. Es ist wahrscheinlich ein Regierungsgebäude, das bewacht wird. Peter ist ganz perplex. Im Nachhinein muss ich zugeben, dass ich diejenige bin, bei der eine Schraube locker ist, denn die Situation hätte ganz leicht ins Auge gehen können. Es ist Donnerstag, der 15. Februar 2007, Visaverlängerungstag vier. Pünktlich um 14 Uhr treffen wir ein, unsere Pässe sind natürlich noch nicht fertig. Warten wir eben ein bisschen. Die Franzosen Hélène und Marc haben Glück, sie bekommen ihre Pässe kurz vor 16:30 Uhr. Wir sitzen wie auf Nadeln. Um 17 Uhr ist Sperrstunde und morgen ist Freitag, also ein Feiertag. Bitte nicht noch drei Tage Khartum! Obwohl alles drunter und drüber geht, sind 99 Prozent der Beamten so nett, dass man ihnen nicht böse sein kann. Ein Sudanese aus der Computerabteilung nimmt sich unser an. Er geht mit uns ins richtige Büro und man händigt uns die Pässe aus. Doch es sind gar nicht unsere. Wir geben sie zurück und erhalten andere, die Farbe stimmt zwar, aber die Nationalität nicht. Das wiederholt sich ein paar Mal. Schließlich zeigt man uns unzählige Laden mit noch mehr Pässen darin. Wir sollen durchsehen, ob unsere dabei wären. Es dauert, denn die chinesischen Pässe haben die gleiche Farbe wie die EU-Pässe. Und Chinesen sind viele im Sudan, sehr viele. Wir hoffen, dass unsere Pässe überhaupt noch da sind, denn wenn jeder einfach und ungestört die Laden durchstöbern kann … Wie könnte es anders sein, unsere Pässe sind in der letzten Lade. Um punkt 17 Uhr verlassen wir glücklich das Amt und Khartum. August steuert Richtung Norden, unser Ziel sind die Tempelanlagen und Pyramiden der Schwarzen Pharaonen. Die Wüste hat uns wieder, Ruhe und Weite ohne Ende. In dieser Stille ist der Sonnenuntergang noch schöner. Außerhalb der Tempelanlage von Naqa befindet sich ein Ziehbrunnen, zu dem von weit her im Winter die Nomaden kommen, um ihre Kamele, Esel und Ziegen zu tränken. Fasziniert beobachten wir die Menschen und Tiere. Mit Hilfe von Lederbeuteln, die an langen Seilen befestigt sind und von Eseln gezogen werden, wird das Wasser aus dem Brunnen befördert. Manche Tiere dürften schon seit längerem nichts mehr getrunken haben, denn sie verschlingen in kurzer Zeit Unmengen an Wasser. Wie ungerecht ist doch die Welt! Die schwer arbeitenden Esel dürfen erst ganz zum Schluss zur Tränke.

Bei den Ausgrabungen von Naqa haben wir Glück und lernen einen deutschen Archäologiestudenten kennen, der uns begeistert durch die Anlage führt und uns sein Wissen mit viel Hingabe mitteilt. Der nächste kulturelle Höhepunkt sind die Pyramiden von Meroe. Insgesamt sind es mehr als 100, teilweise restauriert, teilweise von Sand bedeckt, teilweise verfallen. Die Franzosen und wir sind die einzigen Besucher. Man hat den Ort ganz für sich und kann die Atmosphäre richtig einsaugen. In viele der Pyramiden kann man auch hineingehen und dort findet man relativ gut erhaltene Reliefs und Hieroglyphen. Es ist ein ständiger Kampf mit dem Wind, die Archäologen können aufgrund der Hitze nur in den Wintermonaten arbeiten, das restliche Jahr verschlingt der Sandsturm wieder Teile von den Tempeln. Leider sind auch die finanziellen Mittel sehr gering, sodass bei manchen Anlagen noch mehr unter dem Sand vermutet wird, als oberirdisch schon sichtbar ist.

Da wir keine Reisegenehmigung haben, umfahren wir die nächste Stadt auf einer neuen Asphaltstraße, die Richtung Rotes Meer führt. Nach rund 100 Kilometern wird aus dem Asphalt Fesh-Fesh. Die Straße existiert weder auf Landkarten noch auf Satellitenkarten. Die Chinesen sind hier am Arbeiten. Wie wir später erfahren sind es lauter Gefangene, deren Lohn für zwei Jahre Arbeit im Sudan die Freiheit ist. Nun ist uns auch klar, warum keiner von ihnen unseren Gruß erwidert oder auch nur den leisesten Anflug eines Lächelns gezeigt hat.

Nach zwei Tagen erreichen wir den Khartum-Port Sudan-Highway. Schon wieder ein Checkpoint!
Peter hat mittlerweile Routine. Der Polizist fragt nach der Reisegenehmigung (tashrir), Peter geht gar nicht darauf ein und antwortet auf Englisch: „I'm fine, thank you." Die Beamten können nur sehr gebrochen Englisch und sind noch dazu froh, ein bisschen plaudern zu können. Man kann sie sehr leicht ablenken und dann problemlos weiterfahren. Bei einer anderen Kontrolle fragt uns der Polizist, woher wir kommen. Aus Österreich. Ganz aufgeregt meint er auf Englisch, dass wir dann wohl Deutsch sprechen würden. Er habe einmal kurz Deutsch gelernt und sucht verkrampft nach passenden Wörtern. Plötzlich grinst er und es sprudelt aus ihm heraus: „Guten Tag und auf Wiedersehen!" „Danke. Auf Wiedersehen!", entgegnet Peter und steigt aufs Gas.

Nach ein paar Kilometern biegen wir aber wieder in die Wüste ab und finden einen Schlafplatz, der zu unserem Favorit wird. Im Westen sehen wir hohe Berge, wir parken auf Sand und um uns herum sind zu Hügel und Bergen aufgetürmte Felsbrocken. Die Temperatur steigt während des Tages stark an, sobald die Sonne aber untergegangen ist, wird es kalt. Die Dämmerung nützen wir um Klettertouren auf kleinere Berge zu machen. Hier lebt der Stamm der Beja, der nur fünf Prozent der Bevölkerung ausmacht. Ihre Zelte sehen aus wie umgestürzte Boote und wirken sehr primitiv und für uns heruntergekommen. Nur wenige von ihnen bekommen wir zu Gesicht, am Abend reiten zwei Männer lautlos auf Kamelen an uns vorbei. Es gefällt mir so gut hier, dass ich noch bleiben möchte. Den anderen geht es genauso. Es ist wirklich angenehm und schön, mit Hélène und Marc zu reisen. Ich blicke immer in grinsende Gesichter, die für mich einen sehr zufriedenen Eindruck machen. Außerdem respektiert jeder die Privatsphäre des anderen, was besonders für mich wichtig ist. So vergeht manchmal ein Ruhetag, an dem man sich erst am Abend trifft und unterhält, obwohl die Fahrzeuge keine 20 Meter voneinander entfernt stehen. Wir profitieren von einander. Viele Passagen in der Wüste hätten wir alleine nicht fahren können. Ich lerne mit Hélène Englisch, sie führt mich in die französische Küche ein. Marc hilft uns bei der Computerabeit, Peter ihm dafür bei fahrzeugspezifischen Problemen. Aber was das Wichtigste von allem ist: Wir sind Gleichgesinnte. Wir haben ein und dieselbe Wellenlänge, können über alles reden, ohne uns ein Blatt vor den Mund zu nehmen. Und wir inspirieren uns gegenseitig. Wir sind Freunde geworden. Freunde fürs Leben.

Auf der Landkarte entdecken wir ein richtiges Bergdorf. Erkowit liegt auf 1.100 Meter, das Klima ist hier angenehm kühl und die Landschaft sehr grün. Kein Wunder, dass sich die Briten seinerzeit hier wohl gefühlt haben. Wir nächtigen zum ersten Mal mitten in einem Dorf nachdem wir um Erlaubnis gefragt haben. Sowohl für uns vier, als auch für die ganze Dorfbevölkerung ist es ein einmaliges Erlebnis. Die Menschen sind sehr zurückhaltend hier. Sobald es dunkel wird, ist alles still. Am Roten Meer hat uns die Hitze wieder. Der erste Eindruck ist eher enttäuschend, es ist extrem flach und schlammig mit viel Industrie und Raffinerien. Etwas weiter südlich sieht es besser aus. Leider lassen uns die Polizisten beim Checkpoint nicht durch, da wir keine Reiseerlaubnis haben. Wir müssen wieder nach Port Sudan. Na gut, dann fahren wir eben nach Norden weiter. Pech gehabt, auch hier gibt es aufgrund der fehlenden Reisegenehmigung kein Weiterkommen. Über 2.000 Kilometer haben wir im Sudan ohne Genehmigung geschafft, aber hier ist wirklich Schluss. Wir müssen noch einmal nach Port Sudan. Im ersten Büro sagt man uns, dass wir zuerst eine Genehmigung vom Militär brauchen und dann wieder kommen sollen; das Büro sei 24 Stunden geöffnet. Beim Militär sagt man uns, kein Problem, aber wir benötigen zuerst ein Formular, das wir wieder in einem anderen Büro bekommen. Das besagte Büro hat aber leider schon geschlossen. Nur nicht aufregen … An diesem Tag ist es bereits zu spät, aber am folgenden Tag sei alles kein Problem. Wir nächtigen im Hafen, neben dem türkischen Restaurant. Seit langem gehen wir wieder einmal essen. Es ist köstlich! Und das Personal, bestehend aus türkischen Kurden und einem Äthiopier, ist extrem nett. Wir vergessen für kurze Zeit die mühsamen Behördengänge.

Tags darauf rennen Peter und Marc von Pontius zu Pilatus, um die Reisegenehmigung für den Norden zu bekommen. Sie brauchen nicht nur viel Geduld, sondern auch viel Zeit, viele Kopien, viele Stempel und noch mehr Geduld. Währenddessen liege ich mit hohem Fieber (über 40°C), Durchfall, Erbrechen, Schweißausbrüchen, Gliederschmerzen und Kreislaufproblemen im Mercedes. Ich bin sogar schon zu schwach, um Hélène, die im nebenan geparkten Lkw ist, um Hilfe zu rufen. Ich möchte nur mehr schlafen. Als Peter am Nachmittag zurückkommt und mich sieht, macht er sich große Sorgen. Der Verdacht fällt sofort auf Malaria. Hélène ist Krankenschwester und leistet gute Arbeit. Dennoch schleppt mich Peter am frühen Abend ins Krankenhaus, um einen Bluttest zu machen. Der Aufenthalt dort ist ein Erlebnis für sich. Zuerst muss man bezahlen, sonst passiert gar nichts. Sie nehmen mir umgerechnet einen ganzen Euro ab! Danach heißt es warten. Ich lege mich zwischen Patienten, deren Verwandten, Kochtöpfen, Hühnern und Katzen auf eine freie Bank bis ich zu einem Schalter gerufen werde. Ich stecke meine Hand durch eine kleine Öffnung und schon wird mir Blut vom Finger abgezapft. Ich hatte gerade noch so viel Zeit, um zu sehen, dass die Nadel steril war. Das Ergebnis erhalte ich nach 30 Minuten. Es ist glücklicherweise negativ! Als wir wieder bei unserem Fahrzeug sind, erwartet uns ein ganz besorgter äthiopischer Kellner. Ferede hat sich in mich verliebt und hatte wirklich Angst um mich. Er schenkt mir einen Apfel, eine Besonderheit im Sudan, für die er wahrscheinlich viel Geld ausgegeben hat. Bis heute habe ich noch E-Mail Kontakt mit ihm.

Auch die Genehmigung bekommen wir schließlich und so machen wir uns gleich auf den Weg nach Norden. Ich liege hinten im Bett und kuriere mich aus. Die Piste ist gut, deswegen fahren die drei Toyotas, die uns entgegenkommen, auch mit enormer Geschwindigkeit. Der letzte schmettert einen Stein auf unsere Windschutzscheibe, die in tausende Stücke zerbricht und größtenteils am Beifahrersitz landet. Wie gut, dass ich hinten schlafe! Peter hat nur ein paar harmlose Schnittwunden abgekommen.

Wir fahren ohne Windschutzscheibe bis zu einem netten Schlafplatz. Während ich das Abendessen zubereite, produzieren Peter und Marc eine provisorische Windschutzscheibe. Peter demontiert einen elektrischen Heizkörper und zerschneidet diesen zu Blechstreifen. Wer braucht schon eine Heizung in Afrika?! Mit den Blechen, Stücken von Acrylglas und durchsichtigen Sonnenblenden ergibt das zumindest einen Windschutz und ermöglicht das Weiterfahren. Gut gemacht, Jungs!

Die Gegend ist trocken und karg. Im Westen ragen bis zu 2.000 Meter hohe Berge empor und blickt man nach Osten, so glitzert das Rote Meer und dahinter die roten Berge Arabiens. Auf der Halbinsel Ras Abu Shagara ist es flach und extrem windig, aber wir wollen unbedingt unsere neue ägyptische Schnorchelausrüstung ausprobieren. Das Meer ist sehr unruhig, aber wir haben Glück und sehen beim ersten Mal außer wunderschönen Korallen gleich zwei Wasserschildkröten! Wir treffen einen Fischer, der uns in seinem Motorboot mitnimmt und mit Hilfe einer zugespitzten Betoneisenstange einen Fisch für uns fängt. Wir nutzen die Tage zum Entspannen, Spazierengehen, Lesen und Entwerfen unseres Hausbootes, das im Maßstab 1:1 im Sand gezeichnet wird. Die Französin Hélène ist begeistert. „Genau so muss es gehen", sagt sie. Nicht am Computer konstruieren, wo man sich nichts vorstellen kann. 1:1 in tatsächlicher Größe! Da kann man durchgehen und Dimensionen erkennen. Wir stellen Campingtisch und Sessel auf die imaginäre Terrasse und plaudern. Der Wind lässt einfach nicht nach und so fahren wir nach Port Sudan und weiter auf der uns schon bekannten Strecke nach Süden. Für uns alle ist klar, wo wir nächtigen werden – auf unserem Lieblingsplatz in der Sand- und Felswüste. Peter und Marc arbeiten mit dem Winkelschleifer an den Fahrzeugen. Sie werden von einem Beja mit Kamel interessiert beobachtet. Wo hier ohne Generator wohl der Strom herkommt?

Die Straße wird zunehmend schlechter und die Schlaglöcher immer tiefer. Die Temperaturen steigen allmählich. Zu Mittag erreichen wir Kassala. Und schon wieder brauchen wir eine Genehmigung. Ohne diese wollen uns die Polizisten nicht in die Stadt lassen, da sie nahe der Grenze zu Eritrea liegt. So leicht geben wir nicht auf. Als Peter meint, er sei extrem hungrig und möchte in der Stadt etwas essen, bevor er grantig wird, lassen sie uns passieren. Kassala gefällt uns, die Menschen sind sehr nett, der Markt ist toll und die Taka-Berge im Hintergrund spektakulär. Wir bleiben natürlich! Einzuschlafen fällt uns schwer, da es kaum abkühlt. Peter und ich wollen in die Taka-Berge. Es gibt keine Wege, man muss sich selbst zurecht finden und ein bisschen klettern. Es ist wunderschön! Leider sind wir eine Spur zu spät weggegangen, denn schon bald heizt die Sonne die dunklen Felsen auf. Meine Backen glühen bis zum Abend! Abkühlung finde ich leider nirgends. Durch eine äußerst trockene und karge Gegend, vorbei an einem großen Kamelmarkt, geht es weiter Richtung äthiopische Grenze. Das Thermometer zeigt 47,2 °C!! Die Hitze macht mich müde, antriebslos und auch mürrisch. Mein Gehirn funktioniert auch nicht mehr wie es sollte. Viele Liter Wasser verschwinden in unserem Körper. Ich frage mich nur, wo das alles hinkommt, denn mehr als eine Klopause machen wir nicht. Die letzte Nacht verbringen wir zwischen Termitenhügeln unweit von Äthiopien. Wir schlafen auf dem Dach, denn im Inneren unseres Mercedes fällt die Temperatur nicht unter 35°C. Am 11. März 2007, nach zwei Monaten, verlassen wir den Sudan. Die Ausreise dauert nicht einmal eine halbe Stunde. Auch hier sind die Sudanesen ausgesprochen nett und freundlich! Der Sudan ist für uns ein ganz besonderes Land!

Äthiopien – Give me my money!

Auf Äthiopien habe ich mich schon gefreut, denn wenn alle Äthiopier nur halb so nett sind wie Ferede, der Kellner in Port Sudan, wird es mein Lieblingsland. Gleich nach der Grenze gönnen wir uns das erste Bier seit Monaten. Und weil es so gut schmeckt, gleich noch eines. St. George steht auf der Flasche und am Etikett ist wirklich der Schutzpatron der Reiter abgebildet. Die lange Abstinenz und eine Temperatur von knapp unter 50°C sind eine tolle Kombination: Ich habe einen Schwipps! Aber der Heilige Georg wird mich schon beschützen.

Peter chauffiert mich in zwei Tagen auf sehr schlechter Piste nach Gondar, die Hauptstadt der Provinz Amhara. Die Landschaft ist grandios, es wird immer gebirgiger und demnach auch kühler. Auch auf das habe ich mich gefreut. Gondar liegt auf 2.133 Meter, hat etwa 220.000 Einwohner und zahlreiche ortho-doxe Kirchen und Schlösser. Hotels findet man ebenfalls hier. Der Parkplatz des Terrara-Hotels ist sogar groß genug für beide Lkw. Die Toilettanlagen lassen zu wünschen übrig, aber das Restaurant ist hervor-ragend. Niemals hätte ich gedacht, dass wir in Äthiopien in einem tollen Restaurant fein speisen und noch dazu Wein trinken werden! In den Medien wird darüber nie berichtet.

Peter bestellt bei zwei Äthiopiern, die wir im Hotel kennenlernen, eine Windschutzscheibe für unseren Mercedes August. Er schreibt und zeichnet alles auf, damit es zu keinen Missverständnissen kommen kann. Mehrmals macht er sie darauf aufmerksam, dass er die Scheibe für den Mercedes 1113, Modell A braucht. Wir bezahlen nur, wenn die Scheibe eingebaut ist. Ja, ja, kein Problem, Mister! Sie wollen am nächsten Tag wieder kommen.

Mit Hélène und Marc wollen wir uns die Stadt ansehen. Keine 100 Meter vom Hotel entfernt, kommen die ersten Kinder, die uns anbetteln oder sich als Führer anbieten oder beides. Wir entscheiden uns für den fünfzehnjährigen Abebe, der sehr gut Englisch spricht und uns allen sympathisch ist. Siehe da, die anderen Kinder lassen sofort von uns ab. Abebe zeigt uns seine Heimatstadt, den großen Markt und er erzählt uns von einem Waisenhaus ganz in der Nähe. Durch ihn bekommen wir einen guten Einblick ins Leben der Äthiopier. Das Waisenhaus entpuppt sich als Siedlung neben dem Müllberg, wo nicht nur Waisen, sondern auch Alte und Kranke, darunter auch Leprakranke leben – ohne Wasser und jeglicher Infrastruktur. Wir wollen helfen und kaufen Injera, das äthiopische Brot, das man am ehesten noch mit einer Sauerteigflade vergleichen kann. Aber es sind so viele arme Menschen hier, das Brot reicht nicht. Wir kaufen noch mehr und verteilen es. Obwohl die Leute nichts zu essen haben, sind sie überhaupt nicht geizig. Sie warten geduldig und nehmen jeweils ein halbes Brot dankbar an. Für uns, besonders durch unseren jungen Führer Abebe, ein Erlebnis der besonderen Art. Auf dem Weg zurück zum Hotel treffen wir so unglaublich viele Kinder, die uns sofort die Hand geben und mitgehen wollen. Als Weißer verkörpert man das Paradies und großen Reichtum. Viele Frauen möchten mir ihre Kinder schenken, damit sie ein besseres Leben haben. Den Kindern würde es gar nichts ausmachen. An diesem Abend haben wir viel Gesprächsstoff.

Wir treffen Abebe wieder. Er ist außergewöhnlich gescheit, tüchtig, bescheiden und für sein Alter viel zu reif. Aber das sind viele Kinder hier; das Leben ist hart. Er hat uns noch nie angebettelt oder um etwas gebeten. Wir besuchen seine Familie. Eigentlich hätten wir gedacht, dass sie eher zu den besser gestellten in Gondar gehören würden. Anscheinend haben wir uns getäuscht, denn Abebe wohnt mit seinen Eltern, drei Geschwistern, einigen Hühnern und Katzen in einer kleinen Hütte. In dem einzigen Raum gibt es so eine Art Bett, das auch als Sitzgelegenheit benutzt wird, eine Vitrine mit Geschirr, eine kleine Feuerstelle, einen Sack Teff (äthiopisches Getreide) und eine Glühbirne. Das Haus verfügt über einen Eingang, aber kein Fenster. Abebes Familie ist sehr sympathisch und stolz. Sie wollen von uns weder Lebensmittel noch

Genussmittel wie Honig oder Zucker als Dank für Abebes Zeit, die er mit uns verbracht hat, annehmen. Zwar haben wir ihm immer ein kleines Trinkgeld gegeben, doch wir wollten uns noch einmal erkenntlich zeigen. Ganz vorsichtig fragt Abebe um Schuhe. Es macht uns Freude, ihm welche zu kaufen. Peter hat noch einen Favoriten in Gondar, Emanuel. Er ist ein Freund von Abebe, ebenfalls fünfzehn, clever, sprachbegabt und viel zu erwachsen für sein Alter. Emanuel sitzt im Rollstuhl und ist auf einem Auge fast blind. Schlechte Karten, besonders in einem Land wie diesem. Peter kauft ihm ein Amharisch-Englisch-Wörterbuch, denn er möchte seine Fremdsprachenkenntnisse verbessern, um mit Touristen arbeiten zu können. Für Emanuel kostet das Buch ein Vermögen. Er muss es sofort unter seiner Kleidung verstecken, damit es ihm niemand wegnimmt. Dauernd werden wir umringt, vorwiegend von Kindern und Jugendlichen. Es gibt so viele davon. Ich komme vom Markt mit frischem Brot. Natürlich dauert es nicht lange und Kinder fragen danach. Als ich es ihnen gebe, beißen sie sofort gierig ab und rennen davon, um es nicht mit anderen teilen zu müssen oder aus Angst, dass man es ihnen wegnimmt. Ein junges Mädchen spricht uns an und fragt, ob wir bei ihnen zu Hause Kaffee trinken möchten. Gerne. Wir betreten das Haus der Familie, das aus zwei kleinen Räumen besteht. Es sind in etwa 10 m² Wohnfläche, die von einer Frau mit ihren beiden Söhnen und ihren vier Nichten, deren Eltern gestorben sind, bewohnt werden. Sehr nette Leute! Und die Mädchen wunderhübsch, wie so viele äthiopische Mädchen und Frauen. Die Frau möchte mir ihren jüngsten Sohn mitgeben nach Europa, damit er ein Leben im Paradies führen kann. Wie einfach es doch ist, zu einem Kind zu kommen! Wir geben ihnen Stifte und Hefte für die Schule, verabschieden uns nach dem Adressenaustausch herzlich. Der letzte Satz des hübschen Mädchens ist an mich gerichtet: „I love you!"

Die Windschutzscheibe wird geliefert. Aber es ist die falsche, nämlich für das Modell B, also zu hoch. Die Mechaniker behaupten, sie können die Scheibe zuschneiden und einbauen. Peter hat starke Zweifel. Er macht ihnen klar, dass er nur bezahlt, wenn die Scheibe ohne Schaden eingebaut ist. Die Äthiopier willigen ein. Wie befürchtet bricht die Scheibe und es gibt Streitereien wegen des Geldes. Peter wird grantig, verstaucht sich noch dazu kräftig den Daumen und muss nun wieder eine Windschutzscheibe improvisieren.

Am späten Nachmittag erreichen wir den Ort Debark, das Tor zum Simien Mountains Nationalpark. Die Franzosen sind schon da, campen auf einer Wiese etwas außerhalb und sind bereits von ca. 100 Menschen umringt. Wir besorgen noch ein paar Lebensmittel und parken danach neben dem gelben Renault. Die Leute hier sind extrem anstrengend, sie betteln ununterbrochen. Sie belagern uns förmlich, auch als es schon dunkel ist, bleiben einige in der Hoffnung, dass doch noch etwas für sie abfallen könnte. Wir haben den ganzen Tag nichts gegessen. Ich koche im Dunkeln, da wir kein Licht aufdrehen wollen. Beim Verzehren der Mahlzeit versuchen wir keine Geräusche zu machen, da vor unserem Lkw noch viele Einheimische sitzen. Wir fühlen uns überhaupt nicht wohl. Die Äthiopier hier respektieren gar nichts. Es sind vorwiegend Kinder und Jugendliche. Es ist nicht möglich, einfach im Lastwagen zu verschwinden, denn dann klopfen sie ständig an der Tür und es ertönt das monotone „Hello, hello, hello!" oder „Give me the bread!" Erst als es stockfinster ist, wird es ruhiger. Trotzdem sind einige geblieben, sie schlafen unter unserem Lkw.

Noch bevor der Tag anbricht werden wir mit „Hello, hello, hello! Give me …" geweckt. Sehr bald brechen wir nach Debark auf, wo wir den Parkeintritt zahlen müssen und auch einen bewaffneten Wildhüter mitnehmen. Der Ort selbst ist schrecklich, er scheint nur aus Bettlern zu bestehen.

Sobald wir im Nationalparkgelände sind, wird es ruhiger. Schon nach kurzer Zeit verstehen wir, warum Äthiopien das Dach Afrikas genannt wird. Der Ausblick auf die umliegenden Berge, Plateaus und Täler ist atemberaubend. Neben dem Weg sehen wir sehr bald die erste Geladafamilie, eine Pavianart, die nur in Äthiopien vorkommt. Wir sind begeistert! Am Nachmittag erreichen wir das Sankaber-Camp, wo wir die erste Nacht verbringen. Wir genießen die warmen Sonnenstrahlen und den Ausblick und diskutieren mit anderen Reisenden über Hilfsprojekte in Äthiopien. Ein beliebtes Thema, über das wir noch öfter sprechen werden. Die Temperaturen sinken in der Nacht auf ein paar Grad über dem Gefrierpunkt. Immerhin sind wir auf 3.300 Meter. Unsere zwei Wildhüter, Worku und Maru, schlafen im Freien und haben außer ihrer alten Kalaschnikov nur eine Decke mit dabei. Sie tragen einen Anzug, eine Wollhaube und Plastiksandalen. Wie hält man das aus??

Der Tag beginnt für uns sehr früh, denn wir haben eine dreitägige Wanderung vor. Wir haben keine Träger engagiert und schleppen unsere viel zu schweren Rucksäcke selbst. Die Wanderung ist anstrengend, da wir außer dem Zelt, Isomatten, fünf Liter Wasser, Campingkocher, warme Kleidung auch den ganzen Proviant für mindestens drei Tage dabei haben. Noch dazu sind wir nicht trainiert! Ziemlich erledigt kommen wir nach rund 5 ½ Stunden Gehzeit im Gich-Camp an. Nach einer Stärkung kriechen wir müde ins Zelt. In der Nacht friert es! Und mich friert in meinem schon zu dünnen Schlafsack. Wie halten die Einheimischen bloß diese Temperaturen aus? Ich kann es nicht verstehen. Oder bin ich einfach zu verwöhnt?

Der Kontrast zwischen den einzelnen Menschen hier könnte nicht größer sein. Er reicht von Touristen, die das Frühstück an den Tisch serviert bekommen bis hin zu Einheimischen, die in Lumpen gekleidet, ohne Schuhe mit einem blinden Kind um Medikamente betteln kommen.

Es ist ein Wanderparadies hier, über zwei 4.000 Meter hohe Berge und vorbei an unzähligen Riesenlobelien (baumgroße Glockenblumengewächse) marschieren wir zurück zu unseren Fahrzeugen. Alle vier sind wir glücklich, wieder im eigenen warmen Bett zu schlafen.

Mit dem Lkw fahren wir ein Stück weiter. Die Aussicht wird immer besser. Zwischen den Wanderungen beobachten wir den Abessinischen Steinbock, Geladas, viele Greifvögel, sammeln wilden Thymian und genießen ganz einfach den Frühlingsbeginn!

Während Peter und Marc einen Ruhetag einlegen, besteige ich gemeinsam mit Hélène und Maru den Bwahit, mit 4.420 Meter den zweithöchsten Berg Äthiopiens. Die Höhe macht sich bei uns beiden rasch bemerkbar, Maru hingegen scheint auf einem Spaziergang zu sein. Unsere Rucksäcke sind nicht allzu schwer, die Wasserreserven haben wir uns gut eingeteilt. Kurz nach dem Gipfel begegnen wir einem sehr jungen Schafhirten. Maru unterhält sich kurz mit ihm auf Amharisch und fragt uns dann, ob wir nicht eine Wasserflasche entbehren könnten. Viel Wasser haben wir selber nicht mehr, aber ich trete ihm meine halbvolle Flasche ab, denn Hélène hat auch noch ca. einen halben Liter. Als ich dem Buben die Flasche gebe, schraubt er sie auf und leert das Wasser aus. Das gibt's doch nicht! Er wollte nur die Plastikflasche haben.

Es geht zurück Richtung Nationalpark-Ausgang. Die Franzosen, Peter und die beiden Ranger fahren mit den Lkw. Ich bin schon mit dem Mountainbike unterwegs. Auf rund 4.000 Meter komme ich bergauf ganz schön ins Schnaufen. Schulkinder laufen mir nach und überholen mich spielerisch. Sie hätten alle gerne einen Kugelschreiber oder Geld von mir. Ich sehe von weitem einen Mann auf einer Böschung liegen, ein Transistorradio an sein Ohr gelehnt. Er muss mich aus dem Augenwinkel entdeckt haben, denn sobald ich auf seiner Höhe bin, streckt er die Hand aus ohne mich eines Blickes zu würdigen.

Unser Schlafplatz ist ein kleines Fischerdorf am Nordostufer des Tana Sees. Natürlich erregen wir großes Aufsehen. Wir erhalten die Erlaubnis, unweit des Dorfes am Seeufer zu campen. Glücklicherweise wird es bald dunkel und die vielen Besucher gehen nach Hause. Schon sehr früh hören wir Stimmen rund um unseren Lkw, also beschließen wir aufzustehen. Das halbe Dorf ist schon da! Und auch der Fisch, den wir am Vortag bei den Männern bestellt haben. Im Laufe des Vormittags besuchen uns die Korbflechterinnen und schließlich die zweite Hälfte des Dorfes. Es hat sich herumgesprochen, dass Peter Messer schleift. Innerhalb kürzester Zeit türmen sich an die 100 Sicheln und Messer vor Peter und Marc auf. Sie beschließen, den Winkelschleifer zu starten. Die Frauen sind sicher froh über die frisch geschliffenen Geräte, aber man sieht es ihnen nicht an und hört auch kein Dankeschön. Genug für heute, die Werkstatt wird erst morgen wieder geöffnet. Wir gehen ins Dorf, bewundern die Papyrusboote und werden leider dauernd angebettelt. Alle haben sie Hunger! Aber wir können das nicht verstehen. Das Klima ist gut, die Erde fruchtbar, Süßwasser gibt's vom See, doch wir sehen nirgends Gärten. Auf unsere Frage „Warum?", hören wir nur „No experience!" Im Tana See gibt es Fische, Muscheln und Enten und die Leute sind hungrig? Wir diskutieren mit einem vierzehnjährigen Burschen. Muscheln essen sie nicht und die Enten mag er nicht, außerdem sind sie zu klein. Zu klein? Wir sprechen hier von Enten, die mit Gänsen konkurrieren könnten. Der Jugendliche meint, dass der Verzehr von Enten gegen die Religion verstoßen würde. Also bleiben nur die Fische und die werden anscheinend nicht jeden Tag gegessen. Wir bieten ihm an, dass er die Enten fängt und sie uns verkauft. Keine Reaktion. Ratlos und kopfschüttelnd gehen wir zum Fahrzeug zurück.

Die Äthiopier nutzen keine Federn und kein Gras oder Heu, um sich eine Schlafstätte zu richten. Sie verwenden kein Schaffell, um sich warm zu halten. Ich darf nicht erwarten, dass sie meine Denkweise haben, ich erwarte vielleicht zu viel von ihnen. Aber es ist einfach so schwer zu verstehen, für mich sind viele Dinge logisch. Warum nutzen sie die Ressourcen nicht, wenn sie vor der Haustüre liegen? Ich verstehe schon, dass die Tradition stärker ist als bei uns, auch die Religion. Aber muss man deswegen Hunger leiden oder frieren? Ich weiß nicht, ob ich jemals Antworten finden werde. Ich werde mich auf alle Fälle bemühen. Je länger wir hier sind, desto weniger verstehen wir die Äthiopier. Wir können unsere europäische Denkweise eben nicht überall anwenden. Zumindest können wir sie schon besser einschätzen. Viele Kinder kommen mit weinendem Gesicht auf uns zu und beginnen ihre Leier: „Father, mother dead, hungry, …". Waren wir anfangs noch erschüttert und voller Mitleid, so würgen wir sie jetzt ganz einfach mit „Stop it!" ab und siehe da, sie beginnen zu lachen und gehen – Gfrasta!!!

Auch heute heißt es zeitig aufstehen, denn die Kundschaft steht schon vor der Tür und scheppert mit den Schneidgeräten. Peter versucht einigen Leuten das Schärfen mit der Feile zu lernen, stößt aber auf kein Interesse. Also arbeiten nur er und Marc. Doch nach zwei Stunden sind noch immer Sicheln und Messer zu bearbeiten, anscheinend ist das Nachbardorf auch schon gekommen. Stunden später wirft Peter das Handtuch. Während ich im August das Essen zubereite, wäscht Peter sein Kuhfell und versucht den Einheimischen vergeblich zu erklären, warum betteln nicht gut ist. Ich habe das auch schon öfters versucht und mich gefreut, weil ich dachte, die Menschen hätten es verstanden. Aber als ich mich umdrehte, hörte ich: „Hello, hello, hello, gimme my pen/my bread/my car/my bicycle/my money/one birr …". Alles umsonst! Überall, wo wir hinfahren, bettelnde Leute, ausgestreckte Hände und manchmal auch ein freundliches Lächeln und Winken. Sobald man stehen bleibt, ist man umringt von Menschenmassen. Einzeln sind sie alle nett, aber in der Schar schwer auszuhalten. Sie wollen wirklich alles. Ich verstehe sie ja großteils und würde an ihrer Stelle wahrscheinlich ähnlich reagieren. Viele Leute kommen auf uns zu, weil sie krank oder verletzt sind und bitten uns um Hilfe in der Annahme wir seien alle Ärzte oder hätten für alles ein Medikament dabei. Es ist hart, aber wir sind nun mal keine Mediziner und wir können sie nur wegschicken.

Diese Leute würden alles schlucken, davon bin ich überzeugt! Dieses Verhalten ist ihnen nicht angeboren, auch das Betteln nicht. Ich frage mich, was alles passiert sein muss, dass die Menschen so geworden sind. Das Thema ist so komplex, je mehr wir darüber diskutieren, umso ratloser werden wir. Wächst man, so wie ich, am Land in Österreich auf, so ist man mit Bettlern kaum konfrontiert. Aber in Ländern der Dritten Welt ist es Alltag und damit muss ich erst umgehen lernen. Es war anfangs gar nicht so leicht für mich, nicht jedem etwas zu geben, denn ich habe ja genug. Es sind nur einfach so unglaublich viele Menschen hier in Äthiopien und so viel besitze ich nun auch wieder nicht. Wir versuchen, hinter die Kulissen zu schauen und zu verstehen, anstatt Geld zu verteilen. Vor der Abreise war ich total blauäugig, ich habe eine starke soziale Ader und wollte helfen, bei Projekten mitarbeiten oder Geld spenden. Das ist nicht so einfach, komme ich jetzt drauf. Denn mein Geld soll sinnvoll verwendet werden, der Nutzen langfristig sein. Wir sind auf der Suche nach einem Projekt, finden aber keines, wo wir unsere Spende gut angelegt sehen. Geld geben wir nur direkt an Kranke und Behinderte, die haben es am schwersten hier.

Peter kauft zehn Stück Feilen ein. Seine Idee ist, sie jungen Burschen zu schenken und ihnen zu zeigen, wie man damit Messer, Sicheln und andere Arbeitsgeräte schärft. Ich bin davon begeistert, die Äthiopier allerdings weniger. Mit geringem Interesse schauen sie Peter bei seiner Demonstration zu, manche nehmen die Feile danach mit, einer lässt sie sogar liegen. Wir verstehen gar nichts mehr! Oder hat uns unsere europäische Denkweise wieder einen Streich gespielt? Wir versuchen den Äthiopiern zu erklären, dass wir nicht gekommen sind, um jedem Einzelnen zu helfen – das ist auch gar nicht möglich – sondern, dass wir sie unterstützen, indem wir ihr Land bereisen und lokale Produkte kaufen. Das ist für sie schwer zu verstehen, wo wir doch so reich sind. Und da haben sie recht, wir sind reich.

Der 30. März 2007 ist ein Ruhetag, aber kein freiwilliger. Gestern habe ich mit Hélène eine Radtour entlang des Tana Sees gemacht. Es war schön, aber auch anstrengend. Kein Wind, kein Schatten, sicher 35°C und natürlich eine sehr schlechte Piste, auf der man ordentlich durchgerüttelt wird. Zurück beim Hotel, wo wir im tollen Garten campen, freue ich mich schon auf eine warme Dusche, also nichts wie den Schlüssel zu einem der Bungalows holen und genießen. Leider mache ich Bekanntschaft mit einer aggressiven Biene, die mich sogleich in die Oberlippe sticht. Alles halb so wild, hat gar nicht sehr weh getan. Mein Gott, wird eben ein bisschen anschwellen. Nach der angenehmen Dusche nehme ich vor dem Bungalow Platz, um zu lesen. Plötzlich höre ich einen Bienenschwarm – immer lauter – auf mich zukommen. Ich springe auf, ziehe mir das Hemd über den Kopf, lasse alles liegen und laufe mit einem Schuh fast blind Richtung Rezeption. Schreie dabei hysterisch: „Help me, help me!" Die Leute an der Rezeption wissen gar nicht, was eigentlich los ist. Endlich begreifen sie, ich laufe ins Gebäude und reiße mir das Hemd vom Leib. Einige Bienen haben in ihrem selbstmörderischen Wahn schon zugestochen. Ich laufe halb nackt weiter durchs Restaurant aufs WC, wo man mir kaltes Wasser über den Kopf schüttet. Und endlich wird das Surren leiser, die letzte Biene sticht noch zu. Fazit: Acht Stiche, alle am Kopf und am Hals. Die Oberlippe schwillt langsam, aber kontinuierlich an. Am Abend werden meine Augen immer kleiner, dafür die Nase breiter. Ich beschließe, keine Medikamente zu nehmen, da mein Allgemeinzustand nicht so schlecht ist. Beim ersten Schrei des Muezzins erwache ich mit schmerzendem Hals und Nacken. Erst beim zweiten Versuch gelingt es mir, die Augen zu öffnen. Ich ahne Fürchterliches und sehe gleich danach im Spiegel eine Person, die unglaublich entstellt ist und fest behauptet, ich zu sein. Ich hole mir einen Kühlakku und schleppe mich wieder ins Bett. Rückenschmerzen habe ich auch – vielleicht bin ich gestern bei der Flucht gestürzt? Fünf Tage später kann ich wieder normal sehen und ich sehe auch wieder normal aus.

In Bahir Dar am Tana See treffen wir viele Leute, die für Hilfsorganisationen arbeiten. Es ist wirklich mehr als interessant, sich mit ihnen zu unterhalten. Da ist z. B. Walter aus Deutschland, der für den Deutschen Entwicklungsdienst (DED) arbeitet und einige Projekte im Großraum Gondar betreut. Es sind dies Aufforstungen, Bachbettverbauung, Wasserauffangbecken und dergleichen. Von ihm wissen wir, dass man die Äthiopier für die Mitarbeit an den Projekten bezahlen muss, denn sonst würden sie keinen Finger rühren. Ist ja auch in Ordnung – Geld gegen Arbeitsleistung. Aber es ist schon etwas absurd, wenn man überlegt, dass die Äthiopier dafür bezahlt werden, dass sie ihr eigenes Land retten und von ihnen selbst keine Eigeninitiative da ist. Wie haben sie früher gelebt? Wissen sie das nicht mehr oder hat das alles mit der Überbevölkerung, Überweidung und Erosion zu tun? Oder denken sie nicht an morgen?
Die äthiopische Regierung schneidet natürlich kräftig bei allen Projekten mit. Sie hat sogar für den Hilfsmitteltransport von Djibouti nach Äthiopien eigene Lkw angeschafft, die sie in Rechnung stellen und die Güter müssen noch dazu verzollt werden!
In diesen Hilfsprojekten steckt so viel Geld, Arbeit und Energie. Leider ist das Ergebnis verhältnismäßig deprimierend. Das wissen die Entwicklungshelfer, aber dennoch können sie etwas bewirken und das ist das einzige, was für sie zählt. Und dafür bewundere ich sie.

Wir parken bei den Wasserfällen des Blauen Nils. Ein Reisebus voller Touristen kommt angedonnert. Schnell steigen sie aus, denn sie haben nicht viel Zeit. Ruckzuck zu den Wasserfällen gewandert, fotografiert, zurück zum Bus, wo eine Erfrischung wartet. Das ganze dauert nicht länger als eine Stunde. Als sie abfahren, geben sie dem Äthiopier, der auf den Bus „aufgepasst" hat, Euro 20!!! Wir können es nicht fassen! Das ist ein Vermögen in diesem Land! Der Motor wird gestartet und im Wegfahren sehen wir einige Touristen, die Süßigkeiten für die Kinder aus dem Fenster werfen. Das darf doch wohl nicht wahr sein! Wenn schon die Urlauber wenig Hausverstand und keine Ahnung von Äthiopien haben, so sollte zumindest der Reiseleiter besser informiert sein und eingreifen. Wie sollen die Kinder verstehen, dass sie von uns keine Naschereien bekommen, wo wir doch auch weiß sind? Wir reden uns ohnehin schon den Mund fusselig. Der selbsternannte Parkplatzwächter kommt zu uns und möchte natürlich auch kassieren. Wir erklären ihm, dass wir keinen Wächter brauchen, denn wir bleiben ohnehin bei den Fahrzeugen. Es sei viel zu gefährlich hier, uns könne ganz leicht etwas passieren … Auch seine Drohungen nützen ihm nichts, von uns bekommt er kein Geld. Es wird eine sehr ruhige Nacht.

Die Fahrt Richtung Addis Abeba geht durch eine reizvolle Landschaft, vorbei an den Wasserfällen des Blauen Nils, kleinen Kraterseen, tiefgrünen Wäldern und saftigen Wiesen. Die Äthiopier sind zwar arm, aber Äthiopien ist kein armes Land. Viele Frauen und auch Männer schuften wie die Tiere. Äthiopierinnen schleppen mit Wasser gefüllte Tonkrüge auf ihren Rücken kilometerweit von der Wasserstelle nach Hause. Männer tragen unglaubliche Mengen Holz auf ihren Köpfen oder Rücken. Gleich daneben auf der Weide stehen viele Pferde, Esel und Kühe … Ich möchte in Addis Abeba ein Buch über Äthiopien finden, damit ich die Vorgänge hier besser verstehen kann. Vielleicht steht da auch, was man als Frau macht, wenn man in Äthiopien pinkeln muss. Ich habe folgenden Tipp: Am besten man sucht sich einen Platz, wo weit und breit niemand ist, hüpft schnell aus dem Fahrzeug, den Hosenknopf bereits offen. Die Hose rasch runter reißen und gleich neben den Vorderreifen hocken und hoffen, dass nicht zu viele Steine dort liegen, denn dann ist die Sauerei fertig. Mir ist das in Äthiopien nur einmal gelungen. Und damit meine ich das Wasser lassen. Speziell die Amharen müssen Zauberer sein, denn sie tauchen in Windeseile aus dem Nirgendwo auf und wissen immer, wann ich aufs Klo muss …

Durch die zahlreichen Lkw, die am Dach oder Tank ein lebendes Schaf festgebunden haben, werden wir daran erinnert, dass Ostern vor der Tür steht. Auf der Suche nach einem besonderen Platz zum Nächtigen, landen wir auf dem Gelände einer Zementfabrik. Klingt nicht sehr einladend, aber wir haben von hier aus eine tolle Aussicht auf die Schlucht des Mugher Flusses.

Ostersonntag. Am frühen Morgen bemalen wir hartgekochte Eier für Hélène und Marc und basteln ein Osternest für sie. Als ich dieses liefern möchte, finde ich schon zwei Nester auf der Treppe unseres Lkw. Der französische Osterhase war schon da!

Nun müssen wir aber in die Hauptstadt Addis Abeba, unser Visum läuft bald ab. Das Taitu Hotel im Zentrum verfügt über einen großen Parkplatz, den nehmen wir. Gleich gegenüber entdecke ich ein Kaffeehaus oder vielmehr eine Konditorei. Torten, Kuchen, Kekse, italienischer Kaffee mit Milchschaum. Sind wir wirklich in Äthiopien? Wie kommt ein Cappuccino oder Café Latte nach Äthiopien? Ganz einfach, durch die italienischen Besatzer, die fünf Jahre lang vor und während des 2. Weltkrieges hier waren. Abgesehen von dieser Periode ist Äthiopien der einzige Staat Afrikas, der niemals kolonialisiert wurde. Und darauf sind die Äthiopier mächtig stolz.

Wir bleiben länger in Addis. Die Verlängerung unseres Visums ist schnell erledigt. Die Beamten sind kompetent und freundlich. Sie bitten uns, Platz zu nehmen, einige Formulare auszufüllen, fotografieren uns, kassieren die Gebühr und sagen uns, dass wir die Pässe am folgenden Tag abholen können. Und so war es auch, das neue äthiopische Visum ist als Aufkleber mit eingescanntem Foto im Pass. Auch das ist Äthiopien!

Peter lernt ein paar Mechaniker kennen, die eine passende Windschutzscheibe auftreiben können. Selbstverständlich liefern sie die falsche, nämlich die für das Modell B. Alles kein Problem in Afrika. Sie versprechen, die Scheibe zuzuschneiden und einzubauen. Das kommt uns nur allzu bekannt vor! Peter verhandelt und macht den Männern klar, dass nur bei beschädigungsfreiem Einbau der Windschutzscheibe die Euro 190 bezahlt werden. Den Mechanikern gelingt es. Hurra, wir haben wieder eine Windschutzscheibe und somit freie Sicht! Dass diese nun zu klein zugeschnitten und daher nicht wasserdicht ist, nehmen wir in Kauf. Die Beschädigungen und Kratzer, die beim Einbau am Armaturenbrett entstanden sind, darf man auch nicht so eng sehen.

Die ethnographische Sammlung im Nationalmuseum, der Mercato (größter Markt Äthiopiens) und ein Besuch bei Marcs ehemaligem Schulkollegen, der für Total arbeitet, stehen noch auf dem Programm. Auch wir sind zum gemeinsamen Abendessen bei den Franzosen geladen. Wir wussten gar nicht, dass sich das Schlaraffenland in Addis befindet: Kir Royal als Aperitif, gefolgt von fein aufgeschnittener, würziger Wurst und danach das viergängige Menü – Quiche, Lamm mit Kartoffeln und Gemüse, Erdbeeren mit Vanilleeis und Schlagobers sowie die obligate französische Käseplatte – begleitet von ein paar Flaschen Rotwein. Hélène und ich fragen sich, wo man solch leckere Sachen zu kaufen bekommt. Ganz einfach, im Bambi-Supermarkt. Nichts wie hin!

Von Addis Abeba aus folgen wir dem Großen Afrikanischen Grabenbruch Richtung Süden. Viele Seen liegen vor uns. Der erste ist der Zway See, der für seinen Reichtum an Vögeln bekannt ist. Wir begegnen hier zum ersten Mal den Marabus und können uns an den riesigen, hässlichen Vögeln kaum satt sehen. Viele Menschen sind hier, was bedeutet, dass es viele Diskussionen gibt. Das zentrale Thema dabei ist immer das Geld, das wir Weißen im Überfluss besitzen und komischerweise nicht verteilen wollen. Es ist nicht mein Tag heute. Ich habe das Bedürfnis, alleine zu sein. Ich mag nicht dauernd reden, vor allem nicht dann, wenn es ohnehin sinnlos ist. Und so sitze ich im August – wie eingesperrt – und verstecke mich. Die meisten Äthiopier verstehen nicht, dass wir auch einmal Ruhe und Privatsphäre brauchen.

Wie denn auch? Sie leben mindestens zu acht in einer Hütte, pinkeln neben oder auf die Straße und waschen sich im Fluss oder See. Ich war froh aus Addis wieder rauszukommen, aber am Land ist es teilweise genauso laut und voller Trubel. Der Langano See ist aufgrund seines hohen Sodagehaltes bilharziosefrei und somit als einziger zum Schwimmen geeignet. Bilharziose ist eine Wurmkrankheit, die in warmen Binnengewässern durch Schnecken als Zwischenwirt verbreitet wird. Krankheitserreger sind Egel. Durch die Haut können die Larven in Menschen eindringen und wandern in die Leber, wo sie sich weiterentwickeln. Von dort gelangen sie über die Venen in Blase, Leber, Darm, Lunge und ins Gehirn, wo sie bei unterlassener Medikation große Schäden anrichten können. Die Krankheit kann auch tödlich verlaufen. Medikamente sind erhältlich, doch nicht für jeden erschwinglich.

Auf unser Drängen benutzen die Franzosen zum ersten Mal ihr aufblasbares Seekayak. Nach der Schiffstaufe dürfen auch wir eine Runde paddeln. An das warme, braune, seifige Wasser haben wir uns schnell gewöhnt, nur die Spuren von großen Echsen am Ufer stimmen uns ein bisschen nachdenklich.

Eigentlich wollten wir nur für eine Nacht nach Awassa, aber im Adenium Camp bei Jana aus Berlin und Kuratu aus Addis gefällt es uns so gut, dass wir einfach länger bleiben müssen. Die beiden sind unglaublich gastfreundlich und hilfsbereit. Sie haben nicht unbedingt ein leichtes Leben, denn sie bekommen den Neid der Nachbarn ziemlich zu spüren und das, obwohl Kuratu Äthiopier ist! Eine militante christliche Glaubensgruppe schwingt richtige Hasstiraden, die wir mehrmals am Abend hören. Der Garten ist paradiesisch, eine Oase mit Haustier: Eine große Schildkröte mit angebranntem Panzer. Sie schlief leider einmal unbemerkt in der Feuerstelle. Die Sanitäranlangen sind genauso wie das Essen hervorragend!

Mit Kuratu radeln wir um den Awassa See und trinken anschließend den besten frischen Mangosaft der Welt! In der Stadt findet man überall Waagen am Straßenrand. Nun wollen wir es aber wissen.

Es wird ein Spektakel. Die Äthiopier sind ja überhaupt nicht neugierig … und es kommt ja nicht allzu oft vor, dass sich ein Ferenji (Weißer) auf die Waage stellt. Peter hat acht Kilogramm abgenommen, er ist kaum wieder zu erkennen. Vor einer Woche noch sagte ein Jugendlicher zu ihm, dass er fett sei und es für ihn sicher kein Problem wäre, am Feld zu arbeiten. Er selbst sei zu schwach dazu … (war aber gut genährt). Als ich mich auf die Waage stelle, sehe ich die Anzeige gar nicht, es sind so viele Äthiopier rund um mich, die das Ergebnis gar nicht erwarten können. Das Warten hat sich anscheinend für sie gelohnt, denn so eine schwere Frau haben sie noch nie gesehen, dabei habe auch ich abgespeckt und wiege nur mehr knappe 60 Kilogramm. Nützliche Informationen zur Strecke nach Kenia entlang des Turkana Sees (Rudolf See) bekommen wir nicht nur aus Janas Gästebuch, sondern auch von den Deutschen Tanja und Kim, die auf dem Weg dorthin sind. Das hat aber für uns noch Zeit, denn wir wollen wieder in die Berge.

Es ist bereits Ende April 2007. Auf einer schlechten Piste erreichen wir am Nachmittag das unsympathische Dorf Dodola. Dort befindet sich das GTZ-Büro (Gesellschaft für technische Zusammenarbeit aus Deutschland), das Wandertouren in den Bale-Bergen organisiert. Die Einnahmen aus diesem Ökotourismusprojekt kommen der ansässigen Bevölkerung zugute. Damit werden sie ein bisschen vom Abholzen der Wälder abgehalten, das ansonsten ihre einzige Einnahmequelle darstellt. Wir entscheiden uns für eine Fünf-Tages-Tour von Hütte zu Hütte mitsamt einem Führer und einem Packpferd. Die Landschaft ist traumhaft, man könnte fast glauben, man sei auf Wanderurlaub in Österreich: Saftige Wiesen, klare Gebirgsbäche, Nadelwälder, Weiden für Pferde und Kühe und natürlich Berge ringsherum. Am zweiten Tag unserer Wanderung erreichen wir das Hochplateau, auf dem nur mehr Gräser, wilder Thymian und Heidekrautbüsche oder besser gesagt –bäume wachsen. Die Hütten sind einfach, aber ausreichend. Da es aufgrund der Höhe (über 3.000 Meter) in der Nacht stark abkühlt, stehen Öfen bereit und auch Feuer-

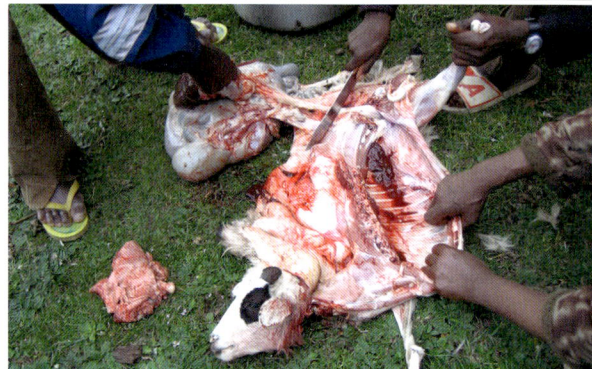

holz, das allerdings bei jeder Hütte frisch geschlagen wird und demnach feucht ist. Bevor es warm wird, tränen unsere Augen und wir fühlen uns wie geräucherter Speck. Peter erklärt, dass wir in Europa auch mit Holz heizen, es aber zwei Jahre lagern, damit es schön trocken wird und gut brennt. Die Äthiopier verstehen die Welt nicht mehr, denn niemand denkt bzw. arbeitet zwei Jahre im Voraus!

Die Gehzeiten liegen zwischen drei und fünf Stunden pro Tag, wir haben also genug Zeit, die Gegend zu genießen. Es ist möglich, von den Einheimischen Fladenbrot, Zwiebeln oder auch ein Schaf oder eine Ziege zu kaufen. Da wir noch auf einen weiteren Wanderer treffen, entscheiden wir uns für ein Schaf. Die Besitzerin nimmt die Schlachtung eigenhändig vor. Sie macht es sicher nicht zum ersten Mal, für uns ist es ein Spektakel! Auf offenem Feuer wird es gegrillt und anschließend mit frischem Fladenbrot und Berbere, äthiopisches Chilipulver, verspeist. Mmmmh! Es ist zufällig auch der Tag, an dem wir sechs Monate unterwegs sind. Ich habe nicht daran gedacht, Peter schon. Aus seinem Rucksack zaubert er eine Flasche südafrikanischen Rotwein. Er hat mich damit so überrascht und erfreut, dass ich richtig rot geworden bin. Ich habe schon unheimliches Glück, ihn kennengelernt zu haben. Er ist einfach liebenswert!

Nach der Wanderung befahren wir mit den Lkw die höchstgelegene Allwetterstraße Afrikas. Das GPS zeigt 4.125 Meter! Eine Herausforderung für unsere Fahrzeuge. Das Sanetti-Plateau erinnert an Schottland: Grün, baumlos, kleine Seen, Moore, Felsen – aber was ist das? Der Simien-Fuchs, auch äthiopischer Wolf genannt. Eine Schakalart, die nur in Äthiopien vorkommt. Auf 3.800 Meter Meereshöhe hält der gelbe Renault, hier wollen die Franzosen ihren Geburtstag feiern. Beide wurden sie am fünften Mai geboren. Den ganzen Nachmittag bekommen wir die beiden nicht mehr zu Gesicht. Sie sind im Lkw verschwunden und mit den Vorbereitungsarbeiten für ihr Geburtstagsfest beschäftigt. Auch wir haben einiges vor:

Peter bastelt aus Blech einen Keksausstecher in Form des Renault-Lkw und ich probiere ihn gleich aus. Es entstehen viele kleine Renault-Kekse! Außerdem bereite ich einen Aussprache-Wettbewerb auf Englisch speziell für Franzosen vor. Im letzten größeren Ort haben wir schon Geschenke besorgt: Zwei Plastikteller mit der Aufschrift „I love Ethiopia" und ein englisches Grammatikbuch. Einen Blumenstrauß bestehend aus Margeriten und Bartnelken habe ich in einem Hotelgarten ganz zeitig in der Früh gepflückt.

Erst um 19:30 Uhr dürfen wir in den bereits köstlich duftenden französischen Lastwagen. Es wird ein langer, unterhaltsamer und unvergesslicher Abend!

Als wir erwachen, bietet sich ein grandioser Ausblick auf die Bergwelt. Die kühle Höhenluft tut unseren Köpfen gut. Heute geht's nur bergab! Die Vegetation verändert sich zunehmend, wir durchfahren Wälder und mit abnehmender Seehöhe wird es immer wärmer und schwüler. Viele Pavianfamilien und Warzenschweine kreuzen unseren Weg. Auf der weiteren Strecke wird es trockener und heißer. Wir sind in der Savanne! Typisch dafür sind die Schirmakazien und zahlreiche rote Termitenhügel. Jetzt sind wir dem - für uns - eigentlichen Afrika schon sehr nahe! Diese Ecke Äthiopiens ist nur dünn besiedelt, wir kommen selten durch kleine Dörfer und die Piste, die wir einschlagen, ist kaum befahren. Die Landschaft ist äußerst reizvoll. Im Dickicht wimmelt es vor Perlhühnern und kleinen Böcken. Peter wünscht sich eine Armbrust. Wir lieben das wilde Campieren und die Ruhe!

Unsere Tage in Äthiopien sind gezählt. Als wir am Vormittag in Konso, Südwestäthiopien, ankommen, beschließen wir, gleich weiterzufahren. Die Kleinstadt hat nichts Nettes an sich. Die Einwohner sind vorwiegend Feldbauern, die an den Hängen Terrassen angelegt haben. Die Reise führt durch eine wunderschöne Landschaft und kurz vor Weito geht's bergab in die Ebene. Weito ist uns sympathisch und so bleiben wir bis zum nächsten Morgen. Die Polizeistation wird unser Schlafplatz. Die Kinder sind entzückend hier. Kaum steige ich aus dem Auto, kommen sie schon angerannt und nehmen mich bei der Hand. Sie lassen nur los, um meine Haare oder Arme anzugreifen. Ganz erstaunt sind sie, als sie meine dicken Adern auf Händen und Unterarmen sehen (treten immer hervor, wenn mir heiß ist). Sie drücken darauf herum und sind ganz fasziniert. Erst als ich ihnen ihre eigenen zeige und erkläre, dass man meine nur besser sieht, weil ich hellhäutig bin, schwindet ihr Interesse. Unvergesslich bleibt mir Mito, ein etwa fünfjähriges Mädchen, das von meinem Geruch nicht genug bekommen kann. Sie beschnuppert andauernd meinen Unterarm, fährt mit ihrer kleinen Nase auf und ab. Sie inhaliert mich und lässt mich partout nicht mehr los. Ein paar Kinder führen mich in die Schule, wo sie stolz die einzelnen Klassenzimmer herzeigen. Das ist genau der richtige Ort, um die vielen Stifte und Hefte zu verschenken. Ich übergebe sie der Lehrerin, sie ist hoch erfreut.

Die Weiterreise führt uns in eine andere Welt. Wir begegnen der ersten traditionell geschmückten Stammesfrau. Bekleidet ist sie nur mit einem Lederschurz, der mit Cowrie-Muscheln und bunten Plastikperlen verziert ist. Ihr Haar ist zu Zöpfen geflochten und mit rotem Schlamm eingestrichen. Noch viele folgen vom Stamm der Tsemay und Hamer. Ihre einzige Einnahmequelle ist das Posieren für Fotos. Zwei Birr kostet ein Foto, umgerechnet Euro 0,60. Recht haben sie! Wir haben keines gemacht, wir fühlen uns nicht gut dabei. Es gibt hier genug Touristen, die bezahlen. Wir nehmen das letzte Abendmahl mit Hélène und Marc in einem kleinen Restaurant ein, natürlich Injera mit gegrillten Ziegenfleischstücken und Berbere! Unsere Wege trennen sich nach fast vier Monaten. Wir sind glücklich und traurig zugleich. Hélène fällt der Abschied am schwersten. Die beiden Franzosen fahren Richtung Djibouti, um dort als Krankenschwester bzw. Tauchlehrer zu arbeiten, und wir Richtung Kenia.

Da wir erst am Nachmittag in Omorate ankommen, bleiben wir noch eine letzte Nacht in Äthiopien. Wieder einmal schlafen wir bei der Polizeistation. Allerdings ist hier auch die Wasserstelle und so herrscht den ganzen Tag reger Betrieb. Keine Sekunde hat man seine Ruhe. Egal, wo man hingeht, man ist nie alleine. Und jetzt auch noch die Bettelei und „Hello, hello!" Peter ist irgendwo Mechanikerratschläge erteilen, und so bin ich der ganzen verbleibenden Meute ausgeliefert. Ich habe es satt und verschwinde im August. Die Kinder klettern auf den gegenüberstehenden Traktor, nur um einen Blick in unseren Lkw und auf mich zu werfen. Ich habe mit der extremen Hitze schon zu kämpfen, schwitze wie ein Schwein, obwohl ich im Schatten bin und nur zwei Kleidungsstücke am Leib habe. Und diese furchtbaren Kinder klopfen schon wieder an der Tür und an der Wand. Es gibt nur einen Ausweg, die Flucht!
Ich packe was zum Lesen ein, mein Tagebuch und die letzten äthiopischen Birr. Vorher schreibe ich Peter noch eine Nachricht: „Ich bin beim Wirt, sonst werd' ich deppert! Bini (-vielleicht-eh-scho-deppert)."
Der Zettel war umsonst, denn wen treffe ich im Wirtshaus?? Ich muss meinen Dampf ablassen, es dauert ganze zwei Minuten, dann ist der Zauber auch schon wieder vorbei. Jiggeryelem – kein Problem, wie die Äthiopier zu sagen pflegen! Und das Bier schmeckt auch, kein Wunder bei 40 „Krügerln" im Schatten. Wir essen die letzte äthiopische Mahlzeit: Injera, Shiro (scharfer Hülsenfrüchtebrei) und gegrillte Ziege – und das alles um weniger als einen Euro! Neben uns sitzen Männer, die auch nach Kenia wollen. Wir beginnen zu plaudern, sie sind nett und humorvoll.

Äthiopien ist eine Hochschaubahn der Gefühle, einmal ist man oben, einmal unten. Einmal liebt man die Menschen und dann hält man sie nicht aus.

Trotzdem bin ich froh, dass wir Äthiopien verlassen. Am Morgen des 13. Mai holen wir uns den Ausreisestempel in einem winzigen Büro, alles problemlos. Wir sind schon sehr gespannt auf die Fahrt zum Turkana See! Gleich auf Anhieb finden wir die richtige Piste Richtung Kenia. Wir haben Glück, es hat seit vielen Tagen nicht geregnet und somit sind die unzähligen Flussbette trocken. An der Grenze liegt ein kleines Dorf, wo unsere Pässe in einer Hütte kontrolliert werden. Es gibt paradoxerweise sogar einen Schlagbaum im Nirgendwo, der, so glauben wir, noch nie geöffnet wurde. Tja, und dann sind wir in Kenia.

Kenia – Afrikanische Reparaturen

Es ist heiß, trocken und karg. Ab und zu begegnen wir Einheimischen, seltener einer Ansammlung von Hütten. Die Piste ist nicht schlecht, auch die Durchquerung der trockenen Flussbetten ist kein Problem. Wir haben uns die Ufer steiler vorgestellt. Doch wenn es hier regnet, gibt es kein Vorwärtskommen, das ist uns klar. Das erste Dorf ist Illeret, wo wir zur Polizeistation fahren, um uns zu melden. Wir werden von 25 jungen Polizisten, die aus ganz Kenia stammen, freundlich begrüßt. Sie laden uns ein, die Nacht hier zu verbringen. Wir sind eine willkommene Abwechslung für sie. Da es aber erst später Vormittag ist, reisen wir weiter. Nach einem ungeplanten Abstecher zum Ufer des Turkana Sees, zeigt uns ein Dorfbewohner die richtige Piste. Die Strecke wird zunehmend steiniger, es erinnert uns an Bahnschotter. Stundenlang sehen wir keinen einzigen Menschen. Das liegt auch daran, dass wir die kaum befahrene Route östlich des Sibiloi Nationalparks nehmen. Plötzlich sehen wir vor uns fünf Blechhütten am Pistenrand. Es ist eine Polizeistation am Arsch der Welt. Die fünf Polizisten wissen selbst nicht genau, was sie hier tun sollen. Sie ernähren sich von Konserven und manchmal kaufen sie einem vorbeiziehenden Hirten eine Ziege ab. Die Freude und Überraschung ist groß, als wir die letzten kühlen äthiopischen Biere mit ihnen teilen. Während wir mit ihnen plaudern, wird uns bewusst, wie gefährlich die Gegend hier sein kann. Es gibt immer wieder Überfälle auf die wenigen Fahrzeuge, die hier durchkommen. Zwischen den einzelnen Stämmen kommen regelmäßig Konflikte auf, die diese Ecke des Landes unsicher machen. Die Polizisten empfehlen uns, möglichst nicht stehen zu bleiben und so rasch wie möglich in die erste größere Stadt Maralal zu fahren, die 400 Kilometer entfernt liegt. Außer ein paar Dörfern gibt es bis dorthin nichts. Nur Extreme. Extreme Hitze, extreme Trockenheit, extreme Weite. Vielleicht war es doch keine so gute Idee, diese Strecke alleine zu bereisen, kommt uns jetzt in den Sinn.

Wir nächtigen irgendwo neben der Piste und genießen die Dusche und die Stille um uns herum. Die Temperatur sinkt kaum, da nun die Lavasteine die gespeicherte Hitze des Tages abgeben. Da wir absolut alleine sind (nach Monaten!), verzichten wir auf jegliche Kleidung und sitzen im Stockdunklen lange nackt vor unserem Lkw. Wir hören eine Rinderherde vorbeiziehen, aber niemand besucht uns. Nach Äthiopien ist das für uns unglaublich.

Auf der Weiterfahrt bleibt die Landschaft stundenlang unverändert. Wir begegnen Nomaden, die ihre wenigen Habseligkeiten auf Esel verladen haben. Mit ihnen zieht eine große Ziegenherde, die frischgeborenen werden am Esel festgebunden. Am Nachmittag erreichen wir die Oase von North Horr. Hier gibt es feinsten weißen Sand, Palmen und natürlich Kamele. Der folgende Abschnitt ist sehr gut zu befahren, flach, keine wellblechartigen Rinnen auf der Piste und nicht zu weich. Der Fahrtwind ist herrlich, vor allem für mich, denn ich leide unter den 40°C. Bald ändert sich die Beschaffenheit der Piste wieder. Das schwarze Lavagestein hat uns wieder und knabbert an unseren Reifen. Kurz vor Loyangalani erblicken wir zum zweiten Mal den Turkana See. Die türkise Farbe bildet einen tollen Kontrast zur Wüste. Eine Abkühlung im See wäre fantastisch, aber angeblich wimmelt es hier von Krokodilen. Später kommen wir doch noch zu einem Bad. Im El Molo Camp gibt es zu unserer Freude einen Swimmingpool. Unser Herz schlägt höher. Was wir nicht bedacht haben, ist, dass das Wasser natürlich aus einer Thermalquelle stammt und somit nicht viel kühler als die Luft ist. Aber es ist einfach herrlich! Besonders das mitternächtliche Bad unter kenianischem Sternenhimmel ist traumhaft. In dieser Nacht schlafen wir auf dem Dach, da es im Inneren unseres Fahrzeuges unerträglich ist. In der Ferne blitzt und donnert es. Kaum zu glauben, aber in dieser trockenen Gegend fallen sogar ein paar Regentropfen.

Aus unseren Plänen, zeitig aufzubrechen wird nichts, da Peter bei einem Fahrzeugrundgang zwei gebrochene Federblätter an der Vorderachse entdeckt. Er behebt den Schaden vorübergehend mit einem Stück Riffelblech, Rindsleder und Zurrgurten. Bevor wir gegen Mittag weiterfahren, hüpfen wir noch schnell ins Schwimmbad. Es ist fast unvorstellbar, dass in dieser unwirtlichen Gegend Menschen leben. Insgesamt sind es vier Stämme: Die Turkana, Samburu und Rendille sind Nomaden, während die El Molo, das kleinste Volk Kenias, Fischer sind. Unsere Reisegeschwindigkeit beträgt im Schnitt 15 km/h (wenn überhaupt), nach dem Federnbruch fahren wir noch ein bisschen langsamer. Dafür gewinnen wir an Höhe. Bei der 1.000-Meter-Marke huscht ein erleichtertes Lächeln über mein Gesicht. Die Strecke ist eine Tortur für unser Fahrzeug, nichts als spitze Lavasteine und riesige Schlaglöcher dazwischen. Wie durch ein Wunder bleiben die Reifen ohne größere Schäden. Erst am Nachmittag wird die Piste sandig, die Gegend ist traumhaft. Wir kommen durch den nächsten Ort, South Horr. Obwohl uns das Samburudorf sympathisch ist, fahren wir weiter. Wir freuen uns schon wieder auf das Nächtigen im Busch. Auf unserem Schlafplatz trinken wir die letzte Flasche äthiopischen Weines am Dach und lauschen den Schakalen. Der kühle Wind lässt uns herrlich ruhen in dieser Nacht.

Kurz vor Maralal hören wir ein eigenartiges Geräusch. Peter steigt aus und entdeckt rechts hinten ein gebrochenes Federblatt. Da es diesmal die Hauptfeder erwischt hat, können wir unmöglich weiterfahren und nächtigen gleich neben der Straße. Peter arbeitet noch bis spät abends, damit wir zumindest am nächsten Tag bis in die Stadt kommen und dort eventuell neue Federn auftreiben können. Die Zivilisation hat uns wieder – leider! Es ist fast wie ein Schock, wenn man in die erste größere Stadt in Kenia kommt: Lärm, Autos, Stress, Telefone, Menschen, Fast food-Buden, Fritterfettgeruch. Auf das waren wir nach der Strecke von Äthiopien über den Turkana See in das Hochland nicht vorbereitet. Irgendwie sind wir aber auch erleichtert, diesen Abschnitt ohne Zwischenfälle gemeistert zu haben. Ersatzteile gibt es keine in Maralal, dafür jede Menge Leute, die uns abzocken wollen. Ein paar schaffen es auch. Ich zahle ein Vermögen für ein Kilo Karotten, ein Kilo Tomaten und vier Bananen! Das passiert meistens, wenn man das erste Mal in einem Land einkauft. Wir müssen erst wieder ein Gespür für die Preise bekommen. Aber es ärgert mich jedes Mal wieder!
Wir fahren weiter ins nahe gelegene Yare Safari Camp, wo Peter sofort mit der Reparatur beginnt. Die kaputten Federn an der Vorderachse werden nicht angerührt, da wir ohnehin bald Asphaltstraßen erreichen. Die gebrochene Hauptfeder wird ausgebaut, über dem Lagerfeuer angewärmt, geschweißt und verkehrt herum wieder eingebaut. Wie gut, dass Peter sein Schweißgerät und Spezialelektroden mitgenommen hat. Zwei Tage ist Peter mit der Reparatur beschäftigt, die Notlösung hält wider Erwarten bis Nairobi.

Ich kümmere mich in der Zwischenzeit um den Rest, wie kochen, putzen, Reiseplanung und Wäsche waschen. Mindestens fünf Mal bin ich schon zur Wasserstelle gegangen, um den Kübel zu füllen. Es ist ein Wasserhahn in einem betonierten Becken, nichts Außergewöhnliches. Beim letzten Mal Wasserholen lasse ich meinen Blick schweifen, er bleibt in einer Ecke des Beckens hängen und mir fällt das Herz fast in die Hose. Keine 30 Zentimeter neben meinem nackten Fuß sitzt eine handtellergroße Spinne! Ich erstarre. Dann trete ich langsam den Rückzug an, die Wäsche interessiert mich nicht mehr.

Wir wollen auf die Old Maisor Farm heute. Auf dem Weg dorthin können wir unseren Augen nicht trauen. Neben der Piste sehen wir unzählige Zebras, gefolgt von einem riesigen Bock, den wir dank Buch als Elandantilope identifizieren. Danach muss das Fernglas her – was ist das bitte? Antilope? Gazelle? Oryx? Nein, eine Gruppe Elandantilopen, daneben Wasserböcke und dazwischen ein Impala! Damit haben wir nicht gerechnet! Zum Spaß sagen wir, nun fehlen nur noch Löwen und Elefanten. Keine Stunde später stehen zwei Giraffen am Wegesrand. Imposant! Irrsinnig schöne Tiere, makellos gezeichnet. Zur Krönung des Tages entdecken wir auch noch eine Elefantenherde kurz vor der Farm. Wir sind ganz aufgeregt! Und es ist nicht einmal ein Nationalpark in der Nähe! Der Campingplatz liegt an einem Fluss und einem Wasserloch. Ich suche jemanden vom Personal. Niemand da. Dann höre ich ein heiteres Lachen aus einem Haus und trete näher. Sehr gut, hier sind sie ja alle. Und alle sind sie sternhagelvoll! Eine Frau sagt als Erklärung: „Es ist Sonntag!" Aha. Wir bleiben trotzdem. Jemand sagt uns noch, wir sollen uns wie zu Hause fühlen, können gerne die Gemeinschaftsküche benutzen und herumspazieren. Es gäbe keine Flusspferde hier. Und was bitteschön war das Grunzen in der Nacht??

Nach vielen hunderten Kilometern stoßen wir das erste Mal auf eine Asphaltstraße. Im Wahnsinnstempo geht es Richtung Nairobi. Zumindest fühlt es sich für mich verdammt schnell an, wenn Peter über 50 km/h fährt. Meine Finger krallen sich in den Sitz und ich bremse ständig mit. Wir müssen halb Nairobi durchqueren und bekommen einen guten Einblick in die Metropole. Sicherheitshalber verriegle ich die Türe, als wir durch die Slums fahren. Die Jungle Junction liegt in einem guten Wohnviertel westlich des Zentrums. Wir haben viel von diesem Gästehaus mit Campingmöglichkeit, angeschlossener Motorradwerkstätte und vom deutschen Besitzer Chris gehört. Alles stimmte. Wir fühlen uns dort gleich wohl. So wohl, dass wir vierzehn Tage bleiben. Was macht man bloß zwei Wochen in Nairobi? Vorwiegend nach Ersatzteilen (Federblätter) für unseren Lkw suchen und danach auf diese warten. Der Einbau der Federn geht eigentlich sehr rasch, da Chris uns viele Spezialwerkzeuge borgt. Wir kaufen auch Ersatzfederblätter. Dazwischen kann man viel Geld ausgeben, was wir auch machen. Der Großteil davon geht für Visa, die Yellowcard (einjährige Fahrzeugversicherung für den Großteil Afrikas), Kühlschrankreparatur, eine neue Digitalkamera, Bücher, Unmengen von Lebensmittel und Wein und natürlich die Ersatzteile drauf. Die meisten Abende verbringen wir mit interessanten Diskussionen, begleitet von köstlichem Essen mit anderen Reisenden in der gemütlichen Jungle Junction. Da sind z.B. Hugo, der 68-jährige deutsche Motorradfahrer, der in zwei Jahren um die Welt fährt, oder die Niederländer Sanne und Nils, die mit ihrem Landrover Ostafrika erkunden, oder der Österreicher Roland, der für die Mission in Lodwar arbeitet und dort bereits eine Familie mit Amina gegründet hat. Oder das betagte japanische Paar, das mit dem Motorrad über Afrika nach Europa reist, und und und. Unterwegs sind wir nur tagsüber, sobald es dunkel wird, ist es zu gefährlich. Oft fahre ich mit dem Bus in die Stadt, aber an den Geruch darin kann ich mich einfach nicht gewöhnen. Die Kenianer haben eine ganz andere Ausdünstung als ich. Viel intensiver und viel stärker! Für mich riecht es nach süßer Zwiebel, aber die Hauptkomponente ist Schweiß. Leider bin ich sehr geruchsempfindlich … Damit mir nicht übel wird, schmiere ich eine Eukalyptus-Mentholsalbe unter meine Nase. Das funktioniert! Aber wer sagt, dass ich für sie nicht unangenehm rieche?

Kontakt zu unseren Freunden halten wir per E-Mail. Erleichtert hat mich die Nachricht von den neuen Hundebesitzern. Unsere (Ex-)Hündin führt ein Lotterleben, es geht ihr hervorragend. Manchmal telefonieren wir auch, was aber sehr kostspielig ist. Meine Eltern rufe ich allerdings regelmäßig an, das war ausgemacht. Sie machen sich ständig Sorgen um mich, weil ich in Afrika bin und es da überall so gefährlich ist … Kaum telefoniere ich mit jemandem, der mir lieb ist, wird mir heiß und ich beginne zu schwitzen. Heute habe ich einen Anruf einer Freundin erhalten, ich habe mich wahnsinnig gefreut. Trotzdem ist das Telefonieren etwas Komisches. Man hat so wenig Zeit zur Verfügung, was kann man in ein paar Minuten schon reinpacken?! Wo man doch sonst alle Zeit der Welt hat! Dann denke ich mir, es ist einfach schön, diese eine Stimme zu hören und zu wissen, dass an mich gedacht wird.

Endlich raus aus Nairobi! Wir wollen in den Amboseli Nationalpark. Wir fahren bis es fast dunkel wird und beschließen, neben der Piste zu nächtigen. In einiger Entfernung können wir die Umrisse von ein paar Hütten erkennen, wir gehen jedoch nicht hinüber, da wir nicht wissen, ob es hier Löwen oder andere Raubtiere gibt. Früh morgens werden wir durch Stimmen geweckt. Der Grundbesitzer, ein Massai, wartet schon auf uns. Er verlangt für die Nächtigung auf seinem Land einen horrenden Preis von uns, den wir nicht gewillt sind zu zahlen. Wir entschuldigen uns, weil wir nicht im Vorhinein um Erlaubnis gefragt haben und bieten ihm einen angemessenen Betrag. Um es kurz zu machen, die Emotionen geraten außer Kontrolle, die Stimmen werden lauter und schließlich bezahlen wir immer noch ein kleines Vermögen, um einfach weiterfahren zu können. Dass ich von dieser Familie enttäuscht bin, stört sie herzlich wenig. Für sie zählt nur das Geld. Ein paar Kilometer weiter bleiben wir zum Frühstück stehen. Es dauert nicht lange, da kommt schon der nächste Massai mit seiner Viehherde. Dieser hingegen ist sehr nett und möchte sich nur unterhalten. Glück gehabt.

Schnee am Kilimanjaro! Wenn ich aus dem Fenster schaue, ist es genau das, was ich erblicke. Wir sind bei Bob und seiner Familie gelandet, viel besser kann man es nicht erwischen. Kennengelernt haben wir ihn im Kimana Wildlife Sanctuary, wo er arbeitet. Nachdem die Halsabschneider dort von uns Euro 55 Eintritt pro Person und Tag wollten, beschlossen wir wieder zu fahren. Bob fragte uns, wo wir denn hin wollen. Keine Ahnung, einen Schlafplatz finden, der etwas billiger ist. Robert bot uns an, bei ihm zu nächtigen. Hier ändern wir unsere Meinung, dass in Kenia nichts gratis ist. Nun parken wir auf Roberts Weide mit Blick auf den höchsten Berg Afrikas! Es ist fast unglaublich, wie lange habe ich darauf gewartet, diesen Berg mit eigenen Augen zu sehen? Bobs Familie möchte uns natürlich kennenlernen und so werden wir gleich zum Abendessen eingeladen. Es gibt Ziegeneintopf mit Reis und Erdäpfel. Ein äußerst interessanter und netter Abend! Sie bestehen darauf, dass wir länger bleiben.

Noch müde und verschlafen blicke ich vor sechs Uhr aus dem Fenster. Der Kilimanjaro zeigt sich im Morgenlicht in seiner ganzen Größe. Ein traumhafter Anblick, den man nur ein paar Stunden genießen kann, bevor er von Wolken verhüllt wird. Wir bleiben bei Robert, aber nur unter der Bedingung, dass heute wir für sie kochen. Den Tag verbringen wir mit Roberts Familie, neugierigen Nachbarn und ausgedehnten Spaziergängen. Roberts Vater, ein stolzer Massai, erklärt sich sogar bereit, für uns eine Ziege zu schlachten. Wir lehnen dankend ab. Von Robert erfahren wir später, dass eher ein Familienmitglied verhungern würde, ehe sein Vater ein Tier opfert. Am späten Nachmittag bin ich schon mit den Vorbereitungen für das Abendessen beschäftigt. Was soll ich bloß kochen? Ich habe keine Ahnung, was Kenianer gerne essen, also entscheide ich mich für Gemüsespaghetti, nicht zu pikant. Roberts Mutter Elizabeth ist neugierig, was ich koche und besucht mich im Lkw. Sie ist total überrascht, dass ich wirklich koche. Bisher war sie der Meinung, dass alle weißen Frauen nur Dosen verwenden und diese einfach aufwärmen. Nebenbei erzählt sie mir von ihrem Leben. Und das ist mehr als interessant! Vor allem, weil sie eine Kikuyu ist und ihr Mann ein Massai, der sich mittlerweile aber eine neue Frau genommen hat und einen Kilometer weiter gezogen ist. Zu neunt sitzen wir am Abend in Roberts Haus, ich verteile das Essen. Alle bemühen sich, die Spaghetti mit Besteck zu essen, doch schon nach kurzer Zeit, benutzen die Kenianer ihre Hände. Ich habe nicht daran gedacht, die Nudeln zu schneiden und somit ist das Essen ein witziges Ereignis. Vom selbstgebackenen Marmorkuchen sind alle angetan. Elizabeth meint darauf, wir sollen doch noch eine Woche bleiben und für sie kochen. Die Gesprächsthemen an diesem Abend reichen von Beschneidung, Ehe, Tradition über Tätowierungen und Aids bis zum Sexualleben. Wir sind erstaunt, wie offen die Familie darüber spricht. Es ist ein unvergesslicher Abend!

Kurz darauf sind wir im Amboseli Nationalpark. Die Anzahl der Tiere hier ist gewaltig! Ich sitze auf dem Dach vom August und bestaune und fotografiere die unzähligen Gnus, Zebras, Elefanten, Antilopen und Büffel. Dabei grinse ich über beide Ohren. Gut, dass August so groß ist, denn erstens habe ich dann eine bessere Sicht und entdecke die Tiere schneller und zweitens fühle ich mich sicherer, wenn ein Büffel oder Elefant knapp vorbeimarschiert. Wobei letzter ohne Probleme mit dem Rüssel auf das Dach greifen könnte … Wir nächtigen im Camp des Massaidorfes außerhalb des Parks. Die Nacht will kein Ende nehmen, ich möchte schon wieder Tiere schauen! Mit dem Morgengrauen sind wir schon bereit für die Safari. Hier im Amboseli ist es leicht, Tiere zu beobachten. Er ist relativ klein, mit Pisten durchzogen und die meisten Lebewesen sind an die vielen Touristen gewöhnt. Und wieder sehen wir Unmengen von Tieren, diesmal auch Hyänen, aber leider keine Löwen oder Leoparden. Es ist für uns ja auch erst der erste Nationalpark in Afrika.

Der zweite ist der Mount Kenia Nationalpark. Für je Euro 55 kaufen wir uns die Eintrittskarte. Sie ist drei Tage gültig. Bleibt man länger, bezahlt man bei der Rückkunft für jeden weiteren Tag. Außerdem buchen wir hier auch die Nächtigung in den Hütten. Nach nur 2 ½ Stunden erreichen wir die Wetterstation – unser erstes Tagesziel. Die Strecke führt durch dichten Urwald, in dem Paviane, Antilopen und Elefanten leben. In der Hütte angekommen, auf immerhin 3.050 Meter, beginnt es zu regnen. Kein Problem, das Dach ist dicht, wir können uns ausbreiten, da wir die einzigen Wanderer sind. Und es gibt sogar einen Kamin. Was will man mehr? Feuerholz zum Beispiel. Dieses wird uns auch angeboten, allerdings nass und gegen ein Vermögen. Wir lehnen dankend ab und freuen uns schon auf unsere Schlafsäcke. Am Morgen brechen wir zeitig auf, denn immerhin haben wir 1.200 Höhenmeter durch teilweise sumpfiges Gebiet vor uns. Und wir wollen am frühen Nachmittag schon im McKinder's Camp sein, noch bevor es zu regnen beginnt. Die Wanderung ist aufgrund des Sumpfes, unserer schweren Rucksäcke und unseres schlechten Trainingszustandes anstrengend, aber schön. Kurz vor dem Camp erspähen wir die stark zerklüfteten, schneebedeckten Gipfel des Mt. Kenia. Mit den ersten Regentropfen erreichen wir die Hütte auf 4.200 Meter. Es ist kalt! Vom Hüttenwart bekommen wir Tee, der uns nur kurze Zeit wärmt. Rund um die Hütte wimmelt es von dicken, fetten Klippschliefern (kaninchengroße Tiere, die einem Murmeltier ähneln, aber mit Elefanten verwandt sind). Die Hütte selbst ist aus Stein, relativ groß und verfügt über einen wunderschönen Kamin an der Nordseite. Soweit, so gut. Jetzt kommt der Haken: Man darf mit dem herumliegenden Lobelienholz nicht heizen, ist angeblich ganz schlecht für die Gesundheit.

Wir hätten Holz oder Kohle vom Tal mitnehmen können …

Aber wie sagt man so schön: Was dich nicht umbringt, macht dich nur härter. Und so frieren wir bis zum Schlafengehen. Uns wird klar, dass wir in der nächsten Hütte, der Austrian Hut, auf 4.750 Meter sicher keine Nacht verbringen werden. Wie auch immer, diese Nacht ist mir dank der Trinkflasche, die mit heißem abgekochtem Wasser gefüllt ist und die ich in meinen Schlafsack stecke, angenehm warm. Uns beiden geht es gut, die Höhe dürfte uns nichts ausmachen. In der Nacht werde ich ein paar Mal munter und fühle einen leichten Kopfschmerz, kann aber wieder einschlafen. Am Morgen sehe ich gar nicht gut aus und genauso fühle ich mich auch. Bei jeder Bewegung glaube ich, dass mir der Kopf zerplatzt. Das ist wohl die bekannte Höhenkrankheit. Verdammt! So bleibt uns ein weiterer Aufstieg verwehrt, aber zumindest der Anblick ist traumhaft. Man kann eben nichts erzwingen. Nach 5½ Stunden sind wir wieder beim Lkw und mir geht es wieder gut.

Durch wunderschöne, üppige Landschaft fahren wir westwärts Richtung Lake Baringo, der im Großen Afrikanischen Grabenbruch liegt. In einem kleinen Dorf sitzt eine Schneiderin vor ihrem Haus. Sehr gut, denn wir müssen einiges flicken lassen und lernen dabei gleich die Hälfte der Einwohner kennen. Anfangs ist das Gespräch immer nett und angenehm bis jemand das Thema Geld auf den Tisch bringt. Diesmal ist es ein rund 45-jähriger Mann, der behauptet, dass die Welt ungerecht sei. In Europa arbeiten die Menschen wenig und verdienen viel, in Afrika ist genau das Gegenteil der Fall. Interessant, denke ich mir, wo hat er das nur her? Der Traum von Europa! Es ist so schwer, den Leuten das Leben in Europa zu erklären. Einerseits hören sie gar nicht zu und andererseits schenken sie den Aussagen keinen Glauben. Wer glaubt schon, dass wir in Österreich rund die Hälfte unseres Gehaltes für das Wohnen ausgeben? Dass wir je nach Höhe des Einkommens bis zu 50 Prozent Steuern zahlen. Dass viele Menschen über 100 Kilometer täglich zurücklegen, nur um einen Arbeitsplatz zu haben. Dass wir nicht überall ein Haus bauen dürfen, selbst wenn es der eigene Grund ist. Dass wir nicht mit einem Euro am Tag satt werden, dass wir Versicherung bezahlen müssen, dass Strom nicht gratis ist, dass wir mindestens die Hälfte vom Jahr heizen müssen usw.

Apropos heizen. Das müssen wir hier am Lake Baringo nicht, denn es wird aufgrund der geringeren Seehöhe wieder viel wärmer und auch trockener. Wir erreichen Roberts Camp am Ufer des Sees am Nachmittag. Da es hier viele Flusspferde gibt, rät man uns, nicht zu nah am Wasser zu parken. In der Nacht erleben wir die Tiere hautnah. Zuerst riecht man sie, wenn sie zum Grasen an Land kommen, es ist ein modriger Geruch. Danach hört man sie, wenn sie das Gras abknabbern und erst danach sieht man sie. Die Flusspferde waren keinen halben Meter von uns entfernt! Wir hätten sie theoretisch durch das Schlafzimmerfenster streicheln können. Wir bleiben am Lake Baringo und warten in den Nächten auf die grauen Dickhäuter, die verlässlich kommen und Rasen mähen.

Uganda – Mit 27 km/h nach Kampala

Am späten Nachmittag legen wir unsere ersten Kilometer in Uganda zurück. Es ist traumhaft schön. Die Sonne ist ein dunkelroter Ball am Himmel, der schon ziemlich tief am Horizont steht und dem wir entgegenfahren. Die Landschaft ist tiefgrün, fruchtbar und üppig. Alles erinnert uns ein bisschen an Asien, die Stimmung wie am Mekong in Laos. Reis- und Zuckerrohrfelder säumen die Straße, dazwischen Rundhütten aus Lehm mit Strohdach und unzählige Verkaufsstände mit Mangos, Papayas, riesigen, grünen, zackigen Früchten (vielleicht Durian?), Tomaten, Zwiebel, Erdäpfel, Mais, … Apropos Straße, die ist in einem katastrophalen Zustand. Nichts als Schlaglöcher, viel Verkehr, noch mehr verrückte Fahrer und noch dazu wird es finster. Peter möchte bis in die Stadt Jinja fahren und dort nächtigen. Für mich ist die Fahrt angsteinflößend, sitze ich aufgrund des Linksverkehrs (seit Kenia) doch mehr oder weniger in der Mitte der Straße. Aber alles geht gut und wir beenden den Tag mit kaltem Nile Special Bier in Jinja. Dort treffen wir auch auf Helmut, einen deutschen Reiseveranstalter, der schon ewig in Uganda arbeitet. Er ist ein lustiger Kerl und gibt uns interessante Tipps zu Uganda und auch gleich Jobangebote. Arbeiten? Wir spielen uns zwar schon länger mit dem Gedanken, aber jetzt schon?? Wir sind doch gerade erst angekommen in Uganda. Irgendwie geht uns das zu schnell. Wir verbringen vorerst einmal einen sehr unterhaltsamen Abend.

Jinja ist eine angenehme Stadt und damit meine ich nicht nur das Klima, sondern auch die Menschen hier. Man hat hier eine große Auswahl an Läden, die alle in indischer Hand sind und auch der Markt ist sehenswert. Dringend brauche ich eine neue Jean, am Markt gibt es alles, alles gebraucht, alles aus Europa. Kleidung und Schuhe, die in Europa bei den diversen Hilfsorganisationen landen, d. h. alles was man in die entsprechenden Container wirft, kommt nach Afrika. Nur erhalten es nicht die Menschen, die es wirklich brauchen, sondern Händler. Und so kann ich vielleicht mit etwas Glück meine eigene gespendete Jeans hier in Uganda zurückkaufen! Das Einkaufen ist ein Erlebnis. Ich schaue mir auf einigen Ständen die Jeans an, bevor ich zu probieren beginne. Dabei stelle ich mich hinter die Kleiderstöße, um vor den nur allzu neugierigen Blicken geschützt zu sein. Es dauert. Die erste Jeans ist zu groß, die zweite zu kurz, die dritte zu klein, die vierte hat eine abscheuliche Farbe, die fünfte …
Immer mehr Hosen bringen sie, auch Cordhosen, Cargohosen und Anzughosen in allen möglichen Farben, obwohl ich ausdrücklich nach einer blauen Jeans gefragt habe. Endlich passt eine und dann gleich noch eine. Ich nehme beide, da kann man auch besser über den Preis verhandeln. Natürlich will der Verkäufer viel zu viel, aber das weiß ich ja bereits. Minutenlang feilschen wir schon, als ich bei einer Hose ein riesiges Loch am Unterschenkel entdecke. Es sieht aus, als ob Batteriesäure darüber gelaufen wäre. Das ist natürlich ein ganz anderer Ausgangspunkt für die Preisverhandlungen. Der Verkäufer sieht das nicht so, das wäre doch das modernste Design heutzutage. Ich mache mir fast in die Hose vor lauter Lachen und entgegne, er könne meine alte Jean dafür haben, denn die hat mehr als nur ein Loch, da könne er noch mehr verlangen. Gut gelaunt werden wir uns schließlich einig, der Ugander hat kein schlechtes Geschäft gemacht und ich habe zwei blaue Jeans.

Von Helmut erfahren wir, dass im Hairy Lemon, einem Resort auf einer Insel im Nil, dringend Manager gesucht werden. Ich kontaktiere den australischen Besitzer Rob; als dieser aber einen Lebenslauf von uns beiden möchte, ist unsere Entscheidung schon gefallen. So viel Aufwand wollen wir auch wieder nicht betreiben. Die nächsten Tage verbringen wir in und um Bujagali. Es ist der Abenteuerort in Uganda schlechthin. Ein Mekka für Wildwasserkajaker und Rafter. Die Stromschnellen hier im Nil gehören zu den schwierigsten und besten der Welt. Wir begnügen uns mit dem Schwimmen im Nil, was besonders nach unseren Radtouren durch kleine Dörfer ein Traum ist. Rund um den Nil ist es paradiesisch, alles wächst und gedeiht. Von Bananen über Erdnüsse, Ananas, Maracujas, Avocados, Papayas, Kakao und Kaffee bis zu meinem Lieblingsobst: Der Jackfruit. Viele Reisende treffen wir hier, die von August angezogen werden und gerne mit uns plaudern. Lange unterhalte ich mich schon mit einem Australier, der sehr an uns und unserer Reise interessiert ist. Nach mehr als einer halben Stunde dämmert es mir und ich kombiniere: Ein Australier mit dem Namen Rob, das kommt mir doch irgendwie bekannt vor! Es ist der Besitzer des Hairy Lemon, mit dem ich vor Tagen wegen eines Jobs telefoniert hatte! Rob hat von Helmut erfahren, dass wir nach Bujagali gefahren sind und wollte sich ein Bild von uns machen. Der Job hört sich gut an, wir wollen uns Hairy Lemon einmal ansehen und verabreden uns für den kommenden Samstag. Pünktlich sind wir am vereinbarten Ort, nur von Rob ist keine Spur. Wir fahren mit dem Boot hinüber auf die Insel und werden von Pete, dem derzeitigen Manager und Schwager von Rob willkommen geheißen. Rob lässt auf sich warten, aber so haben wir genug Zeit, um uns umzusehen und eine Entscheidung zu treffen. Auf der Insel gibt es zwei Schlafsäle, vier Chalets, Campingmöglichkeiten, ein Haus für den Manager und ein nettes Restaurant mit Bar. Insgesamt gibt es fünfzehn Angestellte, die sehr gut eingespielt sind. Unsere Entscheidung fällt bald und wir sind froh, als Rob meint, es wäre ihm schon geholfen, wenn wir ein bis zwei Monate bleiben könnten. Wir können uns nicht vorstellen, länger als zwei Monate zu arbeiten, wir wollen doch auch reisen. Der Verdienst ist nicht hoch, eher ein Taschengeld, aber wir brauchen in dieser Zeit kein Geld und haben natürlich freie Kost und Logis. Der erste Abend auf der Insel dauert lange und ist extrem witzig. Eine irische Kajaktruppe ist zu Gast. Wir enden alle an der Bar und jeder muss ein Lied seiner Heimat zum Besten geben. Peter und ich machen uns gar nicht schlecht als Volksmusiker.

Wir beginnen am 3. Juli zu arbeiten. Pete schult vor allem mich gut ein, manchmal sogar zu gut. Als Hilfe steht uns auch noch Steve, ein englischer Kajaker zur Verfügung. Ich übernehme die Morgenschicht, begrüße das Personal, verteile Aufgabengebiete, mache Inventur, nehme Buchungen entgegen, kümmere mich um die Gäste, kassiere, sorge dafür, dass genug Getränke vorhanden sind, gebe dem Personal Anweisungen und kontrolliere, ob auch alles ausgeführt wird. Wichtig ist, dass man anwesend ist, auch wenn man nichts tut. Und genau das ist es, was mir schwer fällt. Es gibt schon bald keine Herausforderungen und die tägliche Routine ist sehr ungewohnt. Peter macht die Spätschicht und repariert alle möglichen Geräte. Das weibliche Küchenpersonal mochte Peter gleich am ersten Tag, nachdem er alle Messer geschliffen hatte. Täglich schärft er die Macheten, Rasenmähermesser und Werkzeuge, repariert Generatoren und muss dann die halbe Nacht mit den Jungs in der Bar verbringen und ausschenken. Ein hartes Leben! Am Nachmittag ist er auch für die Gäste zuständig. Wenn wir volles Haus haben, gibt es am Abend Spanferkel oder gegrilltes Huhn aus eigener Produktion. Die Tiere sind auf dem Festland gegenüber untergebracht, wo es auch eine kleine Farm mit Erdnüssen, Bohnen, Ananas, Maracujas, Mais und Erdäpfel gibt. Sunday und Omalu übernehmen die Schlachtung des Schweines. Man hat den beiden oft eingetrichtert, dass sie zuerst Wasser kochen müssen, um das Schwein abbrennen zu können, bevor sie es töten. Und das muss zeitig in der Früh passieren, will man das Schwein am selben Abend essen – es muss mindestens acht Stunden gegrillt werden. Als Peter hinüber zur Farm paddelt, ist von kochendem Wasser keine Spur. Die Sau wurde bereits getötet, doch sie haben die falsche erwischt. Diese war nämlich trächtig und die vier bereits gut entwickelten Ferkel sind tot. Peter atmet ein paar Mal tief durch, um seinen Ärger zu unterdrücken, beherrscht sich und weist die beiden Angestellten nochmal darauf hin, dass sie die Sau mit heißem Wasser gut auswaschen sollen, bevor sie sie auf die Insel bringen.

Es ist ein herrlich sonniger Tag, die Gäste liegen in der Sonne, schwimmen oder spielen Wasservolleyball vor der Bootsanlegestelle. Plötzlich hören wir ein hysterisches Gekreische. Sunday und Omalu sind mit dem Schwein im Boot herüber gerudert und haben es ein paar Meter stromaufwärts von den jungen, vorwiegend weiblichen Volleyballspielern nochmals ausgewaschen. Der Nil färbte sich rot … Trotzdem hatten sie am Abend einen hervorragenden Appetit!

Das Arbeiten mit den Einheimischen ist für uns eine interessante Erfahrung. Gleich in den ersten Arbeitstagen werde ich auf die Probe gestellt. Joseph, der auf der Farm am nahen Festland arbeitet, ruft zu mir herüber, dass er am Nachmittag nicht arbeiten könne, weil er auf ein Begräbnis müsse. Seine Großmutter sei gestorben. Kein Problem antworte ich, er soll nur gehen. Zwei Tage später ruft er morgens erneut zur Insel herüber. Er müsse am Nachmittag mit seiner Tochter zum Arzt, es gehe ihr nicht gut und seine Frau habe keine Zeit. Ich sage ihm er könne nach Hause gehen, aber bezahlt werden nur die geleisteten Arbeitsstunden. Komischerweise arbeitet er bis zum Abend, vielleicht geht es seiner Tochter ja schon besser … Jeden Nachmittag mache ich einen Rundgang auf der Insel, um zu sehen, was am nächsten Tag erledigt werden muss. Es ist verdächtig ruhig. Ich höre niemanden, der das Gras mäht, die Termitenhügel beseitigt, das Laub rechnet, die Büsche stutzt. Aber die Schiebetruhen sehe ich, darin schlafen selig Omalu und Sunday!

Zwei von unseren Angestellten habe ich besonders lieb gewonnen. Das ist der Wachmann Jimmy, der aus dem Norden Ugandas stammt. Das merkt man auch gleich, denn er sieht ganz anders aus als die Dorfleute, die zum Stamm der Buganda gehören. Er ist groß, feingliedrig, extrem dunkel und spricht auch eine andere Sprache. Ein bisschen schüchtern ist er mir gegenüber, auch noch nach Wochen.

Wie oft habe ich mich erschrocken, als ich einen Spaziergang am Abend machte und mich plötzlich jemand aus dem Nichts angesprochen hat. Es war Jimmy, von dem man nur seine weißen Zähne im Finstern gesehen hat. Jaja mag ich auch sehr gern. Jaja bedeutet Großmutter. Sie ist die älteste im Team und kümmert sich um die Blumen und Pflanzen. Abgesehen von „Wasusotija, oliotija und tunabagane enja", was so viel bedeutet wie „Guten Morgen, wie geht's und bis morgen", haben wir keine gemeinsame Sprache, verstehen uns aber sehr gut. Eines Morgens finde ich eine tote Ratte, die unser Wachhund erlegt hat. Was soll ich damit machen? Ich kann sie doch nicht einfach in den Busch werfen? Sie beginnt doch sicher zu stinken. Jaja nimmt sie mit nach Hause. Als ich die anderen Frauen frage, was Jaja damit macht, antworten sie: „Essen natürlich!" Jimmy erwischt in der Nacht einheimische Fischer zu knapp an der Insel. Da sie hier keine Netze auslegen dürfen, beschlagnahmt Jimmy ihre. Ganz stolz zeigt er mir diese am nächsten Morgen. Darin verwickelt liegt ein toter Fisch. Als Jaja den Fisch sieht, freut sie sich, denn sie nimmt ihn natürlich wieder mit nach Hause. Nach drei Wochen Arbeit kommt Johan auf die Insel. Er stammt aus Südafrika, hat schon zwei Jahre in Uganda ein Hotel geleitet und soll nach uns das Hairy Lemon managen. Sofort nimmt er uns einige Arbeiten ab. Peter hat jetzt auch Zeit, am August zu arbeiten, der am Festland steht und führt einige Modifikationen an der Federung durch.

Und ich mache mich auf den Weg in den Bwindi Nationalpark. Ich habe eine Karte für die Gorillas ergattert, um „läppische" Euro 270. Es ist eine lange Reise bis in den Südwesten Ugandas. Von Kampala aus geht ein direkter Bus nach Buhoma. Angeblich fährt er um sechs Uhr ab, deshalb nächtige ich in Kampala und bin am folgenden Tag schon um 5:30 Uhr am Busbahnhof. Der Bus steht bereit, ich wähle einen Fensterplatz. Außer mir sind nur wenige Fahrgäste da. Bald wird der Motor gestartet, aber es dauert bis fast 7:30 Uhr bis der Bus abfährt. Diesel hat er bis zu diesem Zeitpunkt schon genug verbrannt, ganz zu schweigen von den Abgasen, die ins Businnere drangen. Der Chauffeur fährt wie ein Henker. Die Straße ist zwar gut asphaltiert, aber die Geschwindigkeit und der starke Verkehr machen mir Angst. Glücklicherweise bin ich sehr müde und schlafe immer wieder ein. Der Bus ist voll- bzw. übersetzt. Am Nachmittag wird die Asphaltstraße verlassen und es geht auf Pisten weiter. Die Landschaft wird immer hügeliger und schöner. Hier scheint alles zu wachsen, vor allem aber Bananen, Kaffee, Tee, Kraut, Tomaten, üppige Blumen und Weihnachtssterne in Form von Bäumen! Der Bus hält genau ein Mal zur Klopause und in den Städten zum Proviantbesorgen. Man muss aber gar nicht aussteigen, denn die Händler reichen die Waren beim Fenster herein. Nach über dreizehn Stunden erreichen wir Buhoma, außerhalb des Bwindi Nationalparks. Es ist bereits stockfinster und recht kühl. Das Dorf liegt in den Bergen auf über 1.100 Meter Seehöhe, nahe der kongolesischen Grenze.

Es tut gut, wieder einmal alleine zu sein, ich habe mehr Zeit und auch Abstand, um über einiges nachzudenken, mehr Zeit für mich. Doch noch bevor ich Buhoma erreicht habe, vermisse ich schon Peter. Dieses Gefühl lässt allmählich nach, wahrscheinlich weil so viele Eindrücke auf mich einprasseln, und kommt erst einige Zeit später wieder. Am 1. August ist das Gorilla-tracking angesagt. Ich bin mit einer Gruppe Deutscher unterwegs. Insgesamt acht Touristen, zwei Führer und zwei bewaffnete Wildhüter bilden eine Gruppe, die eine Gorillafamilie besuchen darf. Die Wahrscheinlichkeit, die Tiere zu sichten, ist sehr groß. Denn erstens wandern die Hochlandgorillas nicht sehr weit von einem Schlafplatz zum anderen und zweitens werden sie schon von den Wildhütern früh morgens gesucht und die Position per Funkgerät weitergegeben. Ich bin für die R-Gruppe der Gorillas eingeteilt, die 15 Mitglieder, darunter ein vier Monate altes Baby, zählt. Nach einer über dreistündigen Wanderung, die uns stetig bergauf durch den Regenwald führt, zuerst auf Wegen, danach querfeldein, haben wir die Gorillas gefunden. Man darf sie genau eine Stunde beobachten und fotografieren. Es ist ein einmaliges, atemberaubendes Erlebnis. Die Tiere sind so an den Menschen gewohnt, dass sie sich überhaupt nicht stören lassen, obwohl ein Großteil der Gruppe fotogeil ist und sehr rücksichtslos und laut reagiert. Abgesehen von der Körpergröße der Gorillas, die ziemlichen Respekt einflößt, strahlen sie eine unglaubliche Ruhe und Gelassenheit aus. Die meisten fressen die ganze Zeit, manche sind auch schon müde und machen ein gemütliches Schläfchen, so auch der gewaltige Silberrücken, der unter Bambusstauden liegt und an seinem Daumen lutscht. Diese Stunde ist natürlich viel zu schnell vorbei. Ich strahle über das ganze Gesicht und bin überglücklich, diese Tiere aus nächster Nähe beobachtet haben zu können. Auf dem Rückweg nach Buhoma habe ich nochmals unsagbares Glück. Zufälligerweise begegnen wir einer anderen Gorillafamilie. Ich bin das Schlusslicht der Gruppe. Ich drehe mich auf dem schmalen Pfad um und blicke einem halbwüchsigen Gorilla in die Augen.

Nach kurzer Zeit gehe ich ein paar Schritte weiter, bleibe dann aber wieder stehen. Das macht auch der Gorilla. Der Abstand beträgt nur noch zwei Meter. Ich bin wahnsinnig aufgeregt, mein Herz pocht. Leider kommt dann einer der Wildhüter, der mich zum Weitergehen auffordert. Das Tier verschwindet im Dschungel. Insgeheim habe ich gehofft, dass er auf mich zukommt und mich berührt. Was für ein Erlebnis! Ich kann es noch gar nicht fassen.

Den Abend verbringe ich abermals mit der deutschen Reisegruppe, was für mich recht anstrengend ist. Ich habe schon vergessen, wie kompliziert manche Europäer sein können. Es gefällt mir so gut hier, dass ich noch einen Tag anhänge. Den ganzen Vormittag durchstreife ich den Wald, bewundere unzählige Schmetterlinge und Vögel, bevor ich in einem kleinen Hoteli (Restaurant) Mittag esse. Den Blicken der Einheimischen nach, bin ich die erste Touristin, die hier einkehrt. Das Essen ist einfach, aber gut und vor allem billig. Um umgerechnet einen halben Euro bekomme ich eine Avocado, Tomaten und Chapati (Fladenbrot). Am Nachmittag treffe ich eine Pygmäenfrau, die auf mich alkoholisiert wirkt und vor mir zu tanzen beginnt. Ich möchte gerne mit ihr sprechen, aber es gelingt mir nicht. Als der Bwindi Nationalpark 1993 gegründet wurde, hat man die Pygmäen einfach vertrieben. Sie sind aber die Urbevölkerung von Äquatorialafrika und haben immer schon im und mit dem Regenwald gelebt. Sie sind vorwiegend Jäger – jagen aber keine Gorillas, was ihnen oft unterstellt wird – und auch Sammler. Die Pygmäen haben nie Ackerbau und Viehzucht betrieben und somit keine Wälder gerodet. Jetzt stehen sie da – sozial benachteiligt, besitzlos, ohne Entschädigung und wahrscheinlich auch ohne Perspektiven. Sie verdienen ein bisschen Geld, indem sie ihre traditionellen Tänze präsentieren. Und einiges davon geben sie für Alkohol aus.

Der Autobus, der direkt vom Nationalpark nach Kampala fährt, ist defekt und so muss ich zuerst nach Butogota und dort eine Nacht verbringen. Im Zimmer ist es so heiß, dass ich mich mit einem Buch an die Bar setze und ein Bier trinke. Lange bleibe ich nicht alleine. Wieder einmal ist es ein Lehrer, der mit mir zu reden beginnt. Er scheint der einzig nüchterne in der Bar zu sein. Außer mir ist nur eine Frau zugegen, auch sie ist betrunken. Die eindeutigen Angebote mir gegenüber sind unzählbar. Aber keiner ist aufdringlich. Die Frau fragt mich, warum ich denn keinen Schwarzen „ausprobieren" möchte, dann würde ich den Unterschied zwischen Weißen und Schwarzen wissen. Ich schlage ihr vor, sich einen Weißen zu suchen und mir den Unterschied zu berichten. Die ganze Bar lacht lauthals.

Am späten Nachmittag erreicht der Bus Kampala, wo ich Peter treffe, der inzwischen die Arbeit im Hairy Lemon beendet hat. Ich bin froh, wieder zurück zu sein und im eigenen Bett schlafen zu können. Peter sieht sehr abgekämpft aus. Die letzten Nächte im Hairy Lemon waren scheinbar sehr anstrengend. In Kampala hält uns nicht viel, wir wollen wieder in die Natur, Tiere beobachten und so brechen wir in Richtung Murchison Nationalpark auf.

Es schüttet wie aus Kübeln und die Straßen sind überflutet. Da viele Kanaldeckel fehlen, ist gehen und fahren eine Glückssache. Peter übersieht einen kleinen Toyota. Zwei winzige Dellen in der Tür und am hinteren Radlauf des Toyotas werden zu einer Diskussion der beiden Fahrer im strömenden Regen. Als Weißer hat man hier die schlechteren Karten, wenn es ums Geld geht. Peter sieht eine Polizistin in der Nähe und hat sofort eine Strategie. Er fragt den Fahrer, ob er Euro 3.000 oder 5.000 haben will. Als der sagt, er will Euro 5.000 ruft Peter die Polizistin zur Hilfe und erzählt von der unverschämten Forderung des Toyota Fahrers. Mit Euro 30 wird der Fall bereinigt und endlich sind wir aus Kampala draußen. Die einst asphaltierte Straße ist mit tiefen Schlaglöchern übersät und wird auch auf den folgenden Kilometern nicht besser. Wir wollen zuerst an den Lake Albert fahren und zweigen auf eine Piste ab. Eine gute Entscheidung! Die Landschaft ist traumhaft schön. Dunkle Wolken stehen am Himmel, ein toller Kontrast zur orangeroten Piste und zum tiefgrünen Regenwald, dem Budongo Forest. Hier soll es noch an die 800

Schimpansen geben. Wir sehen genau einen, der ganz hoch oben in den Bäumen turnt. Dafür entdecken wir Warzenschweine, Antilopen, Affen und viele Vögel. Wir gehen ganz gelassen den Weg entlang. Erst später fragen wir uns, ob es denn hier keine Raubkatzen oder Büffel gibt.

Der Murchison Falls Nationalpark gefällt uns sehr gut, auch die Eintrittspreise sind im Vergleich zu Kenia moderat. Je länger man bleibt, umso billiger wird es auf den Tag aufgerechnet. Das gefällt uns, wir verbringen gleich eine Woche hier. Der Park ist groß, mittendurch verläuft der Nil. Die Bootstour zu den Wasserfällen ist absolut spektakulär! Am Ufer sehen wir Büffel- und Elefantenherden, riesige Krokodile, die mit aufgerissenem Maul auf der Sandbank dösen, Wasserböcke, Vogelschwärme und unzählbare Flusspferde. Die meisten Tiere kann man allerdings nördlich des Viktoria Nils sehen. Wir nehmen die erste Fähre früh morgens. Augusts Gewicht haben wir aufgrund des Fährpreises etwas beschönigt. Wir fahren als erster auf die Fähre, ganz nach vorne rechts müssen wir. Die Fähre neigt sich sogleich beträchtlich, ich sehe uns schon zwischen den Nilpferden und Krokodilen im Fluss liegen. Kurz darauf sind wir schon am anderen Ufer und sehen bald Büffel, Elefanten, Giraffenherden so weit das Auge reicht, Wasserböcke, Antilopen, Greifvögel und viele weitere Vogelarten. Andere Touristen erblicken wir nicht, man kann tun und lassen, was man will. Aussteigen aus dem Fahrzeug darf man in den Nationalparks nicht, doch in Uganda kümmert sich niemand darum. Man sollte aber vorher wegen der Tiere Ausschau halten … Wir genießen besonders das Picknick am Dach unseres Lkw. Die Sonne brennt erbarmungslos auf uns herunter, doch der Ausblick entschädigt für alles. Nächtigen muss man allerdings auf einem Campingplatz. Im Red Chili Camp sind die Warzenschweine an Menschen gewöhnt. So bekommen wir vor dem Abendessen Besuch und Peter sogar einen Handkuss von einer Schweinedame.

Auf dem Weg nach Masindi bemerkt Peter ein eigenartiges Geräusch am Lkw. Wir können es nicht genau orten, befürchten aber, dass es vom Getriebe kommt. Also fahre ich, Peter steht außen am Trittbrett und versucht, die Geräusche zu lokalisieren. Wir fahren bis zu einer Tankstelle, wo Peter das Getriebeöl kontrolliert und Metallspäne darin entdeckt. Wir können nicht weiterfahren. Das Masindi Hotel bietet sich an. Nachdem wir einen guten Preis ausverhandelt haben, parken wir im wunderschönen Englischen Garten hinter dem Hotel. Peter baut das Getriebe aus und zerlegt es, kann aber keinen Schaden feststellen. Die Späne dürften vom Zahnrad des Retourganges kommen, also kein großes Problem. Er baut das Getriebe wieder ein und stellt die Lager im Verteilergetriebe neu ein, da diese schon Spiel hatten. Leider sind die Vibrationen und Geräusche noch immer da. Nun wird die Hinterachse kontrolliert, wo Peter einige gebrochene Zähne am Triebling feststellt. Während Peter den Triebling und die Kardanwelle ausbaut, entdecke

ich bei meinem kleinen Zehennagel eine Schwellung mit einem schwarzen Punkt. Scherzhalber sage ich zu Peter: „Ich glaube, das ist eine Sandflohlarve." Zwei Tage später sehe ich mir die Zehe genauer an, die Schwellung ist größer geworden, also entferne ich die überschüssige Haut und schneide mich natürlich rein. Nachdem es jetzt schon egal ist, schnippsle ich weiter und drücke herum. Und es kommt tatsächlich etwas Weißes zum Vorschein. Ich desinfiziere die Wunde und klebe ein Heftpflaster darüber. Peter will sehen, was ich mit meinem Zeh gemacht habe und empfiehlt, mit einer Pinzette das Ding herauszuholen. Plötzlich ekelt es mich. Ich beginne mit der Operation und wenig später ist das fünf Millimeter große Würmchen entfernt. Peter hat also nächtelang neben einer Person geschlafen, die schon von Würmern aufgefressen wird!

Damit ich abgelenkt werde, konstruieren wir hier endlich unsere Markise. Die Plane dazu, made in Pakistan, haben wir sicherheitshalber schon in Libyen eingekauft. Am Markt erstehen wir Formrohre, die ich grundiere und schwarz lackiere. Gut, dass im Garten des Hotels ein Festzelt steht, unter das ich mich bei den vielen Regenschauern zurückziehen kann. Peter erledigt die Schweißarbeiten und montiert die fertige vier Meter lange und drei Meter breite Markise. Das Ergebnis kann sich sehen lassen. Und schon sind wieder neun Tage vergangen.

Unser Vorhaben, von Masindi in den Südwesten Ugandas zu fahren, ist leider unmöglich. Wir müssen zurück nach Kampala, um Ersatzteile zu kaufen. Nur mit dem Vorderradantrieb in der Untersetzung schaffen wir es in einem Tag bis in die Hauptstadt. Unsere durchschnittliche Geschwindigkeit auf dieser Strecke von 220 Kilometern beträgt 27 km/h. Am Abend sind wir wieder im Red Chili Hideaway. Wir sind keine Städteliebhaber, was hält uns also 17 Tage in Kampala? In erster Linie die Reparaturen und das Warten auf Ersatzteile für August. Peter fährt mit einem Taxifahrer zu den Ersatzteilhändlern und kommt drei Stunden später tatsächlich mit den entsprechenden Teilen zurück. Bei der Demontage des Differentials stellt er jedoch fest, dass auch die Lager kaputt sind. Leider können wir in Kampala keine passenden Lager auftreiben und so werden die alten eingeschliffen und alles wird wieder eingebaut. Die Einstellarbeiten ziehen sich über drei Tage. Leider erfolglos, die Teile passen nicht! Peter wird fast verrückt! Er muss alles wieder ausbauen und lernt während der Arbeiten einen Südafrikaner, Trever, mit guten Kontakten kennen. Dank ihm bekommen wir innerhalb von vier Stunden ein komplett neues Differential mit Lager, made in India, vor Ort angeliefert. Die Teile stammen von einem indischen Tata 1210, ein Mercedes-Lizenzprodukt. Peter baut alles ein und diesmal passt es! Es dauert beinahe eine Woche bis Peter vom ersten Ersatzteilhändler sein Geld zurückbekommt. Wir haben aber auch viel Spaß in Kampala. Kommen Individualreisende nach Kampala, so ist ihr erster Stopp sicher das Red Chili Hideaway. So lernen wir einige interessante Leute kennen: Marleen und Guy, zwei Belgier, die seit dreizehn (!) Jahren unterwegs sind - zuerst mit dem Motorrad und nun mit dem Auto. Claire und Graham aus England, sie reisen mit einem Landrover TD 5, wir verstehen uns prächtig mit ihnen. Tanja und Kim, die wir schon in Äthiopien getroffen haben. Und auch Johan, der neue Manager vom Hairy Lemon, kommt auf Besuch. Gemeinsam mit ihm gehen wir zum Royal Ascott Goat Race, etwas außerhalb Kampalas. Zuvor basteln wir noch extravagante Hüte, denn das muss sein – in Anlehnung an das berühmte Pferderennen in England. Das Rennen findet einmal im Jahr statt und ist sehr witzig. Die besten Hüte werden sogar prämiert. Ich verpasse nur ganz knapp einen Stockerlplatz. Die ganze High Society von Kampala ist hier vertreten. Die Manager vom Red Chili sind auch mit von der Partie. Sie kaufen den Gewinner des Rennens, den Ziegenbock Kandahar, für ihre einsame Geiß am Campingplatz. In Europa müsste man sich nun Gedanken machen, wie man den Bock transportiert. Nicht in Uganda – rein in den Minibus zwischen die Fahrgäste und ab ins Camp.

Auch Österreicher lernen wir kennen. Renate ist Krankenschwester in Ausbildung und hat in Uganda ein Praktikum gemacht. Nun ist ihre Mutter, Edeltraud, zu Besuch. Ich gehe mit ihnen auf den Owino Markt.

Zweck des Besuches ist, sich eine afrikanische Haartracht zuzulegen. Es regnet in Strömen und so waten wir knöcheltief zu den Friseurläden. Die Friseurinnen flechten Kunsthaar mit ein, das wir uns vorher ausgesucht haben. Ich sitze am Fußboden und werde von drei Damen bearbeitet. Sie sind sehr geschickt und flink, dennoch dauert die Frisur mehrere Stunden. Es schmerzt nicht nur der Rücken, sondern auch der ganze Kopf, da an den Haarsträhnen von allen Seiten stark gezogen wird. „Schönheit muss leiden", so ein blöder Spruch, doch irgendwie hat er nun seine Gültigkeit. Es ist ein einmaliges Erlebnis, zu beobachten, welch kreative Frisuren die Damen fabrizieren, alles mit Kunsthaar in allen erdenklichen Farben und Längen. Nur eines haben die Haare gemeinsam, sie sind alle glatt! Die Gespräche dabei sind herrlich, einfach zum Schreien. An Edeltrauds Frisur arbeitet nur eine Friseuse. Als es dunkel wird, ist sie immer noch nicht fertig und arbeitet im Kerzenlicht weiter. Zurück im Red Chili haben wir uns ein kühles Bier und köstlichen Tilapia (Fisch) verdient.

Unsere Frisuren stoßen auf positives Echo. Ich muss sagen, die Frisur passt mir ganz gut, aber ein zweites Mal tue ich mir das nicht an. Rückenschmerzen, Kopfschmerzen, eine teilweise schlaflose erste Nacht, ein steifer Nacken, Augenschmerzen und nach zehn Tagen beginnt es auch noch zu jucken. Nichts wie weg mit den vielen Zöpfchen! Habe ich vorher auch so ausgesehen??

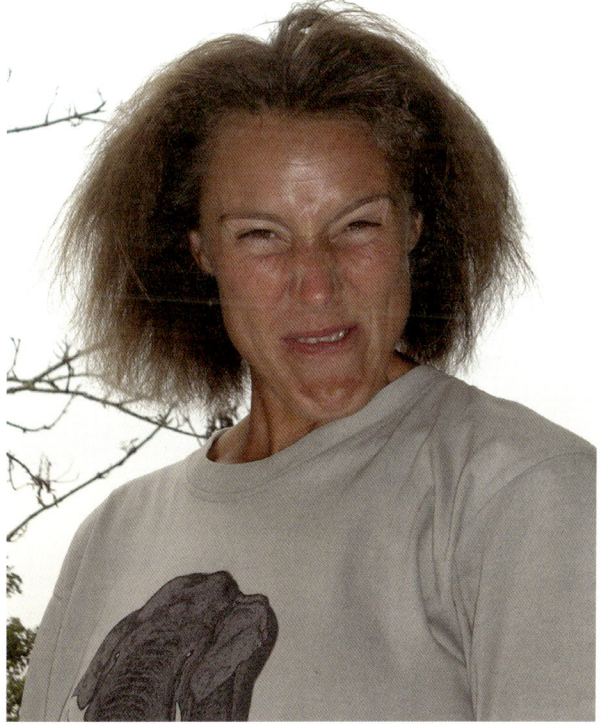

Peter horcht mit voller Konzentration auf die Geräusche, die von der Hinterachse kommen. Das Differential heult beim Bergabfahren. Hat es das vorher auch schon gemacht? Peter überlegt, ob er sich die Differentialeinstellung nochmals ansehen oder nachjustieren soll. Er stellt sich die Frage, ob er alles richtig gemacht hat, wo doch der Einbau ohne Messwerkzeuge und Drehmomentschlüssel durchgeführt wurde. Aber es wird schon gut gehen. Nach 500 Kilometern lässt es ihm doch keine Ruhe und er kontrolliert das Differential. Alles in Ordnung! August hat uns in den Westen Ugandas gebracht, an den Rand der Ruwenzori Berge und Kraterseen. Die Gegend ist toll zum Radfahren, wenn auch anstrengend, da wir viele Höhenmeter in Kauf nehmen müssen. Im Dorf Rwaihamba ist gerade Markttag. Wir mischen uns unter die Leute und belohnen uns mit einem „Rollex" oder besser gesagt „Rolleggs". Es ist ugandisches Fladenbrot (Chapati), über das ein Ei geschlagen, in der Pfanne gebraten und anschließend zusammengerollt wird. Gut, sehr sättigend und billig. Kaum haben wir abgebissen, hören wir: „Give me money, give me something, muzungu!" (Muzungu ist die Bezeichnung für Weiße in Ostafrika.) Peter ist heute superschlau, ihm fällt ein toller Vergleich ein. „In Ordnung. Ich gebe dir Arbeit und bezahle dich sehr gut – unter einer Bedingung: Du verschenkst dein Geld." Daraufhin ist der Einheimische empört. „Das ist aber komisch", meint Peter, „du möchtest dein Geld nicht hergeben, aber von mir verlangst du es."

Die Landschaft gefällt uns sehr gut. Mit dem Wetter haben wir auch Glück. Der Regen lässt auf sich warten. Egal, wo man hinsieht, überall wird gepflanzt und geerntet, Bananen, Zuckerrohr, Avocados, Papayas, Cassava (Maniok), Süßkartoffel und dergleichen. In Kenia haben wir Lebensmittel eingekauft wie die Verrückten. Uns wurde erzählt, dass es in allen anderen ostafrikanischen Ländern teurer ist und man nicht so viel bekommt. Im Vergleich zum Sudan und einigen Teilen Äthiopiens ist es aber der pure Wahnsinn hier. Man erhält eigentlich fast alles. Im Sudan war es z. B. unmöglich, Klopapier, Butter, Käse (und damit meine ich Eckerlkäse) und Obst (abgesehen von Orangen und Datteln) zu bekommen. Milch war nicht existent und an Gemüse gab es meistens nur Tomaten, Zwiebel und Bohnen. Hier in Uganda muss man nicht hamstern. Mir wird bewusst, wie karg und einfach das Leben in manchen Teilen Nordafrikas doch ist. Seit Uganda bin ich wieder richtig verwöhnt. Es gibt überall Wasser, ich kann mehrmals in der Woche duschen! Es ist schon unglaublich, mit wie wenig man auskommt, wenn es notwendig ist und trotzdem gut lebt. Man gewöhnt sich rasch an die Umstände, auch an die besseren!

Am Fuße der Ruwenzoris finden wir einen tollen Platz zum Nächtigen. Wir möchten gerne wandern gehen, aber der Nationalpark ist uns zu teuer. Wir entscheiden uns für geführte Wanderungen außerhalb des Parks, ein Teil des Geldes kommt Projekten im Dorf zugute. Jedes Mal beim Abstieg beginnt es zu regnen und die schmalen Pfade verwandeln sich in Schlammrutschen. So sollen auch die Wanderwege in den Ruwenzoris aussehen, die man bei klarem Wetter gut ausmachen kann.

Und wenn's genug geregnet hat, dann hört es wieder auf … Nicht in Uganda. Über eine Piste erreichen wir den Queen Elizabeth Nationalpark. Es ist gleichzeitig die Hauptverkehrsverbindung in die Demokratische Republik Kongo. Die Piste ist stellenweise sehr weich und schlammig, wie man sich das eben in der Regenzeit erwartet. Noch dazu ist sie bombiert, was ein Problem darstellt, wenn Gegenverkehr kommt. Schon bald sehen wir die ersten hängengebliebenen Fahrzeuge aus dem Kongo. Peter versucht, sie mit Hilfe unserer Seilwinde herauszuziehen, gibt aber nach einer Stunde auf. Es ist zwecklos. Die Fahrer verstehen Peters Logik nicht. Unweit steht eine Gruppe Elefanten und beobachtet uns. Die Fahrer bedanken sich herzlich, wir fahren weiter. Der Himmel ist mittlerweile wieder dunkelgrau, es kann nicht mehr lange dauern bis die ersten schweren Tropfen fallen. Genauso ist es auch. Durch den Regen werden manche Pisten rutschig wie ein Eislaufplatz. Nur gut, dass es hier kaum Verkehr gibt. Wir kommen nur sehr langsam voran. Am späten Nachmittag erreichen wir das Overland Camp am Lake Bunyonyi auf über 1.800 Meter Seehöhe. Der See liegt im äußersten Südwesten des Landes, unweit der ruandischen Grenze. Er ist angeblich ein geflutetes Tal, das durch einen Vulkanausbruch vor 8.000 Jahren in ein Becken verwandelt worden ist. Das Klima ist angenehm hier, in der Nacht kann es kalt werden. Malaria gibt es in dieser Höhe kaum, auch keine Krokodile, Flusspferde und Bilharziose, was den See beliebt bei Schwimmern und Wassersportlern macht. Den ganzen Tag regnet es und es ist kühl. Außer einem kleinen Spaziergang sind wir aufgrund des Wetters sehr untätig. Aber ein Ruhetag schadet nicht. August parkt auf einem Wiesenstück am Ufer. Sehr idyllisch! Das Einzige, was stört, ist eine Straßenlaterne direkt vor dem Fenster, die Tausende von kleinen Insekten anzieht. Peter bewaffnet sich mit einem Seitenschneider und sucht nach dem entsprechenden Kabel. Zwei Minuten später ist es am halben Campingplatz finster. Hoppla! Doch das Beste kommt erst: Am nächsten Morgen entdeckt er am Laternenmasten einen Lichtschalter!

Da sich das Wetter nicht ändert und in unserem Fahrzeug alles schon feucht und verschimmelt ist, beschließen wir, abzureisen bzw. auszureisen. In dem Ort, wo die Piste Richtung Tansania führt, wollen wir nochmals einkaufen. Die fingergroßen Bananen schmecken mir besonders gut, da nehme ich gleich zwei Kilo. Die Verkäuferin will ein Vermögen dafür! Ich möchte doch nur zwei Kilo Bananen und nicht das ganze Geschäft kaufen. Feilschen nützt nichts, der Preis bleibt gleich. Ich bin bereit etwas mehr als die Einheimischen zu zahlen, aber nicht das Zwanzigfache! Dann eben nicht. Die Piste ist gut, sie führt durch kleine Dörfer mit freundlichen Menschen. Touristen waren hier noch nicht viele. Wir bleiben stehen, um Früchte und Gemüse einzukaufen. So billig haben wir es noch nirgends bekommen! Geplant haben wir den Grenzübertritt heute nicht, aber es kommt oft anders. Das letzte Dorf ist Kikagati, die Beamten sind sehr freundlich und überhaupt nicht an Touristen gewohnt. Alles geht schnell. Man wünscht uns eine schöne Weiterreise. Als wir den Fluss überquert haben, sind wir bereits in Tansania.

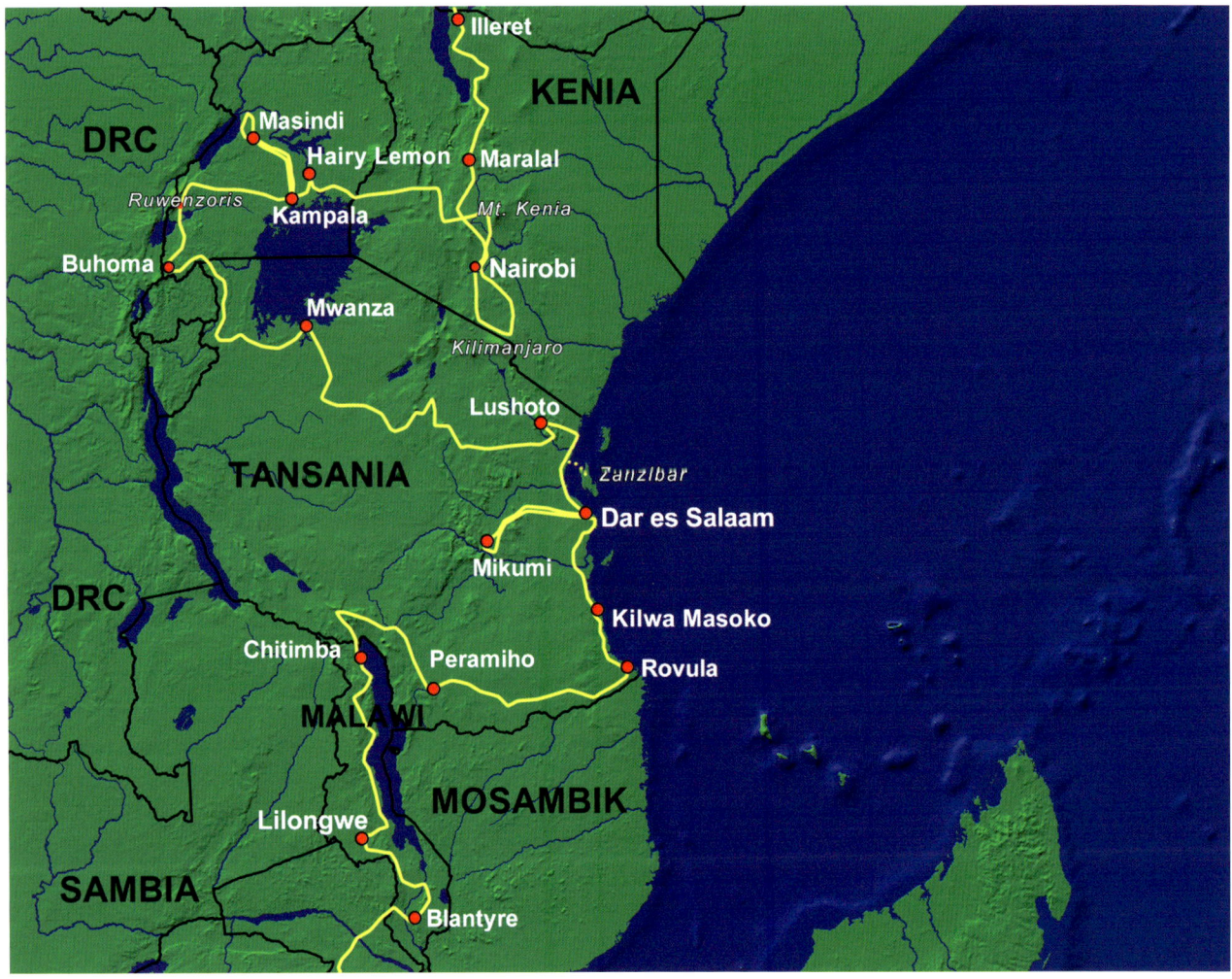

Tansania – Wie spät ist es im Paradies?

Die Sonne zeigt sich gerade in ihrem besten Licht, wir fahren durch kleine Dörfer, suchen vergeblich nach einem Platz, um zu nächtigen. Schon bald wird es dunkel. Im nächsten Dorf beschließen wir zu bleiben. Neben einem kleinen Laden ist eine ebene Fläche, geradezu ideal und noch dazu die einzige weit und breit. Wir fragen den Besitzer, doch er spricht nur Suaheli. Man schickt sofort nach der Lehrerin. Doch auch ohne sie können wir uns verständigen. Die Dorfbewohner sind unglaublich nett und gehen nach dem ersten Trubel bald nach Hause.

Als Dankeschön geben wir dem netten Ladenbesitzer Abdul Rachim ein Foto von uns und unserem Lkw und Spielzeug für seine Kinder. Er freut sich extrem und erscheint eine Minute später mit einem Foto von sich und seiner Familie. Er schenkt es uns. Bevor wir losfahren, kaufen wir noch ein paar Kleinigkeiten in seinem Geschäft, damit er zumindest Umsatz macht. Auf einer orangebraunen Piste fahren wir durch wunderschöne, hügelige Landschaft und Bananenwälder. Dörfer gibt es hier nur wenige. Kommen wir an einem vorbei, laufen uns aufgeregte, winkende und schreiende Kinder nach. Wir befinden uns unweit der ruandischen Grenze. Am Nachmittag passieren wir ganze drei größere Ansiedlungen. In der letzten ist Schluss mit der Weiterfahrt. Mitten im Dorf ist ein geschlossener Schranken und niemand scheint es zu kümmern, dass wir davorstehen und warten. Schließlich steigen wir aus und gehen zum Polizeiposten. Man erklärt uns, dass wir nur mit bewaffneter Eskorte weiterfahren dürfen, denn es habe in letzter Zeit Überfälle gegeben. Die Eskorte kostet Tansania-Schilling (TSh) 10.000 (Euro 6). Wir sind natürlich mit dem Preis nicht einverstanden, aber sitzen am kürzeren Ast. Die Zeit drängt, denn es ist bereits Nachmittag und die Eskorte muss uns auf den nächsten 80 Kilometern begleiten. Auf einer schlechten Piste. Wir willigen schließlich ein. Ich gehe nach hinten in den Aufbau, damit der bewaffnete Mann vorne Platz nehmen kann. In einem Höllentempo schafft Peter die Distanz in nur zwei Stunden.

Die nächsten Tage sind gekennzeichnet durch lange Fahrten auf mehr oder weniger guten Pisten und einer schwierigen Schlafplatzsuche. Die Landschaft ist flach, die Temperaturen hoch und kein Regentropfen mehr in Sicht. Wir steuern Mwanza am Südufer des Viktoria Sees an. Schon früh brechen wir auf, um eine der ersten Fähren nach Mwanza zu erreichen. Als wir an der Fähranlegestelle ankommen, ist allerdings schon eine Kolonne vor uns. Nach welchem Prinzip die Fahrzeuge auf die deutsche Fähre gelassen werden, ist uns ein Rätsel. Man braucht eben Geduld in Afrika.

Eigentlich hatten wir geplant, von hier aus weiter Richtung Nordosten zu fahren, die Serengeti und den Ngorongoro-Krater zu durchqueren und über Arusha (Kilimanjaro) an den Indischen Ozean zu gelangen. Leider ist uns das nicht möglich, da uns alleine ein Tag in der Serengeti plus Transit durch den Ngorongoro-Krater Euro 500 (!) kosten würde. Der Preis ist nicht unserem Budget entsprechend, wir finden ihn absolut unverschämt, doch es gibt genug Touristen, die bereit sind, den Preis zu zahlen. Nach oben hin sind anscheinend keine Grenzen gesetzt. Wir müssen also einen Umweg nach Süden machen, um über die Massaisteppe ans Meer zu kommen. Wir versuchen ein Buschcamp zu finden. Es gelingt uns nicht, überall sind Dörfer oder einzelne Hütten. Wieder einmal landen wir vor einer kleinen Dorfschule. Diesmal sind wir schon am Nachmittag dort, der Trubel ist dementsprechend groß. Der Lehrer und der Dorfchef erlauben uns zu bleiben. Hier spricht kaum einer Englisch. Wir beide wechseln uns bei den Konversationen ab. Die Einheimischen sind unglaublich nett, in ihrem Dorf waren noch nicht viele Weiße. Die Aufregung und Neugierde sind verständlich. Obwohl solche Begegnungen einzigartig sind, so sind sie doch sehr anstrengend für uns. Wir haben absolut keine Privatsphäre. Gegen 23 Uhr verlassen uns die letzten Bewohner. Ziemlich erschöpft fallen wir ins Bett.

Dieser Ablauf soll sich in den nächsten Tagen wiederholen. Es wird immer heißer und trockener. Wir sehen die ersten Affenbrotbäume und sind begeistert! Typisch Afrika für uns. Eine Passstraße liegt vor uns, die aus Fesh-Fesh besteht. Gut, dass es nicht regnet, denn dann wäre die Strecke unbefahrbar. Wir kämpfen uns in der Mittagshitze den Berg hinauf. Es gibt glücklicherweise wenig Gegenverkehr. Die Staubwolken, die von den Fahrzeugen aufgewirbelt werden, sind unglaublich. Und am Abend wieder das gewohnte Programm. August steht am Dorfplatz und wir sind die Sensation schlechthin.

Am Morgen ist der Himmel ganz klar, wir sehen Mt. Hanang, den vierthöchsten Berg Tansanias (3.417 Meter) vom Dach unseres Lkw aus. Gerne möchten wir ihn besteigen, denn er ist weder ein National-park noch ein Naturschutzgebiet. Das heißt, kein Eintrittsgeld. In Katesh müssen wir uns anscheinend in ein Register eintragen und einen Wanderführer organisieren. Ein Jugendlicher zeigt uns den Weg. Dort verlangt man von uns „nur" Euro 22 pro Person als Gebühr für das Dorf, wenn wir den Berg besteigen möchten. Wir trauen unseren Ohren nicht. Schlagartig vergeht uns die Lust auf eine Bergwanderung. Es ist ja ohnehin zu heiß … Unverrichteter Dinge fahren wir weiter. In Kolo möchten wir gerne bleiben und uns am nächsten Tag die Felszeichnungen ansehen. Außerhalb des Dorfes gibt es eine Community Campsite. Allerdings ist es nur ein Stück Land ohne Wasser, ohne Dusche und WC und ohne Nachtwächter. Also warum sollen wir dafür bezahlen? Obwohl es schon dunkel wird, fahren wir weiter. Wir parken unseren Lkw bei einem umgestürzten Baum am Straßenrand. Die Familie, die nebenan wohnt, möchte uns gleich zum Abendessen einladen. Wir lehnen dankend ab und bieten ihnen stattdessen ein kühles Bier an. Auch hier spricht man nur Suaheli, leider können wir nur ein paar Brocken und so gehen alle bald zu Bett.

Die Piste wird zunehmend sandig, ist aber gut zu befahren. Etliche trockene Flussbette müssen wir queren. Bald wird es wieder sehr heiß. Wir fahren quer durch die Massai-Steppe, eine riesige, dünn besiedelte Ebene. Im Hauptort findet ein Massaitreffen statt. Uns kommen viele Busse vollbesetzt mit aufwendig geschmückten Massai entgegen. Den Kontrast ihrer traditionellen Kleidung zum Mobiltelefon und der Son-nenbrille finden wir witzig.

Peter kann es kaum erwarten, an den Indischen Ozean zu kommen. Deshalb brechen wir wieder zeitig auf, vielleicht sehen wir ihn ja heute schon. Die Landschaft gefällt uns gut, die Menschen unterwegs sind nett. Seit vielen hundert Kilometern erreichen wir am Nachmittag den ersten Asphalt. Doch nach ca. 60 Kilometern biegen wir wieder in eine Piste ein, sie soll uns ans Meer bringen. Die sandige Piste führt durch viele kleine Dörfer, oft befürchten wir, dass unser Fahrzeug zu groß für manche Passagen ist. Aber es geht sich immer aus. Wir sitzen auf Nadeln, freuen uns schon riesig, den Ozean zu erblicken. Doch die Piste windet sich nur langsam Richtung Küste. Erst als es dunkel wird, kommen wir völlig verschwitzt und müde nach Kigombe und finden im Peponi-Resort einen schönen Standplatz mit Blick aufs Meer. Wir haben in

nur acht Tagen ganz Tansania durchquert. 90 Prozent davon auf Pisten. Mit intensivem Kontakt zur Bevölkerung und wenig Schlaf. Wir haben kein einziges Mal für die Nächtigung bezahlt. Es war total anstrengend, mühsam, kräftezerrend, aber auch unvergesslich und einzigartig.

Wir machen Urlaub. Ein Augenzwinkern und schon ist eine Woche vorbei. Unser Kopf hat sich erholt, wir konnten die Erlebnisse und Eindrücke der letzten Zeit verarbeiten, fühlen uns wieder fit und sind bereit für Neues. Zum dritten Mal auf unserer Reise treffen wir die Niederländer Marieke und Floris mit ihrem Unimog. Sie genießen die Zeit hier genauso wie wir: Morgens vor dem Frühstück entweder im Meer oder im Swimmingpool plantschen und danach einfach sehen, was der Tag bringt. Seit langem werden wir wieder von einem Wecker geweckt. Schrecklich! Seit unserer Abreise haben wir ihn nicht verwendet und daher so gut verstaut, dass wir lange suchen mussten. Doch wenn man weiß, dass es heute nach Sansibar geht, steht man gerne auf. Gemeinsam mit den Niederländern setzen wir mit einem kleinen Fischerboot über. Auf unserem Weg begleiten uns Delphine, sie schwimmen spielerisch um das Boot. SANSIBAR! Allein der Name der Insel klingt schon paradiesisch, doch wenn man erst dort ist, ist man fasziniert. Türkisblaues Wasser, weißer Sandstrand, Kokosnusspalmen, Segelboote – absolut kitschig. Wir legen in Kendwa an, das im Nordwesten der Insel liegt und bleiben. Das Wasser ist herrlich, sowohl zum Schwimmen als auch zum Schnorcheln. Bei einem Tagesausflug zur Mnemba-Insel sehen wir sogar Wale unweit des Bootes. Es ist mittlerweile Oktober. Zu Peters Geburtstag möchten wir an einen ganz besonderen Ort, mit weniger Touristen. Wir entscheiden uns für den Ort Pongwe an der Ostküste. Es dauert fast den ganzen Tag, um dorthin zu gelangen. Zuerst geht es nach Stonetown und von dort mit einem Minibus zur Ostküste. Wir sind eine bunt gemischte Gruppe im Bus. Diesmal sind nicht wir die Attraktion, sondern ein traditionell gekleideter Massai, der uns gegenüber sitzt. Der Rest der Passagiere, alle Sansibaris, fotografiert den Massai ständig. Am späten Vormittag hält der Bus in einem Fischerdorf, wo man einen 1,5 Meter großen Schwertfisch auf das Dach hievt. Der Fisch dürfte schon ein paar Stunden an Land gelegen sein, denn man riecht ihn im Businneren und vom Dach rinnt „Fischsuppe" herunter. Der Bus hat keine Scheiben, nur Plastikvorhänge. Der Massai ist auf einmal etwas unlocker und rümpft die Nase. Er findet Fische und Meeresfrüchte ekelhaft. Niemals würde er so etwas essen. Bei ihm zu Hause lebt man nur von Rindern, man verspeist Milch, Blut und zu besonderen Anlässen Fleisch. Das Meer mag er nicht besonders, er kann auch nicht schwimmen. Was macht er dann auf Sansibar?? Er arbeitet als Wachmann in einem Resort, bei den Touristen stehen die Massai hoch im Kurs und so verdient er gutes Geld. Die Fahrt bis zur Endstation ist zwar unbequem, aber sehr kurzweilig. Das letzte Stück nach Pongwe gehen wir zu Fuß und versuchen es per Anhalter.

Dort angekommen, gefällt es uns gar nicht so gut. Die Unterkunft ist etwas heruntergekommen, nicht gerade billig (Euro 35 pro Nacht) und das Meer eignet sich nicht zum Baden, da es sehr flach, felsig und voller Seeigel ist. Das Personal ist zwar freundlich und bemüht, aber leider sind sie die ganze Zeit bekifft. Das Abendessen lässt ewig auf sich warten und ist schließlich kalt, als es am Tisch ist. Deswegen beschließen wir, anstatt der zwei geplanten Nächte nur eine zu bleiben. Wir vermuten, dass es Probleme geben wird, denn wir haben für zwei Nächte reserviert und schon bezahlt. Vor dem Frühstück rechnen wir uns aus, wie viel Geld wir abzüglich des Abendessens und der Getränke zurück bekommen müssten. Natürlich will man uns das Geld nicht zurückerstatten, ganz im Gegenteil, wir sollen für das Essen und die Getränke bezahlen. Es wird ein Streitgespräch, furchtbare Sachen bekommen wir an den Kopf geworfen, das am Vortag noch so nette Personal macht eine 180°-Wendung und erklärt uns, dass Touristen Dreck seien, die sie ohnehin nicht wollten. Sie drohen uns mit der Polizei, es wäre uns nur recht, wenn sie kämen. Schließlich schreiben wir das Geld ab, schnappen unsere Rucksäcke und verabschieden uns. Das letzte Wort, das wir hören, ist „bastards!". – Karibu sana! – Nichts wie weg.

Und so feiern wir Peters 45er in der Hauptstadt Stonetown. Das Abendessen nehmen wir in einem hervorragenden italienischen Restaurant ein. Dazu gibt es Unmengen Weißburgunder. Ohne Hilfe eines Einheimischen hätten wir den Weg zurück in unser Hotel in diesem Gassengewirr niemals gefunden.

Die Insel hat eine sehr lange Vergangenheit. Vor mehr als 2.000 Jahren nutzten Sumerer, Phönizier, Assyrer, Araber, Inder, Perser und sogar Chinesen die günstigen Monsunwinde. Ihre Schiffe waren mit Porzellan, Seide und Gewürzen beladen, auf der Rückfahrt nahmen sie Elfenbein, Gold und Edelsteine mit. Viel später unter omanischer Herrschaft sollte Sansibar auch einer der Hauptumschlagplätze für Sklaven werden. Hauptabnehmer war Arabien. Obwohl Sansibar heute zu Tansania gehört, genießt es doch eine relativ unabhängige Stellung.

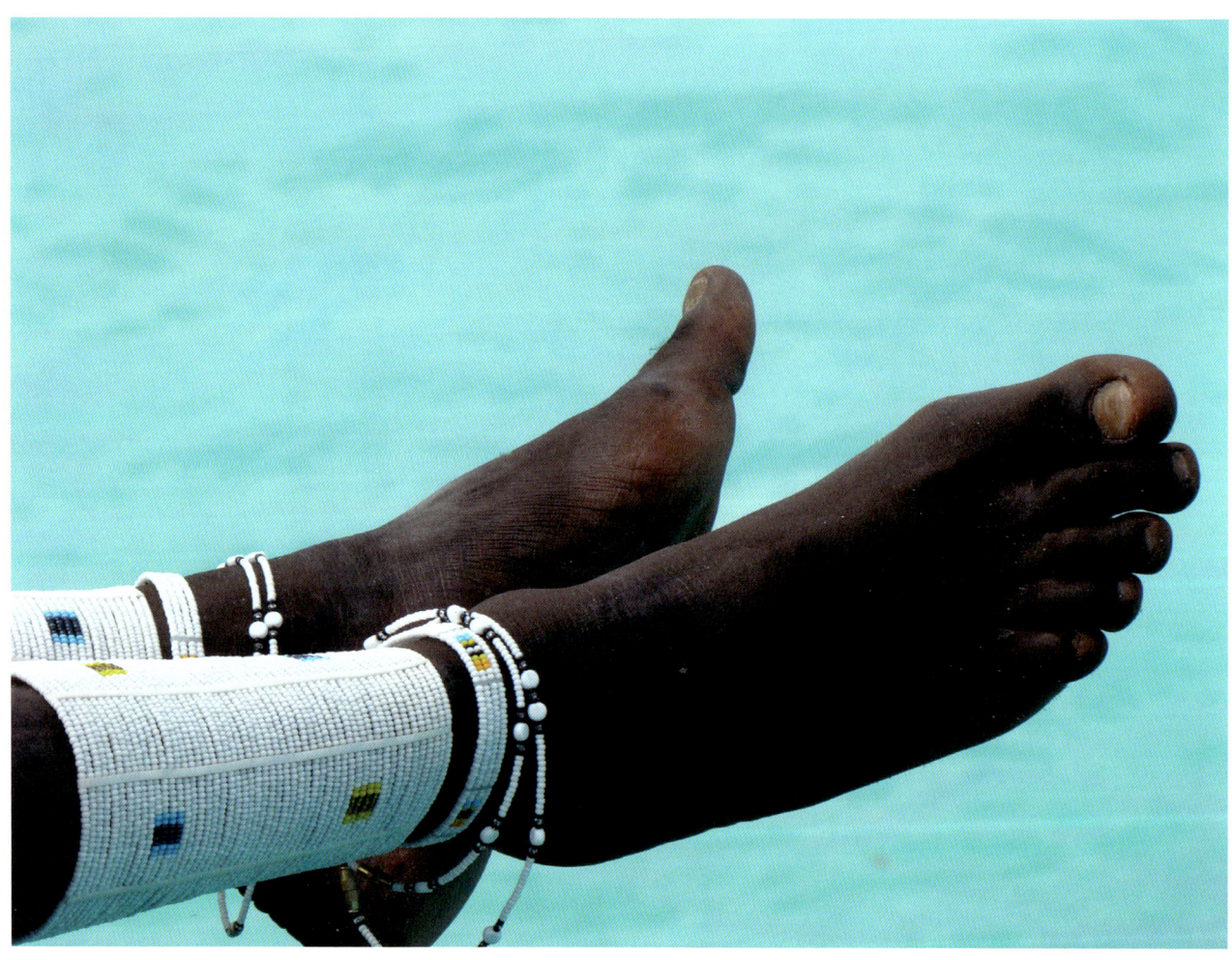

Wir versuchen in Stonetown vergeblich ein Boot zu finden, welches nach Pangani übersetzt. Man schickt uns weiter nördlich in einen Hafen, wo es angeblich ein Boot geben soll. Zuerst wollen sie uns bei der Einreisebehörde einen Ausreisestempel in den Pass drücken, obwohl wir in Tansania bleiben (!). Dann heißt es, es gibt doch kein Boot nach Pangani heute. Am späten Nachmittag geht eines ans Festland, aber niemand kann uns sagen, wo genau es anlegt. Außerdem fährt es die ganze Nacht und der Preis ist auch etwas hoch. So beschließen wir, wieder zurück nach Kendwa zu fahren und meinen Geburtstag dort zu feiern. Es war eine gute Entscheidung. Die Geburtstagsfeier ist unvergesslich, wie auch die Nacht, denn ich darf sie in einem Schlafsaal mit zwölf fremden und schnarchenden Personen verbringen. Das Frühstück nehme ich gemeinsam mit Peter ein. Der Kellner wirkt etwas abwesend.

Kellner: „Zimmernummer?"

Wir: „Wir sind im Schlafsaal."

Kellner: „Gekochtes Ei, Spiegelei oder Omelette?"

Wir: „Ein Omelette und ein arabisches Omelette."

Da man für ein arabisches Omelette aufzahlen muss, halten wir ihm das Geld entgegen.

Kellner: „Ihr wollt für das Frühstück bezahlen?! Es ist im Nächtigungspreis inkludiert!"

Wir: „Wir möchten für das arabische Omelette bezahlen."

Kellner: „Aahh! Ein arabisches Omelette! Zimmernummer?"

Die ganze Zeit versuchen wir schon Iwahid, den Bootsmann, der uns nach Sansibar gebracht hat, zu erreichen. Alles furchtbar kompliziert! Er sagt am Telefon, dass er vielleicht am Donnerstagabend kommt. Falls doch nicht, so möge ich ihn am Freitag anrufen. Als ich ihn am Freitag um acht Uhr anrufe, sagt er, dass er gestern da gewesen sei, uns aber nicht gesehen habe und somit wieder aufs Festland nach Pangani gefahren sei. Sehr, sehr komisch. Schließlich kommt er am Freitag um 19:30 Uhr und kündigt die Abfahrt für Mitternacht an – warum auch immer. Für uns ist es ein Rätsel, wie er bei bewölktem Himmel navigieren kann. Wir sind tatsächlich um vier Uhr in Pangani, warten zwei Stunden aufs erste Dhaladala (Minibus), das natürlich völlig überfüllt ist und uns um sieben Uhr erschöpft, verschwitzt, aber glücklich im Peponi-Resort ablädt. Wir freuen uns schon auf August!

Urlaub am Bauernhof. Genau das machen wir in Lushoto, das auf 1.400 Meter in den Usambara-Bergen liegt. Früher diente der Ort den deutschen Siedlern als Erholungs- und Luftkurort, der außerdem frei von Malaria ist. Man findet hier noch viele Kirchen und alte Steinhäuser mit roten Ziegeldächern, die stark an Europa erinnern. Wir campen auf der Irente Farm, wo es frisches Schwarzbrot, Butter, Käse und Müsli zu kaufen gibt. Da schlagen wir natürlich zu!

Das Klima in den Usambara-Bergen tut uns gut. Kühl in der Nacht, wenig Luftfeuchtigkeit, ähnlich wie der österreichische Sommer. Also optimal zum Wandern. Es gibt hier tolle Aussichtspunkte, von denen man eine gute Sicht auf die Ebenen nach Nordwesten hat. Unterwegs finden wir ein Chamäleon, das unser Begleiter Joseph sofort geschickt von einem Zweig nimmt und mir in die Hand drückt. Ein wahrlich entzückendes Tier!

Der Ozean ruft uns wieder. Morgen ist Nationalfeiertag, was mir eigentlich egal ist. Das Besondere daran ist, dass wir erstmalig Besuch von einer Freundin aus Österreich bekommen, dass wir dann genau ein Jahr unterwegs sind und es uns immer noch irrsinnige Freude macht zu reisen. Und Geld ist auch noch vorhanden! Wir stehen mit August direkt am Strand südlich von Dar es Salaam, im Sunrise Beach Resort. Zwischen uns und dem türkisblauen Indischen Ozean sind nur wenige Meter, der weiße Sandstrand ist gesäumt mit Palmen und Palmenhütten. Schöner könnte es nicht sein! Das angeschlossene Restaurant bietet indische, europäische, chinesische und natürlich tansanische Küche. Das Personal ist absolut nett und zuvorkommend, wir bekommen alles bis zum 150 Meter entfernten August serviert. Am Strand gibt es unzählige Muscheln, darunter auch Cowries und Pansy-Muscheln (Sand dollar). Das Meer ist herrlich! Wir holen Birgit natürlich vom Flughafen ab. Die Strecke von dort bis zum Sunrise Beach ist schon Afrika pur. Der starke Verkehr in Dar es Salaam bis zum Hafen, die Menschenmassen auf der Fähre über den Kanal, der Markt in Kigamboni und schließlich die Busfahrt bis zum Resort. Birgit traut ihren Augen nicht als wir im Sunrise Beach ankommen, sie ist überwältigt. Ihr Zelt haben wir schon aufgestellt, selbstverständlich am Strand, im Schatten einer Palme. Am Abend gibt es eine richtig österreichische Jause: Speck, Bergkäse, Schwarzbrot, Senf und dann natürlich Schokolade und Biberli (Lebkuchen). Wir haben uns viel zu erzählen und zu berichten. Die Nächte sind daher kurz, so wie auch Birgits Besuch. Deswegen haben wir die Reiseroute mehr oder weniger gut geplant, um nicht zu viel Zeit mit Autofahren zu verbringen. Im Führerhaus ist genug Platz für drei Personen.

Schon vor sechs Uhr morgens sind wir am Eingang zum Mikumi Nationalpark. Wir möchten den Tag voll auskosten, immerhin ist der Eintritt nicht gerade billig: Euro 110 für den Lkw (nach Verhandlungen) und Euro 15 pro Person. Birgit und ich sitzen während der Fahrt am Dach. Schon am ersten Wasserloch sehen wir Flusspferde und Krokodile. Bei der Weiterfahrt stoßen wir auf Zebras, Impalas, Giraffen und sogar einen Schakal. Es ist Trockenzeit und somit sind die Tiere leichter zu erblicken. Am späten Vormittag fahren wir auf einer schmalen Piste, die sich allerdings als Sackgasse entpuppt. Beim Umkehren entdeckt Birgit vom Dach aus eine Löwin unter einem Busch. So schnell waren wir überhaupt noch nie vom Dach zurück im Führerhaus. Alle sind wir aufgeregt, es ist der erste Löwe in Afrika! Wir können uns nicht genug satt sehen an dem wunderschönen Tier. Erst als sie durch das ausgetrocknete Flussbett davon marschiert, fahren wir weiter. Doch schon nach kurzer Zeit sehen wir noch mehr Artgenossen. Gleich drei Stück neben der Piste unter einem Baum. Man sieht ihnen an, dass die Temperaturen auch für sie sehr hoch sind. Sie liegen faul herum und hecheln stark. Nur als ich mich für ein Foto aus dem Fenster lehne, steht einer von ihnen auf und brüllt. Ein automatischer Fensterheber wäre sicher nicht schneller gewesen als ich beim

manuellen Fenster-Hochkurbeln. Auf der weiteren Fahrt sehen wir noch mehr Löwen, alles junge Männchen. Insgesamt sind es vierzehn an diesem Tag!

Unser nächstes Ziel ist der Udzungwa Nationalpark. Auf dem Weg dorthin besuchen wir einen typisch afrikanischen Markt und kaufen frisches Obst und Gemüse. Die Landschaft ist wunderschön, hügelig und gesäumt mit Bananenstauden und Mangobäumen, die gerade voller Früchte sind. Schon zu Mittag sind wir dort und organisieren für den nächsten Tag eine geführte Wanderung im Nationalpark. Den Nachmittag verbringen wir im Dorf. Ein toller Eindruck für Birgit, denn wir haben guten Kontakt zu den Einheimischen. Birgit lernt sogar das Flechten von Matten. Die Frauen sind ganz angetan von ihren blonden Haaren. Am nächsten Tag starten wir um sieben Uhr mit einem Führer und einem bewaffneten Wildhüter zur Wanderung. Auf schmalen Pfaden durch den Bergregenwald geht es stetig bergauf. Schon nach kurzer Zeit findet unser Führer Elefantendung auf dem Weg. Er ist allerdings vom Vortag. Aber bald stoßen wir auf frischen Dung, die Männer sind etwas aufgeregt. Und tatsächlich sehen wir einen Elefantenbullen. Unser Führer bedeutet uns, ruhig zu sein und ihm zu folgen. Wir machen einen großen Bogen um das mächtige Tier, das fast auf dem Weg steht. Unsere beiden Begleiter scheinen wirklich nervös zu sein. Wir müssen uns einen Weg durch den dichten Regenwald bahnen. Teilweise kriechen und klettern wir auf allen vieren. Birgit bekommt Angst, dass wir uns verlaufen könnten. Doch alles geht gut, nach fast einer Stunde sind wir wieder auf dem richtigen Pfad. Es geht vorbei an einem Wasserfall und wir überqueren einige Flüsse bis wir schließlich zu einem Aussichtspunkt gelangen. Der Ausblick ist nicht überwältigend, der Anblick einer Schlange allerdings schon! Aus Zeitmangel müssen wir schon wieder unseren Rückweg nach Dar es Salaam antreten, wo wir einen kulinarischen Stopp einlegen. Wir kosten uns durch alles durch: Gebratene Bananen, frische Kokosnüsse, Mandazi (frittierter Backteig), Cashew Nüsse und Samosas (indische Teigtaschen). Als Abschluss noch eine Abkühlung im paradiesischen Ozean und schon sind die neun Tage vorbei. Vielen Dank für deinen Besuch, Birgit!

Danach bin ich zwei Tage lang richtig müde. So wenig geschlafen haben wir schon lange nicht mehr und auch unser Wecker ist ein paar Mal zum Einsatz gekommen. Den haben wir jetzt wieder gut verstaut. Für uns waren die vergangenen Tage anstrengend, normalerweise haben wir keinen so dicht gedrängten Terminkalender. Wir haben uns schon an die afrikanische Lebensweise angepasst. Vermehrt wird uns von Freunden in E-Mails die Frage gestellt, wann wir denn endlich wieder nach Hause kommen würden. Unsere Antwort ist einfach und immer dieselbe: Wir wissen es nicht. Afrika ist doch größer als wir gedacht haben … Zumindest sind wir jetzt endgültig auf der Südhalbkugel. In Kenia und Uganda haben wir den Äquator so oft überquert, dass uns schon ganz schwindelig geworden ist.

Das Sunrise Beach Resort ist einfach ideal für uns. Da fällt die Entscheidung leicht, noch ein paar Tage zu bleiben. Noch dazu lernen wir viele interessante Leute kennen. Zum Beispiel die Deutschen Ulla und Erik und die Vorarlberger Christiane und Kuno. Beide Pärchen sind schon um die 65 Jahre, sind viel in Afrika gereist bzw. haben in Südafrika gelebt und gearbeitet. Wir verstehen uns prächtig mit ihnen. Christiane und Kuno haben sogar ein motorisiertes Schlauchboot dabei. Damit nehmen sie uns jeden Tag zum Schnorcheln mit. Nur einen Kilometer vorgelagert ist eine kleine Insel, auf der man sogar noch Überreste von alten arabischen Gebäuden sieht. Rund um die Insel sind viele Korallenbänke und bunte Fische wo man nur hinblickt. Da stehen wir gerne schon vor sieben Uhr morgens auf. Wir bewundern die zwei Paare für ihre Abenteuerlust und ihre Flexibilität. Die Aussage, „Dafür bin ich schon zu alt", existiert für sie glücklicherweise nicht.

Als Peter und ich beim Frühstück sitzen, hören wir einen Traktor näherkommen. An und für sich nichts Ungewöhnliches. Doch das Fahrzeug hat niederländische Kennzeichen und darauf sitzt Mano, eine junge Niederländerin. Die etwas schräge Dame ist mit ihrem Hund und dem Traktor unterwegs zum Südpol. Ihr Vorhaben ist, auf ihrer Reise von den Menschen Träume zu sammeln, diese auf Papier zu bringen und schließlich am Südpol in den Bauch eines Schneemannes zu stecken. Verrückt oder genial? Oder beides? Unterwegs veranstaltet sie auch Theateraufführungen mit den Einheimischen. Mittlerweile ist ihr zweites Buch erschienen. Alles Gute, Mano!

Zum Einkaufen gehe ich ins nächste Dorf, keinen Kilometer entfernt vom Sunrise Beach Resort. In der Nacht, so sagte man uns, sollten wir lieber nicht dorthin gehen, denn es habe schon einige Überfälle auf Touristen gegeben. Ich schnappe mir die Umhängetasche und marschiere am Spätnachmittag los.

Ich kaufe immer bei der gleichen Frau ein, ich mag sie und das Gemüse sieht frisch aus.
Vollbepackt mache ich mich wieder auf den Rückweg, es ist in etwa 17:30 Uhr, also helllichter Tag. Ich bin schon ein Stück gegangen, als ich aus meinem Augenwinkel schräg hinter mir jemanden auf mich zu laufen sehe und denke mir sofort: „Da kommt jetzt etwas auf mich zu, der will etwas." Mein nächster Gedanke: „Der haut mir sicher eine über die Rübe!" Also drehe ich mich um. Vor mir steht ein junger Mann mit einer kleinen spitzen Eisenstange erhoben in der Hand, bereit, auf meinen Hals zu zielen. Er bedeutet mir, still zu sein und verlangt Geld. Was mache ich? Zuerst kurzes Herzklopfen und Zittern der Hände, danach nehme ich aus meiner Umhängetasche heraus, was ich zuvor gekauft habe: Zwiebel, Mangos, Karotten und Erdäpfel. Er verlangt wieder Geld. Ich beteuere, dass ich keines habe, denn ich komme ja vom Einkaufen. Plötzlich sagt er: „Ok, nzuri." Das bedeutet gut. Er streckt mir die Faust zum typisch tansanischen Gruß entgegen und als ich den Gruß mit meiner Faust erwidere, wendet er sich ab und geht. Ich will ihm noch erklären, dass er solch einen Blödsinn nicht mehr machen soll, besinne mich aber dann, dass es besser wäre, mich jetzt nicht auf eine Diskussion einzulassen. Der Mann ist genauso schnell weg, wie er gekommen war. Keine 100 Meter weiter ist schon der Zaun zum Sunrise Beach Resort. Ich glaube, er war ein Erstlingstäter. Fast aufgeregter als ich. Ich bin sehr erstaunt über mich selber, dass ich so cool geblieben bin, überrascht mich. Als ich zurück bin und Peter die Geschichte erzähle, fragt er mich als erstes, ob ich einen Schnaps brauche. Aber es geht mir wirklich gut und wir verbringen den Abend mit viel blödem Gerede.
Nach zwei Wochen können wir uns von diesem tollen Platz losreißen. August fährt uns gen Süden. Hätten wir gewusst, dass die Piste zum Selous Nationalpark so schlecht ist, hätten wir uns den Abstecher womöglich erspart. Ein Federblatt vorne links bricht und so weiß Peter, wie er den nächsten Vormittag ver-

bringen wird. Doch zuvor machen wir eine Bootstour auf dem Rufiji-Fluß. Wir sehen Krokodile, Warane, Flusspferde und viele Vögel. Den Sonnenuntergang betrachten wir von einer kleinen Insel aus. Die Stimmung ist herrlich. Das Licht so weich, so einzigartig, wie man es eben nur in Afrika sehen kann.

Irgendwie müssen wir jetzt wieder zurück zur Hauptpiste. Es hat viel geregnet in letzter Zeit, die Piste ist schmal und rutschig und noch dazu müssen wir viele Flüsse überqueren. Der Zustand der Brücken ist alles andere als vertrauenswürdig. Besonders die Holzbrücken machen mir Sorgen. Ich kann nicht abschätzen, ob sie unter dem Gewicht von August zusammenbrechen oder nicht. Doch ich habe vollstes Vertrauen zu Peter. Alles geht gut. Erst viel später gesteht er mir, dass eine Überquerung wirklich brenzlig war. Ich bin so froh und dankbar, dass er es mir erst jetzt sagt. Manche Holzbrücken sind total vermodert und unsicher. Als Metaller kann Peter Brücken aus Stahl natürlich viel besser beurteilen. Für Holzbrücken gibt es zwei Möglichkeiten der Überquerung, jedoch gehen die Meinungen der Fahrer stark auseinander. Variante eins: So schnell wie möglich über die Brücke fahren, damit sie keine Zeit zum Einstürzen hat, wenn man noch darauf ist. Variante zwei: Langsam darüber fahren, damit die Brücke nicht zu schwingen beginnt und die Belastung somit geringer ist. Da noch keine Brücke unter uns eingestürzt ist, wissen wir immer noch nicht, welche Variante die bessere ist.

Die Hauptstrecke in den Süden ist nicht besser, sie ist einfach nur miserabel. Zu 90 Prozent ist es eine sehr rutschige, schlammige und holprige Piste. Dazwischen gibt es immer wieder ein kleines Stück Asphalt. Eine Qual für unseren Lkw. Nach einer gefühlten Ewigkeit erreichen wir den Ort Kilwa Masoko, wo wir uns im

Kilwa Seaview Resort, das erhöht auf einer Klippe liegt, einparken. Zum Schwimmen ist es hier nicht ideal, trotzdem bleiben wir drei Tage. An der Rezeption werde ich gefragt, ob ich an Massai-Schmuck interessiert sei. Jetzt nicht, antworte ich, denn das Abendessen ist bereits fertig. Darauf meint der Tansanier, ich solle ihn doch bitte morgen daran erinnern, nur falls er vergessen sollte. – Ganz sicher!

Wir möchten gerne Kilwa Kisiwani, eine zwei Kilometer entfernte Insel, besuchen. Zuvor müssen wir uns allerdings eine Genehmigung holen und ein Boot finden, das uns hinüberbringt. Letzteres soll sich als fast unmöglich gestalten. Boote gibt es zwar genug, nur ist der Preis der wahre Wucher. Da die Insel bewohnt ist, fahren viele kleine Boote mit den Einwohnern hinüber. Als ich einsteigen und den regulären Fahrpreis bezahlen will, beginnt der Bootsmann zu schreien. Sie nehmen uns nicht mit. Nach ewigen und mühsamen Verhandlungen in der extremen Mittagshitze nehmen wir dann zusammen mit einer Slowakin ein noch immer viel zu teures Boot. Auf der Insel selbst findet man historische Bauten und auch Ruinen des Sultanates Kilwa. Es war der wichtigste Handelsort im frühen Mittelalter, also noch bevor die Europäer in Afrika waren. Heute gehören die Überreste der alten arabischen Stadt Kilwa zum Unesco Weltkulturerbe. Wir sind von den Bauten beeindruckt, vor allem die Kuppelmoschee ist noch relativ gut erhalten. Die Infrastruktur damals war bemerkenswert, es gab auch Latrinen und Waschhäuser. Wenn man das mit der momentanen Situation vergleicht, schüttelt man nur den Kopf. Wir sind zurück im Hafen und gehen am Strand entlang Richtung August.

Müde und erschöpft sind wir. Und durstig! Bei einem Restaurant fragen wir, ob es Bier gibt. Natürlich, warm oder kalt ist die Gegenfrage, die ganz normal ist in Tansania, denn warmes Bier ist billiger. Wir möchten kaltes, sehr kaltes (baridi sana). Kurz darauf haben wir beide ein Safari Lager in der Hand, das kälteste Bier in ganz Afrika! Die Mango- und Cashewnussernte ist gerade voll im Gang. Unglaublich, die Mangobäume sind übervoll, in jedem Dorf und entlang den Straßen stehen Körbe und Kübel voller Früchte! Manche sind so klein wie ein Ei, andere so groß wie zwei Handteller. Grün und gelb und rot. Sie schmecken uns alle! Hier im Süden Tansanias kosten die Mangos nur mehr einen Bruchteil im Vergleich zur Hauptstadtregion. Vergeblich halten wir Ausschau nach Mangosaft, Marmelade, Kompott, Chutney und dergleichen. So kaufen wir eben Berge von Früchten und verarbeiten sie selber. Ein guter Platz dafür ist das Dorf Rovula, das auf einer Halbinsel unweit der Grenze zu Mosambik liegt. Offiziell gibt es hier einen Marinepark, wir bezahlen auch brav die Euro 7 Eintritt pro Person, aber praktisch sieht alles anders aus. Die Fischer hier kümmern sich einen Dreck um das Schutzgebiet. Sie verwerten alles, was in ihren Netzen hängen bleibt, ungeachtet der Größe, der Art und der Population. Anscheinend gab es hier vor Jahren noch viel mehr und auch größere Fische, Schildkröten, Seepferdchen und Wale. Das Rovula Sea Safari Camp ist nicht ganz einfach zu erreichen, weicher Sand und zu viele Bäume haben niedrige Äste. Wir müssen einige abschneiden, um weiter zu kommen. Das Camp gefällt uns sehr gut. Wir stehen wieder einmal unter Bäumen und Palmen am Strand. Das Meer ist zum Schnorcheln ideal, man braucht nicht einmal ein Boot. Die Temperatur des Indischen Ozeans erlaubt ausgedehnte Schnorchelausflüge. Die Fische sind gar nicht scheu, ganz im Gegenteil, manche kommen neugierig auf uns zu, einer farbenprächtiger als der andere. Bei den Fischern kaufen wir jeden Tag ein, am liebsten Pono (Papageienfisch), der dann abends am Grill landet. Von Hussein aus dem Dorf erstehen wir geröstete Cashewnüsse in rauen Mengen und natürlich wieder Mangos. Darf's ein bisserl mehr sein?

Sicher! Wir kaufen einen 15-Liter-Kübel voller köstlicher Mangos um Euro 0,75! Wer soll das bloß essen? Die Frage kommt gar nicht auf, denn Peter presst Saft und verfeinert ihn mit seinem Lieblingsrum. Herrlich! Ein kulinarischer Höhepunkt. Was will man mehr? Das Leben kann so schön sein!

Wir sind beide unschlüssig, ob wir nun nach Mosambik einreisen sollen, wo wir doch schon fast an der Grenze sind, oder ob wir Richtung Malawi fahren sollen. An der Kreuzung zur Grenze bleiben wir stehen, beratschlagen nochmals kurz und entscheiden uns für Mosambik. Wir haben die Telefonnummer der Fährgesellschaft, die über den Rovuma Fluss fährt. Alles kein Problem, wir können am nächsten Tag übersetzen, verspricht mir der freundliche Mann am Telefon. Sicherheitshalber fragen wir nochmals wegen des Visums nach. Wir haben schon mehrmals gehört, dass man es an der Grenze anscheinend nicht bekommt. Leider ist auch diesmal die Auskunft dieselbe, das Visum ist nur in Dar es Salaam erhältlich. Schade, aber dorthin fahren wir sicher nicht mehr zurück. Eigentlich ist es egal, dann reisen wir eben doch nach Malawi. Viele hunderte Kilometer Piste liegen vor uns. Aber das macht uns nichts, ganz im Gegenteil, wir reisen sehr gerne in etwas abgelegenen Gebieten, abseits der Hauptverkehrsroute. Man erlebt alles intensiver, weil man langsamer unterwegs ist und man kommt mit Menschen in Kontakt, die vom Tourismus noch nicht beeinflusst worden sind. Wo die Kleinsten vielleicht noch nie Europäer gesehen haben. Diese Leute sind authentisch, natürlich und immer nett.

Über das noch dicht besiedelte Makonde-Plateau fahren wir parallel zur Grenze von Mosambik nach Westen. Verkehr gibt es auf der Strecke so gut wie keinen. Wohin wir auch schauen, sehen wir Mangos, Mangos, Mangos und Cashewnüsse. Die Temperaturen sind sehr hoch. Gegen Abend zieht jedoch ein Gewitter auf, das für kühleren Wind sorgt. Wir nächtigen in Masasi. Peter öffnet die Tür und als die Frauen, mit denen ich mich gerade noch unterhalten habe, das Innere von August erblicken, sagen sie gleich zu Peter: „Baby, I love you!"
Die Weiterfahrt nach Tunduru ist landschaftlich reizvoll. Immer wieder tauchen große Inselberge auf. Die Gegend ist nur sehr dünn besiedelt. Die Piste ist anfangs sandig, aber nicht zu weich. Es sind einige Flüsse zu queren. Brücken sind vorhanden, aber besonders eine sieht nicht vertrauenswürdig aus. Peter begutachtet sie genauer. Es ist eine Holzbrücke, die teilweise schon sehr morsch ist. Muss August denn wirklich so schwer sein?? Ich bin nervös, habe schweißnasse Hände. Peter legt den Gang ein, ich schließe die Augen. Sie hält. Langsam gewinnen wir an Höhe. Schon seit dem Vormittag ist es bewölkt, was uns überhaupt nicht stört. In Namtumbo bleiben wir zum Mittagessen stehen. Es herrscht reges Interesse an uns, aber die Stimmung ist gut. Als wir weiter fahren, ist der Himmel bereits dunkelgrau. Ein kräftiger Wolkenbruch lässt nicht lange auf sich warten. Als kurz darauf wieder die Sonne scheint, könnten die Farben nicht schöner sein. Die Laterit-Piste erstrahlt in dunkelorange, der Himmel ist noch tiefschwarz und das Grün der Bäume leuchtet kräftig. Leider ist die Piste dadurch relativ rutschig geworden. Aber es sind nur noch 70 Kilometer bis zur Asphaltstraße. Nach 750 Kilometern Piste eine angenehme Abwechslung.

Ich lese im Reiseführer, dass es in Peramiho eine deutsche Benediktinermission gibt, die man besuchen kann. Tatsächlich lockt uns aber mehr der dazugehörige Bauernhof, wo man Käse- und Wurstwaren kaufen kann. Wir treffen den Abt, der bereits seit 35 Jahren in Peramiho tätig ist. Er erlaubt uns, auf dem Gelände zu parken und am nächsten Tag die Mission zu besichtigen. Früh morgens werden wir bereits von einem Benediktinermönch erwartet. Der freundliche Tansanier führt uns zuerst in die Kathedrale und danach durch die einzelnen Ausbildungsstätten, wie z. B. Schneider, Schuster, Mechaniker, Elektriker, Drucker, Tischler und Buchbinder. Wir sind wirklich beeindruckt. Die Lehre dauert vier Jahre und bei bestandener Abschlussprüfung bekommen die Gesellen ein Startkapital in Form von beispielsweise einem Werkzeugset für die Mechaniker oder einer Nähmaschine für die Schneider. Die Ausbildungskosten belaufen sich auf Tansania-Schilling 400.000 (Euro 260) jährlich. Die Unterkunft wird kostenlos zur Verfügung gestellt. Können die Lehrlinge nicht bezahlen, so verpflichten sie sich zu zwei Jahren unentgeltlicher

Arbeit nach der Lehre. Alle Betriebe sind mit deutschen Qualitätsprodukten ausgestattet. Die Maschinen sind teilweise an die 100 Jahre alt. Wir kommen uns vor wie in einem Museum. Aber für Tansania ist es perfekt. Die Gerätschaften werden gut gewartet und können selbst repariert werden. Strom liefert in der Regenzeit ein eigenes Wasserkraftwerk, ansonsten drei große Dieselgeneratoren. Außerdem gibt es hier ein riesiges Krankenhaus, in das sogar Leute aus dem entfernten Dar es Salaam kommen. Angegliedert sind auch noch eine Bäckerei und ein Bauernhof mit Schlachthof. Was uns besonders gefällt, ist die Tatsache, dass es hier nur eine Handvoll Weiße gibt und der Betrieb einwandfrei funktioniert.

Am Schluss besuchen wir den Bauernhof, darauf freuen wir uns besonders. Auch dort bekommen wir von zwei stolzen Angestellten eine Führung durch das gesamte Areal. Das Bauernhaus könnte genauso gut in Deutschland in den 50er Jahren stehen. Im Vorraum hängen Kuhglocken, ein Bild vom Schäferhund und dreckige Strohhüte an der Wand, in der Wirtschaftsküche werden gerade die frischen Wurststangen gekühlt, daneben ist gleich der Schlacht- und Kühlraum untergebracht. Es geht weiter in den Stall. Hier sind mehr als 400 Kühe, die täglich je 20 Liter Milch geben, und unzählige Schweine in allen Größen. Alles funktioniert wie bei uns zu Hause. Stroh und Futter werden selbst erzeugt, in der „Sauküche" dampft schon das Mittagessen für die Schweine. Es gibt viele Ferkel und ich grinse bis über beide Ohren, als ich ihre kleinen Rüssel streichle.

Der Bauernhof versorgt in erster Linie das Krankenhaus, die Mönche und die Werkstätten. Einen Ab-Hof-Verkauf gibt es allerdings auch. Frisches Schweine- und Rindfleisch, verschiedene Wurstsorten, geselchtes Surfleisch, Würstel, Leberkäse, Grammeln, Blutwurst, Käse, Milch und Vorschussbrot. Die Liste ist sicher nicht komplett. Da unser Kühlschrank kaputt ist, müssen wir uns beim Einkaufen zurückhalten.

Kurz vor der Abfahrt treffen wir die 73-jährige Maria, die allerdings wesentlich jünger aussieht. Sie hat fast ihr ganzes Leben hier verbracht. Zuerst als Klosterschülerin, dann als Lehrerin und nun ist sie in der Altenpflege tätig. Durch die Benediktiner wurde ihr das Reisen ermöglicht. Sie lebte zwei Jahre in Frankreich, besuchte aber auch Deutschland und natürlich Rom. Sie sagt, dass die Mitteleuropäer, speziell aber die Deutschen, von Grund auf ehrliche Leute seien - beim Einkaufen kann man ohne weiteres die Geldbörse hinhalten und die Verkäufer nehmen sich nur das, was die Ware kostet, in Afrika würde das nicht funktionieren, da wäre sogar die Börse weg!

Würden wir von hier einfach nach Westen weiterfahren, so kämen wir an den Malawi See. Leider gibt es von Tansania aus nur ein Passagierschiff nach Malawi. Also umfahren wir den See. Die Asphaltstraße ist in gutem Zustand und schlingt sich durch das Hochland Tansanias, wo wir große Maisfelder, Eukalyptusplantagen, Akazien- und Kieferwälder sehen. Ich sammle ein paar Zapfen, die kann ich sicher noch brauchen, denn in wenigen Wochen ist Weihnachten. Wir genießen die kühlen Temperaturen auf fast 2.000 Meter bevor es wieder kontinuierlich bergab geht. Das Thermometer steigt rasant an. Am späten Nachmittag erreichen wir die Stadt Mbeya, unser letzter Aufenthaltsort in Tansania und ein besonderer Campingplatz. Früh morgens werden wir geweckt. Rechts von uns ruft der Muezzin und links läuten die Kirchenglocken. Nichts wie nach Malawi!

Malawi – Im Land des Tokolosh

Am ersten Adventsonntag 2007 reisen wir in Malawi ein. Die Zöllner sind extrem hilfsbereit und stempeln das Carnet (Zolldokument für August) in einer Minute. Rekord auf unserer Reise. Sie sind die ersten, die sich wirklich damit auskennen. Ansonsten muss man immer aufpassen, dass man die Beamten nicht bloß stellt, wenn sie ahnungslos im Carnet blättern. Gut bewährt hat sich unsere Strategie, wo wir uns quasi entschuldigen, dass das Zolldokument schon wieder geändert wurde und nun komplett anders aussieht. Folglich ist ihnen Peter beim Ausfüllen behilflich und alle sind zufrieden. Die Straßensteuer zahlen wir nur bis zur nächst möglichen Grenze: Euro 11. Wird vermutlich nie wieder jemand kontrollieren. Malawi ist das erste Land, für das wir kein Visum brauchen. Das meint zumindest Peter. Er sieht einen Zettel an der Wand, wo die Länder, die kein Visum brauchen, aufgelistet sind. Österreich ist zwar nicht dabei, aber Peter ist so überzeugend, dass der Beamte uns den Einreisestempel gleich in den Pass drückt. Zack! Willkommen in Malawi!

Wir finden einen tollen Campingplatz direkt am Malawi See, das Chitimba-Camp. Dieser Platz wird vor allem von Overlander (Individualreisende mit eigenem Fahrzeug) angefahren und wird von zwei niederländischen Paaren geführt. Man hat hier eher den Eindruck, an einem Meer zu sein; den ganzen Tag vernimmt man ein angenehmes Rauschen und Plätschern der Wellen. Der See nimmt ein Fünftel der Landesfläche von Malawi ein, das ist ein Drittel von Österreich! Uns gefällt es auf Anhieb hier! Es ist auch Zeit, wieder einmal zu arbeiten. Peter macht Service- und Abschmierarbeiten am August. Die Kupplung und die Bremsen werden eingestellt. Die Wassertanks werden ausgebaut und gereinigt. An den Dachfenstern werden Alublechabdeckungen als Sonnenschutz montiert. Ich bin wieder am Wäschewaschen und Brotbacken. So ein Tag ist gar nichts. Heute haben wir länger geschlafen, da es bis zum Morgen durchgeregnet hat und deswegen nicht so heiß im August war. Ich will nur kurz ein Moskitonetz reinigen, aber was passiert? Wenn man schon mal dabei ist, dann reinigt man eben gleich alle drei, macht ein neues (zuschneiden und nähen), wäscht den August ein bisschen, bäckt einen Kuchen und findet gerade genug Zeit, um vor der Dämmerung etwas zu schwimmen. Duschen, kochen, essen, ein Gläschen Wein und schon wieder müde!

Malawi ist bekannt für schöne Holzschnitzereien. Peter liebäugelt schon länger mit einer Figur, die sich Tokolosh nennt. Er ist ein Talisman, soll böse Geister abwehren und Glück bringen. Die Preisverhandlungen sind zäh, doch im Endeffekt sind beide, der Verkäufer und Peter, zufrieden. Peter montiert den Tokolosh an der Schlafboxwand, gleich bei der Tür. Als er sich das nächste Mal die Schuhe anzieht und wieder aufstehen will, haut er sich gewaltig den Schädel am Tokolosh an. Ob dieser vielleicht nur den Einheimischen Glück bringt?
Ich erkenne Peter kaum wieder, er ist im Kaufrausch! Tagelang verschwindet er bei den Holzschnitzern. Gustiert, tratscht, schaut, wählt aus, bestellt und verhandelt. Zugegeben, wir haben bisher kaum Souvenirs eingekauft, aber als Peter zurückkommt, bleibt mir der Mund offen. Er kann seine Einkäufe kaum selber tragen. Nach und nach präsentiert er mir alles: Einen Sessel, einen Bilderrahmen, einen mittelgroßen Tokolosh und drei kleine, zwei Nummernschilder, zwei Massaifiguren, eine Zuckerdose und einige Kerzenständer. Wo sollen wir das alles bloß verstauen? Ich hatte noch nicht mal Zeit, ausgiebig darüber nachzudenken, da kommt Peter schon bewaffnet mit dem Akkuschrauber und fixiert den Sessel, die Tokoloshfiguren und den Bilderrahmen im Inneren von August! Wenn er sich nur nicht wieder den Kopf anhaut.

Obwohl uns viele Leute Schauergeschichten über die Straße nach Livingstonia erzählen, fahren wir trotzdem. An der Kreuzung nehmen wir einen jungen Amerikaner mit. Wenig später einen kranken Jungen und dessen Bruder. Vollbesetzt fahren wir die steile Serpentinenstraße bergauf. Es sind 19 Haarnadelkurven und teilweise ganz schön eng für unser Fahrzeug. Peter muss bei zwei Kehren reversieren. Wir sind froh, keinen Gegenverkehr zu haben. Wenn es mir zu viel Nervenkitzel ist, stecke ich einfach meinen Kopf in ein Buch. Vogel-Strauß-Politik. Das hilft. Später erfahren wir, dass hier Lkw-Fahrverbot herrscht.

Es hat die ganze Nacht geregnet. Wir sind im Nyika Nationalpark auf 2.300 Meter Meereshöhe und da kühlt es ganz ordentlich ab. Aber wenn man in einem August wohnt, macht das alles nichts. Fenster und Türe zu, ein bisschen kochen oder eventuell einheizen und schon ist es lauschig warm. Wir führen ein Luxusleben. Die Landschaft ähnelt Schottland: Grüne, unbewaldete Hügel, Granitfelsen, saftige Wiesen und Bäche. Nur ein paar Zebras und Pferdeantilopen erinnern an Afrika. Ansonsten gibt es nicht mehr viele Tiere, die Wilderei wird hier anscheinend noch im großen Stil betrieben. Dafür gibt es einen Reitstall, der allerdings offiziell geschlossen ist. Die 37 Pferde haben somit Urlaub. Am Abend kommen die Pferde auf Besuch zum Campingplatz. Der Nationalpark wird seit kurzem von der Regierung gemanagt, Einrichtungen für Touristen gibt es seitdem kaum mehr. Es wird gemunkelt, dass der Park von den Saudiarabern gekauft worden ist. Wirklich schade, denn wir hätten gerne einige Ausritte gemacht. So nehmen wir eben unsere Drahtesel und erkunden das Nyika Plateau.

Weihnachten steht schon wieder vor der Tür. Wir wollen das Fest am Malawi See feiern. Wir wählen eine andere Strecke durch die fruchtbare Landschaft und biegen uns vor lauter Lachen, als wir die diversen Verkehrsschilder sehen. August beginnt plötzlich zu ruckeln, reagiert nicht mehr, wenn man aufs Gas steigt. Was ist da los? Uns beiden dämmert es. Glücklicherweise geht es bergab und so rollen wir mit dem letzten Tropfen Diesel und bereits abgestelltem Motor zur Tankstelle. Unglaublich, dass Peter so etwas passiert! Noch dazu gibt es keinen Diesel zu kaufen! Peter findet im Zusatztank noch fünfzehn Liter und somit können wir nach dem Umpumpen und Entlüften weiterfahren. Der nächste Stopp ist beim Supermarkt, wo wir ein Kilo Rindfleisch kaufen und uns schon auf das baldige Weihnachtsessen freuen. Damit uns nicht so schnell wieder der Treibstoff ausgeht, kaufen wir in der nächsten Stadt 450 Liter Diesel. Ein Liter kostet allerdings einen Euro! Naja, es ist ja Weihnachten.

Ich rufe wieder einmal meine Eltern an und merke sofort an der Stimme meiner Mutter, dass etwas nicht in Ordnung ist. Sie klingt gedämpft und traurig. Sie ist gerade beim Keksbacken und fragt mich, ob sie mir welche aufheben solle. Was soll ich darauf antworten? Ich kann ihr von unserem groben Zeitplan noch nichts erzählen (Rückkehr ev. im Frühjahr 2009, falls wir über Westafrika fahren), denn sollte es länger

dauern, so ist sie bitter enttäuscht. Also antworte ich: „Du kannst ja ein paar Kekse einfrieren." „Wie lange? Ein oder zwei Jahre?", ist die knappe Entgegnung. Als wir wieder zurück in Österreich waren, gestand mir meine Mutter, dass sie betete, August möge in Südafrika zusammenbrechen, damit wir bald mit dem Flugzeug nach Hause kämen. So sehr hat sie sich Sorgen gemacht und mich vermisst!

Wir haben wieder einen genialen Platz gefunden, parken direkt am Seeufer auf einem Campingplatz mit alten Obstbäumen. Am 24. Dezember sind wir ganz emsig, bereiten den ganzen Tag das Weihnachtsessen und die Dekoration vor. Es gibt riesige Steaks vom Grill mit Salaten und karamellisierten Erdäpfel, zur Nachspeise Ananasspalten mit Zucker-Rum-Glasur flambiert. Das Dinner ist wirklich hervorragend, der Wein auch und beides zu viel, das ist uns aber erst am nächsten Tag aufgefallen. Unser Weihnachtsbaum ist heuer etwas größer ausgefallen: Es ist ein ca. 20 Meter hoher Mangobaum voller Früchte. August der Reisewagen soll auch etwas von Weihnachten haben. Wir engagieren Samuel, einen sehr sympathischen Malawier, um die Motorhaube und innen einige Möbelfronten zu bemalen. Es ist ein wahres Kunstwerk, gut gemacht und vielen Dank nochmal, Samuel!

Unsere Schnorchelausrüstung kommt wieder in Einsatz. Im Malawi See wimmelt es nur so vor Bunt-barschen, die man dann auch zu Hause in den Aquarien bewundern kann. Die besten Plätze sind natürlich nicht in Ufernähe, also mieten wir uns ein Kajak, packen eine Jause ein und paddeln los. Den ganzen Tag sind wir unterwegs, schnorcheln, trocknen uns auf den Felsen und erkunden die Gegend. Als wir uns dem Campingplatz nähern, sehen wir nicht nur August auf der Wiese, sondern auch etwas großes Rosarotes. Oh, nein! Es ist der Pink Caravan. Oder vielmehr gleich zwei davon. Diese schwedischen Reisebusse auf Lkw-Basis sind berühmt-berüchtigt für ihre Passagiere. Lauter junge Partytiger. Und wir sind mitten drin-nen. Einige Zelte sind rund um August aufgebaut, der Rest der Meute richtet sich das Nachtlager am Dach des Busses. Wir sind alles andere als erfreut. Doch wie heißt es schon so schön in einem Ausspruch von Oscar Wilde: „Reisen veredelt den Geist und räumt mit Vorurteilen auf." Da hat er absolut recht! Die ca. 60 Passagiere vom Pink Caravan sind eine bunte Mischung aus ganz Europa und das Alter reicht von 18 bis 70 Jahre. Wir knüpfen Kontakt und stellen fest, dass sie sympathisch und nett sind. Von rücksichtslosen Partytigern keine Spur. Peter und ich sitzen abends oft am Ufer, sinnieren, genießen die Stimmung und beobachten die Fischer in ihren Einbäumen. Oft hat man den Eindruck, dass es draußen am See regnet. Doch bei genauerer Betrachtung wird man stutzig. Die vermeintlichen Wolken sind nämlich Fliegen-schwärme, die unter Wasser schlüpfen und in großen Mengen vom Wasser aufsteigen. An Land warten schon die Malawier mit großen Körben, um sie einzufangen und anschließend zu braten – wir haben es nicht probiert.

Nach zwölf Tagen beginnt es bei uns zu kribbeln, wir werden etwas unruhig und haben das Gefühl, wieder weiter zu wollen. Beide freuen wir uns schon auf neue Eindrücke und Begegnungen. Seit ein paar Tagen haben wir beschlossen anstatt nach Sambia nach Mosambik zu reisen. Man kann eben nicht alles sehen. Und was kommt eigentlich nach Südafrika? Diese Frage haben wir uns schon vor sechs Monaten gestellt. Damals fassten wir eine Schiffspassage nach Asien ins Auge. Davon sind wir wieder ein bisschen abgekommen. Erstens wegen der hohen Kosten und zweitens weil wir jetzt einige Reisende getroffen haben, die über Westafrika gekommen sind und mir versichert haben, dass es gar nicht so heiß sei wie alle behaupten. Es ist also auch ohne Klimaanlage möglich. Und drittens, wenn wir schon mal in Afrika sind … Außerdem reizen uns Länder, die kaum touristisch erschlossen sind. Und da gibt es jede Menge an der Westküste von Afrika.

Doch zuerst müssen wir in die Hauptstadt von Malawi, Lilongwe, um unseren Aufenthalt verlängern zu lassen. Eigentlich wollen wir nur zwei Nächte bleiben, doch wir treffen die Niederländer Marieke und Floris wieder und hängen eben noch einen Tag an. Wieder einen Tag später kommt eine niederländische Familie mit drei Kindern ins Mabuya Camp. Sie haben ein ähnliches Fahrzeug wie wir, einen Mercedes 911, auch ein ehemaliges Feuerwehrauto. Also gut, bleiben wir noch einen weiteren Tag. Es ist bereits der 30. Dezember 2007. Da könnten wir doch gleich in Lilongwe Silvester feiern. Gesagt, getan. Die niederländische Familie ist über Westafrika nach Süden gereist und hat gute und vor allem relativ aktuelle Informationen für uns. Wieder eine Bestätigung, dass wir die Westroute fahren werden.

Es ist nicht die erste Familie, die wir unterwegs treffen. Vor unserer Abreise war ich der Meinung, reisen mit Kindern geht nicht. Da habe ich mich wieder einmal getäuscht. Alles geht, wenn man nur will. Wir haben sogar eine Familie mit vier schulpflichtigen Kindern kennengelernt. Sicher, das Reisen gestaltet sich dadurch anders.

Die Kinder brauchen eine gewisse Routine. Es wird jeden Tag unterrichtet, so wie in der Schule, nur ist alles flexibler. Wir sind von den reisenden Kindern begeistert, sie sind extrem selbständig, wissbegierig, meistens besser entwickelt als Gleichaltrige zu Hause, gehen offen auf uns zu. Sie lernen beim Reisen so viel, lernen spielerisch, ihre Interessen werden geweckt und gefördert, es gibt eben so viele Eindrücke, die sie verarbeiten müssen und über die diskutiert wird. Sie haben keine Scheu vor anderen Menschen und Kulturen, knüpfen Kontakte oft leichter als Erwachsene und öffnen dadurch Türen. Die schulpflichtigen Reisekinder müssen natürlich auch Prüfungen ablegen, schriftliche, die die Eltern an die Behörde im Heimatland schicken. Zumindest ist es in den Niederlanden so. Nie hatten sie Probleme, die Prüfungen zu bestehen.

Es sind auch die Kinder, die sich am meisten auf den Jahreswechsel freuen. Wir wollen am Abend alle gemeinsam im Mabuya Camp essen. Jeder soll etwas zubereiten und mitbringen. Die Kinder übernehmen die Tischdekoration und helfen beim Backen. Ich mache eine Ananas-Mango-Bowle. Es ist ein buntes Durcheinander mit viel Gelächter und Plauderei. Den Donauwalzer haben Peter und ich auch nicht ausgelassen, gesungen haben wir selber! Gute Vorsätze habe ich keine gefasst, wozu auch? Rückblickend auf das Jahr 2007 fällt mir nur Gutes ein. Mit der Bowle stoßen wir auf ein erlebnisreiches und tolles Jahr 2008 an und freuen uns schon darauf!

Richtige Heimatstimmung kommt bei uns auf, als wir am Zomba Plateau ankommen. Das Klima erinnert stark an den Hochsommer in Österreich. Auch ein kühler Bach rauscht vorbei und es duftet nach Heu. Rund um die Forellenfarm - Fische kann man leider nicht kaufen – liegen ausgedehnte Wälder und Wiesen. Hier gefällt es uns. Da wird mir immer mehr bewusst, wie schön unsere Heimat doch ist. Mit dem Wetter haben wir Glück, denn es regnet nur noch sporadisch. Unsere Kondition ist gleich null, weshalb sich am Tag nach der ersten Wanderung gleich der Muskelkater einstellt, das haben wir auch nicht anders erwartet. Nichtsdestotrotz machen wir noch mehrere Touren und belohnen uns mit einer Tasse Tee im Englischen Garten eines Hotels. Die Engländer haben in ihren ehemaligen Kolonien ganz schön viel hinterlassen.

Auf der Weiterfahrt kaufen wir die besten Erdäpfel der Welt und sehen viele Lkw-Kollegen. Es sind Buben von fünf bis zwölf Jahren, die am Straßenrand mit ihren Fahrzeugen unterwegs sind. Sehr einfach, aber kreativ! Die Lkw sind aus Draht gefertigt, haben eine lange Lenkstange und ein kleines Lenkrad daran befestigt. Da können wir nicht anders, müssen stehen bleiben und mit dem Kollegen von der Landstraße ein bisschen plaudern. Bei unserem Problem können uns die Buben allerdings auch nicht helfen. August verbraucht viel zu viel Öl (zehn Liter auf 1.000 Kilometer), daher überlegen wir, den Motor in Blantyre zu reparieren. Peter erkundigt sich nach Ersatzteilen. Da die Preise horrend sind, kauft er statt dessen 60 Liter Motoröl zum Nachfüllen und das sollte bis Südafrika reichen. Erst dort wollen wir den Motor reparieren.

Es ist nicht mehr weit bis zur mosambikanischen Grenze, wir wollen die letzten Kwacha (Währung von Malawi) noch ausgeben. Kein Problem! Wir besichtigen eine Kunstgalerie, gönnen uns einen Eiskaffee im angeschlossenen italienischen Café und geben den Rest für Obst und Gemüse aus. Diesmal kaufe ich etwas Neues. Es sind fein behaarte grüne Blätter, deren Namen die Marktfrauen auf Englisch nicht wissen. Sie erklären mir aber, wie ich sie zubereiten soll. Der Preis dafür ist läppisch, also schlage ich zu. Irgendwie kommen sie mir aber bekannt vor. Den ganzen Tag überlege ich. Es sind doch tatsächlich Kürbisblätter! Schmecken aber köstlich. In Österreich hätten wir die Blätter nie gegessen, da landen sie am Kompost oder bei den Schweinen.

Wir sind bereits um 6:30 Uhr an der Grenze. Wie immer in unserer besten Kleidung und frisch ge-waschen. Die Dokumente ordentlich in einer Mappe. Auftreten und äußere Erscheinung sind in den meisten afrikanischen Ländern von großer Bedeutung, besonders bei Behörden. Am besten noch Schuhe anstatt Sandalen oder Flipflops anziehen. Das Zolldokument wird rasch ausgestempelt, aber es gibt Un-stimmigkeiten mit der Einwanderungsbehörde. Sie wollen uns nicht ausreisen lassen, da wir kein Visum für Malawi haben. Wir müssen auf den Vorgesetzten warten, der im Laufe des Vormittags kommen wird. Um zehn Uhr ist er da und verlangt doch tatsächlich von uns, zurück in die Stadt Blantyre (80 Kilometer) zu fahren und auf der Einreisebehörde dort rückwirkend ein Visum zu lösen. Sicher nicht! Wir sind doch offiziell nach Malawi eingereist und haben in der Hauptstadt bei der Behörde ordnungsgemäß unsere Aufenthaltsdauer verlängern lassen. Niemand sagte etwas von einem Visum. Wir fahren nur nach Blantyre zurück, wenn uns Treibstoffkosten und Hotel bezahlt würden. Sofort löst sich alles in Wohlgefallen auf. Er sieht ein, dass es nicht unser Verschulden war und wird der Sache aber nachgehen. Ich denke, sobald wir aus seinem Büro draußen sind, hat er die Angelegenheit bereits vergessen. Wozu sich unnötig Mühe machen?

Mosambik – Die Welt ist groß und du bist klein

Seit langem nehmen wir wieder einmal einen Autostopper mit. Es ist Markus, ein deutscher Zimmermann in seiner Zunftkleidung, der auf der Walz ist. Mehrere Monate hat er schon in Tansania, vorwiegend Sansibar, gearbeitet. Nun möchte er gerne andere Länder erkunden. Bis zur Stadt Tete, die am Sambesi liegt, ist er unser Gast. Es ist sehr heiß hier, der Himmel ist voller dunkler Wolken. Wir fahren ohne Markus weiter und schon bald öffnet der Himmel seine Schleusen. Wir sehen viele kaputte Lkw am Straßenrand. Es ist unglaublich, wie schnell die Busse und Lkw hier unterwegs sind. Da an einer Unfallstelle gerade ein Lastwagen geborgen wird, müssen wir für eine Stunde anhalten. Die wartende Kolonne wird immer länger. Viele Lkw schaffen es nicht, rechtzeitig zu stoppen und fahren mit rauchenden Bremsen an der Kolonne vorbei. Während ein voll besetzter Autobus zurückschiebt, kommt schon der nächste Lkw, dessen Bremsen nicht funktionieren und kracht in den Bus. Zwischen uns und dem Bus stehen drei Tankwagen, die glücklicherweise unbeschädigt bleiben. Peter fährt am linken Bankett an der Kolonne vorbei und zwängt sich beim Bergefahrzeug vorbei. Uns ist nichts passiert, aber die Businsassen sind vermutlich nicht so gut weggekommen. Als Weißer steigt man meistens schlecht aus bei Unfällen, auch wenn man nichts verschuldet hat.

Der ganze Tag ist sehr regnerisch. Links und rechts neben der Straße steht überall Wasser, die Flüsse führen erdiges, braunes Hochwasser. Zum Glück sind alle Brücken intakt. Der Asphalt ist relativ gut und so fahren und fahren wir. Hoffen, dass wir den Regenwolken irgendwann entkommen. Entlang der Grenze zu Simbabwe sehen wir wunderschöne Berge, ansonsten ist die Landschaft flach und eintönig, feucht und sumpfig. Zumindest jetzt in der Regenzeit. Immer wieder entdecken wir an einigen Bäumen Schilder mit dem Totenkopf und gekreuzten Knochen – Minen! Auch mehrere Leute mit amputierten Gliedmaßen kommen uns unter. Mosambik ist hier sehr dünn besiedelt. Die Dörfer sind winzig und breiten sich entlang der Straße aus. Die meisten Hütten, an denen wir vorbeifahren, sind sehr einfach. Zu kaufen gibt es hier nicht viel, die meisten Verkaufsstände sind leer. In allen bisher bereisten afrikanischen Ländern gab es zumindest Tomaten und Zwiebeln, doch hier nur selten. Es gibt auffallend wenige Schulen; ich glaube, dass sich Mosambik erst noch vom Schrecken der Vergangenheit erholen muss. Betrachtet man die Geschichte des Landes, kommt einem das Grauen. Bereits im siebenten Jahrhundert landeten Araber an der Küste Mosambiks, die mit Gold, Elfenbein und Sklaven zu handeln begannen. 1498 betrat Vasco da Gama als erster Europäer Mosambik, die Folge davon war eine fast 500-jährige portugiesische Kolonie mit Zwangsarbeit, schlechten Arbeitsverträgen und menschenunwürdiger Behandlung. Von 1964 bis 1974 herrschte Guerilla- bzw. Kolonialkrieg. 1975 erlangt Mosambik die Unabhängigkeit, doch schon ein Jahr später bricht ein Bürgerkrieg aus, der in 16 Jahren 900.000 Tote fordert. 1,7 Millionen Menschen sind geflüchtet. 1992 werden UN-Friedenstruppen entsandt, der Krieg geht zu Ende. Was bleibt ist eine wirtschaftliche Katastrophe, viele europäische Fachkräfte haben das Land verlassen, eine Großzahl der Betriebe wurde zerstört. Hinzu kommen Dürreperioden und im Jahre 2000 eine Flutkatastrophe.

Wir legen lange Fahrtage mit kurzen Pausen ein. Als wir gerade im August Mittag essen, taucht ein magerer Junge auf. Er sieht uns kurz an, danach hat er aber nur Augen für das Brot. Wir teilen mit ihm. Ich habe selten jemanden so schnell Essen verschlingen sehen. Ich finde noch zwei Packungen Kekse, die ich ihm gebe und ein T-Shirt von mir, denn seines hat mehr Löcher als Stoff. Ein Lächeln huscht auf sein kleines Gesicht und dann ist er auch schon weg. Und wieder regnet es, was den Vorteil hat, dass es nicht so heiß wird. Nach zehn Stunden Fahrzeit und 565 Kilometern erreichen wir gegen Abend müde Inhassoro, das am Indischen Ozean liegt. Wir campen bei einem Hotel, da ich zu müde bin um zu kochen, gehen wir ins angeschlossene Restaurant. Zuerst zieht es uns an die Bar zu einem kalten Bier. Wir unterhalten uns schon ein paar Minuten mit dem netten Barmann, als uns dieser fragt: „Sie kommen wohl nicht aus Südafrika, oder?" Peter und ich schauen uns verdutzt an und verneinen. „Das dachte ich mir schon, denn Sie haben mich gegrüßt und mit mir freundlich gesprochen", meint der Mosambikaner. Auch in Malawi freuten sich die meisten Menschen sehr, wenn man sie begrüßt oder sich kurz mit ihnen unterhalten hat. Vorwiegend bei Älteren fiel mir das auf. Und sie bedankten sich für alles und jedes, auch wenn es gar keinen Anlass dafür gab. Ich glaube, dass die Einheimischen es nicht gewohnt sind, wenn man sie grüßt und mit ihnen redet. Wir haben beobachtet, wie sich manche Südafrikaner gegenüber den Einheimischen benehmen. So würde ich mich nie verhalten! Aber ich bin auch anders aufgewachsen, das darf man nicht vergessen. Ich suche den Kontakt zu den Menschen, auch wenn mir manchmal gar nicht danach ist. Aber es ist immer ein Erlebnis, das mir zu 99 Prozent ein Lächeln aufs Gesicht zaubert.

Wir gönnen uns zum Abendessen gegrillten Tintenfisch. Köstlich, aber nicht billig. Obwohl Mosambik ein sehr armes Land ist, kostet uns die Nächtigung viel. Vielleicht hängt das aber auch mit den vielen Südafrikanern zusammen, denen hier die meisten Resorts und Campingplätze gehören.

Ein ausgedehnter Strandspaziergang am nächsten Tag bringt nicht nur einen Sonnenbrand, sondern auch gute Kontakte und Informationen. Wir siedeln. Keine 200 Meter vom etwas heruntergekommenen Hotel wohnen die Südafrikaner Rieta und Flip, die eine Lodge aufgebaut und schon wieder verkauft haben. Wir sind herzlich willkommen und sollen nur so viel bezahlen, wie wir wollen. Wir sind im Schlaraffenland. Der Brunch besteht aus Gin Tonic, Käse, Oliven, Essiggurken, Cracker usw. Wir sind oft zum Essen geladen und der Tisch biegt sich vor lauter Köstlichkeiten. Es fehlt an nichts: Geräuchertes Schweinefleisch, Krabben Curry, Riesengarnelen und herrliche Nachspeisen. Das schlechte Gewissen stellt sich bei uns schon ein, aber andererseits sind wir zu Hause genauso gastfreundlich und hilfsbereit.

Die Temperaturen treiben mich schon um sechs Uhr aus dem August. Bei 37 Grad kann ich einfach nicht weiterschlafen, im Gegensatz zu Peter. Ich kühle mich im Meer ab, schwimmen ist aber schwierig, da so viel Seetang im Wasser ist. Danach setze ich mich auf die traumhafte Holzterrasse unserer Gastgeber, die gen Osten ausgerichtet ist. Von hier habe ich einen sehr guten Blick auf den Strand und den Ozean, der von meiner erhöhten Position unendlich wirkt. Die Fischer legen morgens Netze aus, daran sind jeweils zwei Kilometer lange Seile befestigt, mit deren Hilfe die Netze am Nachmittag eingeholt werden. Es dauert mehrere Stunden. Leider springen die größten Fische kurz vor dem Ufer aus dem Netz. Die Frauen aus dem Dorf warten am Strand auf den Fang. Fast jede trägt ihr Baby in ein Tuch gehüllt am Rücken. Als sie zurück in ihre Häuser gehen, balancieren sie riesige Plastikkörbe voller Fische auf ihren Köpfen. Dieser Platz ist genial. Der Ozean ist unruhig und laut, ständig weht eine kräftige Brise, die ich bei diesen Temperaturen so liebe. Die Küste hier ist sehr weitläufig, ein bisschen monoton und langweilig. Ein endloser Sandstrand, geradlinig, keine Bucht in Sicht. Nach Südosten allerdings erstreckt sich der Bazaruto Archipelago. Es soll traumhafte Schnorchel- und Tauchgründe dort geben. Da wollen wir hin – zur Paradiesinsel Santa Carolina. Vielleicht schon morgen …

Mit einer motorlosen Dhow (Segelboot) fahren wir bereits um sechs Uhr los, denn laut Bootsmann kann die Überfahrt zwei Stunden dauern. Nach einer Stunde sind wir noch immer in der Nähe des Ausgangspunktes. Wir bekommen langsam eine Vorstellung, wie lange es wirklich dauern wird. Wir treiben parallel zur Küste. Ganz weit entfernt sehen wir die Inseln. Es scheint eine unüberwindbare Distanz zu sein. Mittlerweile hat sich auch der letzte Wind gelegt. Im nächsten Dorf werden wir sogar ein paar Kilometer mit einem Seil gezogen. Irgendwie schafft es der Bootsmann dann doch uns auf der Paradiesinsel abzusetzen. Nach fünf Stunden sind wir froh, aus dem kleinen Boot klettern zu können. Das Schnorcheln entschädigt für alles! Wir haben in unserem ganzen Leben noch nie so viele Fische auf einmal gesehen! Nach kurzer Zeit entdecke ich auch Schildkröten. Man muss nicht einmal schwimmen können, denn zwischen zwei Felsen verläuft eine Art natürlicher Kanal mit Strömung. Peter setzt sich auf den Felsen und steckt den Kopf ins Wasser. Es ist fantastisch, was alles an ihm vorbeitreibt. Hier könnte ich ewig bleiben. Unser Bootsmann hat allerdings etwas dagegen, er drängt zum Aufbruch. Widerwillig steigen wir ein und sind nach 4 ½ stündiger Fahrt wieder in Inhassoro. Es ist bereits dunkel, als wir ankommen. Die besorgten Südafrikaner Rieta und Flip atmen erleichtert auf. Flip hatte schon sein Boot klar gemacht, um uns zu suchen. Unbedingt wollen wir nochmals schnorcheln, also versuchen wir unser Glück etwas weiter südlich in Vilankulos. Gott sei Dank ist es windig, ansonsten wäre die Hitze unerträglich. Wir buchen einen Tagesausflug auf die Insel Magarugue, inklusive Schnorcheln und Mittagessen. Mit einer Motordhow dauert die Überfahrt eine gute Stunde. Es ist ein Paradies für Schnorchler, das Wasser ist warm, relativ seicht und klar und die Vielfalt der Fische unglaublich! Zum Mittagessen gibt es natürlich Fisch, köstlich! Die Insel ist Teil eines Marine-Nationalparks, trotzdem wird hier gefischt. Auch von unseren Bootsleuten. Die Ausbeute ist groß, nach nur fünf Minuten haben sie drei Königsmakrelen gefangen. Ich kann die Einheimischen natürlich verstehen, aber gibt es hier einmal wenig Fische, so kommen auch weniger oder keine Touristen. Doch an die Zukunft denken die meisten Afrikaner nicht. Bei der Rückfahrt geht nach zehn Minuten der Treibstoff aus. Kann in Afrika passieren. Was uns ärgert, ist, dass der Reiseveranstalter im Vorhinein von uns das Geld wollte (immerhin Euro 30 pro Person) damit er genug Benzin besorgen könne. Wind geht auch keiner und so dauert die Fahrt ein bisschen länger … Wieder einmal sind wir zum Opfer geldgieriger Geschäftsleute geworden: Wenig bieten, aber viel kassieren!

Manchmal möchte ich gerne alleine sein, doch das ist in Afrika fast unmöglich. Hier in Mosambik sind die Menschen diskreter als in Malawi. Obwohl wir oft gehört haben, dass in Mosambik die Bettelei und der Diebstahl schlimm sein sollen, haben wir einen völlig anderen Eindruck. Trotzdem ist man nie alleine, zumindest nicht lange. Da sehne ich mich dann nach einen meiner Lieblingsplätze zu Hause, wo ich völlig ungestört bin, nur ich und die Welt. Die Afrikaner können nicht verstehen, warum ich alleine sein möchte, es macht keinen Sinn für sie. Wir sind grundverschieden. Ihr Leben spielt sich in der Gemeinschaft ab, es gibt keine Privatsphäre, kein eigenes Zimmer, keine einzelne abgelegene Hütte. Sobald es dunkel wird, rutschen sie noch enger zusammen. Sie palavern oft den ganzen Tag. Und wir? Jeder hat seinen eigenen Raum, seine Wohnung oder sein Haus. Rundherum bauen wir noch Mauern oder Zäune. Die Türen sind verschlossen. Niemand soll unangemeldet eintreten. Viele sind froh, wenn sie nicht den ganzen Tag reden müssen. Auch die weißen bzw. reichen Südafrikaner sind nie alleine, denn sie haben Personal. Erst kürzlich hatte ich eine Diskussion mit Einheimischen, die gar nicht glauben konnten, dass ich in Österreich alles selber mache, den ganzen Haushalt führen, Gartenarbeit, einkaufen und natürlich noch arbeiten, um Geld zu verdienen. Als Hilfsmittel stehen mir Geräte wie Waschmaschine und Rasenmäher zur Verfügung. Westlicher Luxus, der im Westen keiner ist.

Wir verlassen Vilankulos, es ist ein Regen- und Fahrtag. Die Straße lässt zu wünschen übrig. Es gibt viele, bis zu 50 Zentimeter tiefe, Schlaglöcher. Wozu wird wohl die Straßenbenützungsgebühr in Höhe von Euro 85 pro Lkw verwendet? Wir fahren auf eine Halbinsel, wo sich das Paindane Beach Resort befindet. Die erste Piste, die wir finden, nehmen wir. Die Landschaft ist wunderschön, alles ist grün, viele Kokospalmen und Maniokfelder und ab und zu ein kleines Dorf. Die Piste ist sandig und weich, also müssen wir Luft ablassen. Ein Fahrzeug in unserer Größe dürfte hier wohl noch nie gefahren sein, denn Peter muss teilweise halbe Bäume umsägen, damit wir weiterfahren können. Leider müssen wir auch manchmal in die bereits bepflanzten Äcker ausweichen. Wir haben ein schlechtes Gewissen, aber es gibt kein Zurück. Am frühen Abend sind wir endlich am Ziel. Aber was sehen wir da? Die Einfahrt wurde mit einem Torbogen verschönert, der allerdings für unseren Lkw zu niedrig ist. Es gibt eine Umfahrung, die durch das Nachbarresort führt, welches total abgebrannt ist. Auch die Boote und Fahrzeuge hat es erwischt. Wir erfahren, dass ein Angestellter entlassen wurde und daraufhin als Rache alles in Brand gesetzt hat. Unglaublich! Wir parken mit Meerblick. Es weht eine herrliche Brise und es gibt keine Moskitos! Das Wasser ist hier kühler und die Wellen um einiges höher. Für das Abendessen kaufen wir von einem Fischer vier Krebse. Sie sind wunderschön, eigentlich zu schade, um sie zu essen. Aber ich muss gestehen, sie schmecken einfach herrlich. Das Einzige, was uns hier nicht gefällt, ist der Preis (Euro 15 pro Nacht) und so müssen wir wohl oder übel weiterziehen.

Wir landen in der sehr touristischen Ortschaft Tofo. Der einzige Platz, der groß genug für August scheint, ist der Beachvolleyballplatz. Kein Problem, es spielt sowieso niemand. Am nächsten Tag nehmen wir an der sogenannten Meeressafari teil. Schon bald schwimmen wir mit neugierigen Delphinen. Es ist fantastisch! Es sind so viele da und sie kommen so nahe an uns heran! Ziel des Ausfluges ist es allerdings, Walhaie zu finden und mit ihnen zu schnorcheln. Wir haben kein Glück und geben die Hoffnung auf. Doch nach zwei Stunden entdeckt der Skipper endlich einen. Es ist zwar mit 4 ½ Metern nur ein kleiner, aber dennoch ein unvergessliches Erlebnis! Schnell springen wir ins Wasser. Der Planktonfresser ist völlig unbeeindruckt von uns und lässt uns ganz knapp heran. Ohne Flossen könnten wir mit ihm nicht mithalten, dabei scheint er sich kaum zu bewegen. Eine riesige, schlauchförmige, weiße Qualle, mit einem Durchmesser von mehr als 50 Zentimeter treibt auf mich zu. Ich kann ausweichen und hoffe nur, dass sie sonst auch niemanden erwischt. Ich schaffe es, bis zum Kopf des Walhaies nach vor zu schwimmen. Die weit auseinander liegenden Augen wirken winzig im Vergleich zum Maul. Ich muss auf einmal an Pinocchio denken, wie er im Maul des Walfisches verschwindet. Wir schwimmen sicher zehn Minuten mit dem Walhai, bevor er uns verlässt. Vor lauter Aufregung sind uns die zahlreichen kleinen Quallen egal, die an unserer Haut Spuren hinterlassen. Was für ein Tag! Es ist Vollmond heute und er spiegelt sich am Abend wunderschön im Meer, das wir von einer Düne aus betrachten. Bei gegrilltem Tinten- und Zitronenfisch und einem Glas Wein lassen wir den Abend ausklingen. Es ist windstill und dementsprechend heiß und es gibt viele Moskitos, die so klein sind, dass man sie kaum sieht. Aber man spürt sie! Doch uns macht das heute gar nichts aus, wir sind noch immer von der Unterwasserwelt fasziniert.

Dringend müssen wir ein Internet Café finden. Wir möchten wissen, ob sich Besucher für Südafrika angemeldet haben. Tatsächlich, Anna und Pezi wollen Ende Februar für eine Woche kommen! Ich freue mich sehr, das ist ja schon in fünf Wochen. Also nichts wie Richtung Grenze. Bei bewölktem Himmel und kräftigen Regenschauern erreichen wir in nur zwei Tagen Maputo und von hier ist es nur noch ein Katzensprung nach Südafrika.

Südafrika – Besuch im Schlaraffenland

Neuer Rekord! So schnell haben wir noch nie einen Grenzübertritt geschafft. Das waren keine 20 Minuten. Die Südafrikaner sind die ersten, die auf Augusts Dach klettern und in die blaue Kiste schauen wollen. Bisher existierten die außen liegenden Stauräume für den Zoll nicht. Die Beamten sind alle sehr freundlich. Man bittet uns mit August auf die Brückenwaage zu fahren. Bitte? Warum denn das? Wir sind doch ein Campingfahrzeug und kein Lastentransporter. Vorschrift ist Vorschrift. Es geht um … ja was eigentlich?? Als wir Augusts Gesamtgewicht und die Gewichtsverteilung auf den Achsen erfahren, machen wir große Augen.

Uns ist gar nicht aufgefallen, dass unser Lkw so zugenommen hat! Drei Tonnen auf der Vorderachse und satte 6,5 Tonnen auf der Hinterachse. Gut dass ich das Gewicht beim Überqueren der diversen Holzbrücken nicht wusste …

Auf der mautpflichtigen Straße fahren wir Richtung Nelspruit. Schon nach einigen 100 Metern fällt uns der Unterschied zu Mosambik und allen bisher bereisten Ländern in Afrika auf: Perfekter Straßenbelag, kein Müll, bewässerte Zuckerrohr-, Bananen- und Mangoplantagen und viel Verkehr. In Nelspruit gibt es fast alles und noch mehr. Ein wahres Einkaufsparadies. Wir erwerben endlich eine neue Kühlbox um Euro 645 und füllen sie sogleich mit allerlei Leckereien beim Superspar (!). Dort bleibt uns der Mund offen, denn das Angebot haut uns einfach um. So etwas haben wir seit fünfzehn Monaten nicht mehr gesehen! Peter muss mich regelrecht zurückhalten, denn schon in der Gemüseabteilung ist unser Einkaufswagen bis zur Hälfte voll. Beim Käseregal muss er mich wegzerren und erst recht bei den Delikatessen und beim Wein. Schwer beladen kommen wir zu August und müssen die Kühlbox mehrmals umräumen, damit der Deckel auch wirklich ordentlich schließt. Jetzt müssen wir uns für einen der vielen Campingplätze entscheiden. Der Safubi-Campingplatz ist nicht gerade billig, aber er ist unglaublich gepflegt, verfügt über eine Parkanlage samt Schwimmbad, heiße Duschen und die saubersten Toilettanlagen bisher. Zum Abendessen gibt's auf Peters Wunsch Frankfurter Würsterl mit österreichischem Kren und Dijon-Senf. Als Nachspeise essen wir Bananen, frisch von der Plantage, schauen super aus, schmecken aber nach gar nichts – genauso wie daheim. Ich vermisse jetzt schon die kleinen Märkte, wo das Angebot spärlicher, dafür alles frisch und geschmackvoll ist.

Und noch einmal einkaufen. Es ist Samstag und alle Leute sind im Konsumrausch, sie verbringen ihre Freizeit anscheinend am liebsten in Einkaufstempeln.

Uns wird es bald zu viel und wir suchen das Weite. Doch weit kommen wir nicht, wir stecken gleich im Stau. Zurück am Campingplatz beginnt Peter mit den Umbauarbeiten für die Kühlbox. Die Sitzbank muss gekürzt werden, ein Bücherregal wird entfernt, anstelle des alten Kühlschranks haben wir jetzt einen Schrank und die neue Kühlbox hat mit Hilfe von neuen Matratzen gleichzeitig die Funktion einer Couch bekommen.

Der Inverter, der Schalter für die Wasserpumpe und einige Steckdosen werden versetzt. Unser Lkw hat sich einer Selbstheilung unterzogen. Was positives Denken und gutes Zureden doch bewirken! Er verbraucht jetzt deutlich weniger Treibstoff und raucht wieder viel weniger, also erspart sich Dr. Unfried einen Eingriff. Nur kleinere Servicearbeiten sind fällig.

Und wieder kommt alles anders, als man glaubt. Wir sind gerade dabei, das morgige Fahrtziel auszusuchen, da parkt sich ein Landrover neben uns ein. Es ist Graham aus England, den wir schon in Uganda getroffen haben. Die Freude beiderseits ist groß und wir beschließen zu bleiben. Am Abend biegt sich der Tisch vor lauter Essen und Getränken und wir uns vor Lachen über Grahams Reisegeschichten. So ein Tag ist gar nichts, wenn man sich viel zu erzählen hat. Erst drei Tage später verlassen wir Nelspruit.

Der Lederdoktor hat uns eingeladen. Wolfgang ist Kürschnermeister aus Wien, der sich bei Hazyview angesiedelt hat und dort ein kleines Geschäft und seine Werkstatt hat. Die Farm gehört seinem deutschen Freund Werner. Dieser war vor 23 Jahren Werkstattleiter von einer Steyr-Traktoren Werkstatt, für die sich Peter damals beworben hatte. Beim abendlichen Braai (Grill) gibt es viel zu erzählen und noch mehr zu essen. Sogar Sauerkraut und Erdäpfelsalat stehen am Tisch. Sicherheitshalber lade ich mir damit schon meinen Teller voll und koste davon. Während das Sauerkraut in meinem Mund verschwindet, will mir der Tischnachbar die Hand reichen. Mit dicken Hamsterbacken schaue ich ihn verdutzt an. Das Tischgebet wird gesprochen! Damit habe ich nun wirklich nicht gerechnet. Unauffällig schlucke ich das Kraut runter. Die Geschichten von Wolfgangs Leben in Afrika sind unglaublich, aber vermutlich zu 100 Prozent wahr.
Noch ein Tag bei Wolfgang. Wir bekommen einen Kudulederbezug für unser Lenkrad und das Gaspedal. Peter fertigt das Gästebett im August, während ich mit Graham eine Wanderung am Macmac Fluß mache. Diesen Abend habe ich für alle eingekauft. Natürlich wird wieder gegrillt. Zusätzlich zu den Würsten, Koteletts und Steaks bereite ich Hühnerspieße und verschiedenste Salate zu, auf denen ich allerdings sitzen bleibe. Denn gegessen wird nur Fleisch. Hühnerfleisch wird als Salat angesehen und der richtige Salat vermutlich als Hühnerfutter. So ist das eben bei einem richtigen Braai. Beim nächsten Mal muss ich einfach mehr totes Tier einkaufen!

Was ich nun allerdings sehen möchte, sind lebende Tiere. Der Krüger Nationalpark liegt ganz in der Nähe. Im Sukuza Camp sind wir überrascht von der Infrastruktur, die geboten wird. Neben einem riesigen Campingplatz mit Stromanschluss, mehreren überdachten Kochstellen, Waschmaschinen und Wäschetrockner (!), gibt es natürlich auch ein Schwimmbad, eine Bibliothek, ein Restaurant, ein Geschäft und sogar eine Tankstelle. Eine Stadt im Nationalpark. Die Campinggebühren sind nicht teurer als auf einem anderen Campingplatz. Nachdem wir ohnehin mehrere Nationalparks in Südafrika besichtigen wollen, haben wir uns gleich die Wild Card gekauft. Sie berechtigt zum Eintritt in viele Parks und ist ein ganzes Jahr gültig. Wir haben uns ausgerechnet, wenn wir zwölf Tage im Krüger bleiben, hat sie sich schon rentiert. Jetzt im Februar ist es schwierig, Tiere zu entdecken, da das Gras sehr hoch und alles grün ist.

Die Regenzeit hat die Vegetation voll in Gang gebracht. Trotzdem bekommt man viel zu Gesicht, vor allem Impalas, Zebras, Gnus, Elefanten, Flusspferde, Krokodile, Büffel, viele Vögel und Insekten. Mit den großen Katzen sieht es anders aus, da müssen wir eben noch ein bisschen Geduld haben. Ich bin schon völlig glücklich, wenn ich Elefanten beobachten kann. Besonders die jungen Bullen sind äußerst aktiv. Spielerisch knacken sie Bäume mit einem Durchmesser von 30 Zentimeter, rütteln mit ihrem Schädel an Marulabäumen bis die reifen Früchte herunterfallen, die sogleich gierig im Maul verschwinden.

Den Campingplatz darf man erst bei Tagesanbruch verlassen und muss vor der Dunkelheit wieder zurücksein. Das bedeutet für uns, jeden Tag zeitig aufstehen, genauergesagt um fünf Uhr, doch das nehmen wir gerne in Kauf. Stundenlang parken wir vor einem Teich, wo sich Flusspferde tummeln. Man würde es gar nicht für möglich halten, wie schnell diese behäbig aussehenden Tiere sind. Spitzengeschwindigkeit ist 45 km/h, allerdings nur sehr kurz. Wir lieben das Grunzen der Hippos und das endlose Zwitschern der Webervögel. Wir haben nun schon fast den gleichen Tagesrhythmus wie die Tiere. Am frühen Nachmittag, wenn die Sonne ganz hoch steht und es richtig heiß ist, werden wir träge und müde. Zeit für ein Mittagsschläfchen.

Bei der Weiterfahrt zum Lower Sabie Camp geht uns der Diesel im Haupttank aus. Da man hier wegen der Tiere nicht aussteigen darf, wird die Umpumpaktion zum Abenteuer. Es ist bereits später Nachmittag, also die beste Zeit zum Beobachten der Tiere, da sie nach der Mittagshitze wieder aktiv werden. Wir parken am Fahrbahnrand, rund um uns sind Bäume und Gestrüpp. Wie soll ich da sehen, ob sich ein Löwe, Büffel oder sonst was in der Nähe befindet? Trotzdem schaue ich mir die Augen aus dem Kopf, bin leicht nervös als Peter aussteigt, um die Pumpe zu aktivieren. Alles läuft wie geschmiert, doch wir müssen noch die Dieselleitung entlüften und das

dauert länger. Abgesehen von den Tieren, bekommt man aber auch eine saftige Strafe, wenn man außerhalb des Fahrzeuges erwischt wird. Wir einigen uns darauf, den Notdienst zu rufen. Ich greife zum Telefon und siehe da, kein Empfang. Toller Notruf! Einige Autos kommen vorbei und wir bitten die Fahrer, im Camp Bescheid zu sagen. Eine Stunde später erscheint ein Pick-up mit zwei Mechanikern. Sie steigen aus, gehen locker auf uns zu und fragen, was los sei. Bewaffnet ist keiner von ihnen. Jetzt klettert auch Peter aus dem Fahrzeug, erklärt die Lage und beginnt mit der Arbeit. Minuten später läuft unser Motor wieder, Euro 15 wechseln den Besitzer und wir fahren zurück zum Sukuza Camp für die Nächtigung. Das passiert uns sicher kein zweites Mal!

Der Wecker läutet heute schon um vier Uhr. Wir haben uns mit dem Wildhüter Irwing zum Morning Walk verabredet. Mit seinem Kollegen und einer Reisegruppe aus Hong Kong fahren wir noch in der Dämmerung los. Dann heißt es aussteigen, leise sein und den Anweisungen von Irving folgen. Im Gänsemarsch gehen wir los. Wir wurden angehalten, unauffällige Kleidung zu tragen. Ich wusste gar nicht, dass pink, orange und rot bei den Chinesen als dezent gelten. Die jungen Mädchen lassen auch keinen Zweig aus um darauf zu treten. Städter sind eben anders … Trotzdem kommen wir bis auf fünfzehn Meter an zwei Nashörner ran. Wir hocken im hohen Gras und halten den Atem an. Uns trennt nur dürres Gestrüpp von den mächtigen Nashorndamen. Kurz darauf tauchen drei Büffel auf. Sie haben unsere Witterung aufgenommen, langsam treten wir im Retourgang den Rückzug an. Die Wildhüter haben ihre Gewehre parat. Im Busch kann man viel lernen. Nicht nur die großen Tiere, die wir beobachten, sind ein Erlebnis, sondern auch Spinnen, Pflanzen oder das Spurenlesen sind äußerst interessant. Ich fühle mich sehr wohl und fürchte mich dank der beiden Südafrikaner keine Sekunde.

Zwei Wochen bleiben wir im Krüger Nationalpark und durchstreifen dabei nur einen Teil des riesigen Parks, der sich bis Mosambik erstreckt. Je weiter wir nach Norden kommen, umso besser gefällt es uns. Kein Strom, weniger Leute, mehr Ruhe. Nach dem abendlichen Braai hören wir Löwen brüllen und die Hyänen schreien. Schön! Wir treffen auf einen südafrikanischen Orangenfarmer. Horst ist auf Probefahrt mit seinem neuen Offroad-Wohnanhänger und befragt uns über unsere gefahrene Route, denn der 70-jährige möchte bis Kairo reisen. Eine Einladung auf seine Farm wird ausgesprochen und wir versprechen zu kommen. Er wohnt in der Nähe von Letsitele, das trifft sich gut, denn so kommen wir an der Amarula Fabrik vorbei. Amarula ist ein alkoholisches Getränk, das aus den Marulafrüchten und viel Obers hergestellt wird – ähnlich dem irischen Baileys. Die Führung ist interessant, bei der abschließenden Videovorführung kredenzt man uns ein Glas Amarula, aber was für ein Glas! Brav leeren wir es und torkeln am späten Vormittag mit einer Flasche im Gepäck zum August. Danach fahren wir zu den Orangenfarmen von Alta und Horst Gubitz. Die Überraschung ist groß. Horst dachte, wir wären eine Reisegruppe mit Peter als Fahrer und mir als Reiseführerin. Sie haben mit mindestens 20 Leuten gerechnet! Wir werden zu einer Besichtigungsfahrt auf die verschieden Farmen der Familie eingeladen. Über 4.000 Hektar werden von vier der fünf Söhne bewirtschaftet. Angebaut werden neben Orangen auch Mangos, Avocados und Litchis. Sie haben 260 Angestellte, in der Erntezeit steigert sich die Zahl jedoch auf 500. Die Saisonarbeiter kommen aus Mosambik, zu Fuß durch den Krüger Nationalpark, pünktlich zur Ernte. Danach gehen sie wieder nach Hause, um das Geld bei ihrer Familie abzuliefern, sofern sie nicht der Löwe frisst! Peter wird ein Job angeboten. Der Bagger ist kaputt und bei der letzten Reparatur hat ihr Mechaniker zwei Finger verloren… Peter lehnt dankend ab. Wir dinieren im Herrschaftshaus der Familie und geben ihnen jede Menge Informationen zu unserer Reiseroute. Obwohl uns ein Gästezimmer angeboten wird, schlafen wir doch lieber im August unter einem riesigen Marulabaum.

Südafrika ist anstrengend. Viele Gespräche, viele neugierige Touristen, viele Einladungen. Unsere nächsten Gastgeber sind Tanja und Oliver, die auch Infos über unsere Reiseroute brauchen. Die beiden Kärntner haben ein Restaurant und eine Lodge. Nach einer Wanderung kommen wir verschwitzt und dreckig bei ihnen an. Donnerwetter! Schon von weitem sind wir vom Betrieb beeindruckt und wünschen uns, dass wir vorher geduscht und uns umgezogen hätten. Zu spät. Wir werden herzlichst von der Empfangsdame im kleinen Schwarzen begrüßt und auf einen Drink eingeladen. Wir fühlen uns unwohl und total fehl am Platz. Wir verschieben das Getränk auf später, wollen uns ein bisschen frisch machen. Innerhalb einer halben Stunde sind wir zurück, die Empfangsdame erkennt uns kaum wieder, so haben wir uns herausgeputzt. Die Atmosphäre und das Essen sind herrlich. Der Küchenchef Oliver kommt natürlich erst später, da haben wir bereits die zweite Flasche Chardonnay geleert. Aber mit Oliver geht's erst richtig los! Er will alles von uns wissen, da er am nächsten Morgen mit Freunden nach Mosambik fährt. Nach Schnaps, Käseplatte und dem abschließenden Amarula in unserem Lkw verabschieden wir uns um ein Uhr morgens. Wie Oliver es geschafft hat, mit dem Motorrad in der Früh aufzubrechen, ist uns bis heute ein Rätsel. Wir fühlen uns miserabel. Es ist ein richtiger Katertag. Am späten Nachmittag wagen wir uns erst aus dem August und zum Pool. Tanja sieht uns unsere Verfassung an und serviert ein Anti-Kater-Getränk. Es wirkt tatsächlich. Am Abend belohnen wir uns mit einem köstlichen Abendessen im Restaurant: Kalamari von den Falkland Inseln für Peter und Strauß Filet für mich. Eine Hauptmahlzeit kostet ungefähr zehn Euro. Und das in diesem Ambiente! Da bleiben wir gerne noch ein paar Tage und warten auf unseren Besuch aus Österreich. Am 26. Februar 2008 werde ich wach und bin nervös. Anna und Pezi kommen heute! Da wir ohnehin noch einige Besorgungen in Nelspruit machen müssen, fahren wir schon früh morgens, um rechtzeitig am Flughafen zu sein. Irgendwie komisch, in Nelspruit gibt es nur ein kleines Flugfeld, aber die Mädels fliegen doch nach Nelspruit. Dort angekommen wird uns klar, dass wir hier nicht richtig sein können. Der internationale Flughafen heißt Krüger Mpumalanga und ist ca. 40 Kilometer entfernt! Schnell rein in den August und Vollgas! Das heißt also 70 km/h auf ebener Strecke. Wir schaffen es noch rechtzeitig. In Oliver's Logde haben wir ein Zimmer für die beiden gebucht – mit Poolblick. Die Mädels sind begeistert! Genauso wie vom Krüger Nationalpark in den folgenden Tagen.

Der Himmel ist dunkelgrau und rund um uns blitzt und donnert es. Anna und Pezi sind beim Anblick vom ersten Impala ganz hingerissen. Peter muss sofort zurückschieben, damit sie Unmengen von Fotos schießen können. Mich begeistern die Tiere auch noch, doch die erste Euphorie ist mit nichts zu vergleichen. Generell haben wir Glück an diesem Nachmittag. Als die ersten dicken Tropfen fallen, entdecken wir unglaublich viele Nashörner! Ihre Haut glänzt dunkel aufgrund des Regens. Wir treffen den Wildhüter Irving wieder, der uns verrät, wo wir am nächsten Tag Löwen sehen können. Wir sind ganz aufgeregt. Und tatsächlich entdecken wir einen alten Löwen, der neben seiner Beute, einem Büffel, im hohen Gras liegt.

Er ist ziemlich dünn und vernarbt, nur sein Bauch ist prall gefüllt. Er ist unfähig, sich zu bewegen und atmet schwer. Das trifft auch einige Tage später an der Küste bei St. Lucia auf uns zu.

Am Abend biegt sich der Tisch unter Unmengen von Meeresfrüchten und Fisch! Das Meer ist schon ein bisschen kühler als in Mosambik, dennoch ist die Temperatur optimal. Wir vergnügen uns stundenlang im Wasser. Anna und Pezi haben sich wieder einmal eine Hütte gemietet, die sich allerdings sehr weit weg vom Campingplatz befindet. Nach dem Abendessen und etlichen Getränken haben unsere Gäste keine große Lust dorthin zu gehen. Pezi nimmt noch einen doppelten Rum, damit die Angst vor den Insekten und den Leoparden nicht so groß ist. Peter begleitet sie, doch nach zwei Minuten sind sie wieder zurück. Sie stellen sich doch lieber das Zelt neben uns auf! O-Ton Pezi: „Ich mag nicht in die schiache Hütte!" – oder doch Angst vorm Leoparden? In St. Lucia müssen wir ungeplanter Weise nächtigen, da meine Kreditkarte beim Bankomat eingezogen wurde. Die Bank ist geschlossen, auch am nächsten Tag. Eine Notrufnummer ist angegeben, doch leider hebt niemand ab. Nach vielen Telefonaten erreichen wir zumindest, dass am folgenden Morgen jemand in die Bankfiliale kommt. Wir sind ein bisschen unter Zeitdruck, da wir unsere Gäste zum Flughafen nach Durban bringen müssen. Überpünktlich bin ich am nächsten Morgen bei der Bank. Die Dame lässt auf sich warten und ist sichtlich genervt, als sie schließlich da ist. Als ob es meine Schuld wäre, dass die Karte eingezogen wurde. Die etwas arrogante Frau erklärt mir, dass ich meine Kreditkarte ohne Bedenken hier lassen hätte können, weil sie nach dem Einzug ohnehin gesperrt sei. Das ist mir aber neu! Ganz sicher überlasse ich jemand anderen meine Kreditkarte, damit sich derjenige etwas Schickes kaufen kann. Auf meine Frage, ob sie mir denn die Spesen ersetzt, die für eine neue Karte anfallen, schaut sie mich nur entgeistert an. Sobald ich meine Karte in den Händen halte, verlasse ich die „kundenfreundliche" Bank. August fährt Richtung Süden, der Küste entlang nach Durban. Der Urlaub von Anna und Pezi neigt sich dem Ende zu, bald müssen wir sie am Flughafen absetzen. Es trifft sich gut, dass sie wenig Gepäck haben und so füllen wir ihre Reisetaschen mit Büchern, die wir nicht mehr brauchen. Es war eine lustige und tolle Zeit mit den beiden, der Abschied fällt nicht leicht, es fließen dicke Tränen. Peter und ich freuen uns schon auf die Drakensberge. Unser Ausgangspunkt für Wanderungen ist der Campingplatz in Cobham, der auch gleichzeitig als Pferdekoppel dient. Wir kaufen eine Wanderkarte, die sich bei der ersten Tour jedoch als wenig hilfreich herausstellt. Die meisten Wege existieren nicht mehr. Dank gutem Orientierungssinn und GPS finden wir dennoch den Weg zurück. Allerdings sind wir mehr als acht Stunden unterwegs, was im untrainierten Zustand doch ein bisschen zu viel ist. Am späten Nachmittag ziehen immer mehr Wolken auf und es gewittert, aber da sind wir bereits wieder zurück beim August. Aufgrund der Höhenlage und des Klimas wachsen hier sogar Maronibäume! Wir sammeln die reifen Früchte bevor sie die Pferde fressen und braten sie im Ofen. Lecker! Fehlt nur noch ein Vierterl Sturm! Leider bleibt uns nicht genug Zeit, um Lesotho zu bereisen. Wir müssen Richtung Kapstadt aufbrechen, denn in 1 ½ Wochen kommt der nächste Besuch! Wir fahren durch eintönige Landschaft, eigentlich nur Weideland, aber ohne riesige Tierherden. Rollende, sanfte Hügel, unbewaldet, von Tälern zerklüftet, alles grün. Wir fahren weiter als geplant, denn in keiner der Ortschaften wollen wir auch nur eine Minute anhalten. Wie ich später nachlese, nannte man dieses Gebiet früher Transkei und Ciskei – also Homelands. Hier wurden während der Apartheid jene Schwarzen angesiedelt, die wirtschaftlich nutzlos waren. Mehr als 20 Prozent der ansässigen Bevölkerung kam nie in den Genuss einer Schulbildung. Außer Viehzucht kann man hier kaum etwas anfangen, doch dazu braucht man Geld, was allerdings kaum vorhanden ist. Das wenige wird oft für Alkohol ausgegeben. Es ist für mich ein beklemmendes Gefühl, durch dieses zersiedelte Gebiet zu reisen, durch schmutzige Orte und Kleinstädte voll von Schwarzen, die leere Blicke haben, wahrscheinlich keine Perspektive. An die Zukunft denken die wenigsten.

Obwohl Südafrika das am besten entwickelte und eines der reichsten Länder Afrikas ist, fühle ich mich hier am wenigsten wohl. Der Kontrast ist einfach zu groß und die Geschichte der Apartheid noch so jung. Die Erwachsenen, die wir heute sehen, haben in ihrer Kindheit nichts als Brutalität, Gewalt, Unterdrückung, Hass, Mord und Vergewaltigung erlebt. Zu frisch sind die Wunden. Es existieren hier mindestens zwei Welten nebeneinander. Wir haben es leicht, sind auf der Durchreise, haben die Wahl. Mein Bild, das ich von Südafrika durch eine Bekannte vermittelt bekommen habe, hat sich nicht lange gehalten. Es gibt einfach noch viel mehr als „reich und schön". Ich möchte nicht in Südafrika leben, als Gefangener meines eigenen Wohlstandes, versteckt hinter hohen Mauern, Stacheldraht, Elektrozäunen, bewacht von Hunden und Nachtwächtern. Jede Stadt umgeben von Slums. Sich nicht frei bewegen können. Dafür bin ich zu sehr ein Mensch, der die Freiheit liebt und braucht.

Auch auf dem Weg zur Südküste bleibt das Bild gleich. Meine Stimmung ist zeitweise in den Keller gesunken, abschnittsweise gibt es nichts Nettes, nichts Schönes zu sehen. Nur Townships und heruntergekommene Farmen. Eintönige, lieblose Landschaften, dazu tiefhängende dunkle Wolken, Regen und kalter Wind. In keinem anderen afrikanischen Land habe ich mich so gefühlt wie hier. Ich freue mich schon auf Knysna, die Perle der Garden Route. Aber wie schon so oft, wenn ein Ort stark beworben und von Touristen in den Himmel gelobt wird, ist es für mich eher eine Enttäuschung. Das Städtchen ist zwar nett, aber nichts Außergewöhnliches. Als Touristenziel Nummer eins mit unzähligen Geschäften, Souvenirläden und Restaurants nicht unbedingt mein Geschmack. Gekauft habe ich dennoch etwas: Ein Sommerkleid. Zum Preis von Euro 18 bekomme ich schon fast ein schlechtes Gewissen.

Wie sich die Wertigkeit des Geldes doch ändert! Warum heißt die Garden Route eigentlich Garden Route? Ich habe mir eine atemberaubende Landschaft mit vielen englischen Gärten und Parks vorgestellt. Das war anscheinend falsch. Es ist einfach ein Küstenabschnitt mit vielen Touristen. Bis Kapstadt bleiben wir an der Küstenstraße, nächtigen immer direkt am Meer. Ein Campingplatz ist besonders nett, er ist an drei Seiten vom Meer umgeben. Wir finden ein ungestörtes Plätzchen etwas abseits von den vielen südafrikanischen Urlaubern. Der kühle Indische Ozean ist aufgewühlt hier. Ich mag die tosenden Wellen, die Gischt und das Geräusch der an die Felsen brechenden Wellen. Es gefällt uns gut hier. Trotzdem steht August immer im Mittelpunkt, auch wenn wir versuchen, ihn zu verstecken. Schwarze Kinder zeigen mit offenem Mund auf ihn und südafrikanische Touristen fragen uns dauernd: „Did you really drive down all the way from Austria?" Ich verstehe ihre Neugierde, ich wäre wahrscheinlich nicht anders. Besonders jetzt, wo die Osterferien beginnen, müssen wir diese Frage mehrmals täglich beantworten. Die nächste Frage ist gleich, ob Afrika nicht gefährlich sei. Ich weiß nicht, welche Vorstellung sie von anderen afrikanischen Ländern haben. Es kann auf keinen Fall eine Gute sein. Nach 17 Monaten haben wir den südlichsten Punkt Afrikas erreicht: Cap Agulhas. Hier treffen der Indische Ozean und der Atlantik aufeinander. Schön ist es hier. Unberührte Küste, raue See, wenig Leute. Auch das nur sechs Kilometer entfernte Struuisbay gefällt uns gut. Vor allem der kleine Hafen, in dem man vom Steg aus Stachelrochen und Seehunde beobachten kann. Es ist einer der wenigen Plätze in Südafrika, wo wir wild campieren. Ansonsten nächtigen wir meistens auf einem Campingplatz, nicht weil wir die Einrichtungen brauchen, nein, einfach wegen der Sicherheit. Aber wir sind schnell wieder verwöhnt. Gibt es kein Klopapier oder warmes Wasser, sind wir schon sauer. Warum? Weil wir immerhin Euro 14 bezahlen und dafür erwarten wir uns schon einiges.

Der Campingplatz in Simonstown/ Kapstadt liegt ruhig und nur ein paar Minuten von Boulders, wo die Pinguinkolonie zu Hause ist. Kerstin, unsere nächste Besucherin aus Österreich ist da! Und mit ihr unser neues Fenster für August und Geselchtes von meinem Vater! Nach einer herzhaften Jause und viel Palaver marschieren wir zu den Pinguinen, die gerade brüten. Hocken sie nicht auf den Eiern, so tummeln sie sich zwischen den Touristen im Wasser oder dösen an Land. Peter kann es nicht lassen und weckt einen durch ein leichtes „Tapperl" auf den Hinterkopf auf. Der Pinguin kennt sich überhaupt nicht aus, schaut verschlafen zuerst nach rechts, dann nach links und macht schließlich die Augen wieder zu.

Wir wollen mit Kerstin in der Kapregion bleiben, erstens ist es schön hier und zweitens möchten wir nicht dauernd fahren. Das Kap der Guten Hoffnung nimmt schon einen ganzen Tag in Anspruch. Trotz steifer Brise genießen wir die verschiedenen Aussichtspunkte. Unser Lkw ist am Parkplatz die Attraktion Nummer eins. Dauernd wird er fotografiert und wenn wir ein- oder aussteigen, regnet es Fragen. Sogar die Tiere sind von August beeindruckt: Ein Pavianmännchen rennt plötzlich auf uns zu – ohne Furcht. Als es schon ganz nahe ist, sehe ich, dass Kerstin einen Apfel in der Hand hält, das ist also der Grund. Da gibt's nur eines: Weg mit der Frucht! Panisch wirft Kerstin den Apfel weg. Der Pavian fängt ihn geschickt, setzt sich zufrieden auf ein Autodach und verschlingt das Obst.
Die kommenden Tage stehen ganz unter dem Motto: Wein, Weib und Gesang. Wir fahren in den berühmtesten Weinort Südafrikas – Stellenbosch, gefolgt von Paarl und Franschhoek. Peter chauffiert Kerstin und mich von Weingut zu Weingut. Zuerst Nederburg, Laborie und schließlich Fairview, wo wir eine Kellerbesichtigung und Käseverkostung machen. Herrlich! Dazwischen wird geplaudert, was das Zeug hält. Von zu Hause, der Welt, dem Leben. Es ist wirklich schön und es ist schön, Freunde zu haben! Die Zeit vergeht viel zu schnell, nach dem Bontebok Nationalpark und dem Cape Agulhas müssen wir schon wieder nach Kapstadt zurück und uns von unserer Freundin verabschieden. Wann werden wir sie wiedersehen?

Wir sind ziemlich erledigt. Nicht nur vom zeitigen Aufstehen, sondern auch vom gestaffelten Programm der letzten 1 ½ Wochen. Ein bisschen Ruhe wird uns gut tun. Der Campingplatz in Fish Hoek eignet sich hervorragend dafür. Doch mit der Beschaulichkeit ist es am nächsten Tag schon vorbei. Steffi und Stefan, die Wiener, mit denen wir in Libyen unterwegs waren, sind da! Sie waren in der Zwischenzeit sechs Monate in Österreich, haben ihren Lkw in Nairobi stehen gelassen und sind nun am Ende ihrer Reise angelangt. Den ganzen Abend und die ganze Nacht wird getratscht, gegessen, getrunken, gesungen und getanzt. Um sechs Uhr in der Früh fallen wir in die Betten. Es ist bereits April als wir uns von Steffi und Stefan verabschieden und Kurs Richtung Norden nehmen. Wir sind also auf dem Heimweg!
Südafrika ist wie Urlaub, es ist überhaupt nicht Afrika für uns. Einerseits genießen wir es sehr – die Einladungen, den Standard, das Angebot, andererseits fehlt uns etwas. Das, was Afrika für uns speziell macht, der Kontakt mit allen Einheimischen, kein Konsumrausch, keine Verbotstafeln, schlechte Pisten, einfaches Essen, das Urtümliche, manchmal auch das etwas Schwierige oder Komplizierte für Reisende. Ich muss gestehen, dass mir die Nationalparks und der Nordosten von Südafrika am besten gefallen haben. Im afrikanischen Land des Überflusses sitze ich im August, vor mir ein Glas Amarula mit Eis, Milka Schokolade, der Bauch voll, angenehm warm und dennoch fehlt etwas: Afrika … Ich hoffe, ich finde es bald wieder.

Marieke und Floris haben uns per E-Mail kontaktiert und beschlossen nach Westafrika zu reisen – mit uns. Der Termin passt ganz gut, etwa Mitte Juni nach Angola. Es wird sich zeigen, ob wir gut miteinander auskommen. Ich denke durch Angola und die Kongos werden wir auf alle Fälle gemeinsam fahren. Meine und auch Mariekes Mutter werden froh über unseren Beschluss sein. Im nächsten Brief werde ich Mama unsere Reisepläne mitteilen. Peter und ich sprechen relativ oft davon, was wir machen werden, wenn wir wieder zurück in Österreich sind. Es gibt so viele Optionen, so viele Dinge, die wir machen wollen. Plan A: Nur das Notwendigste am Teich erledigen und dann ab in die Berge für unbestimmte Zeit – wenn noch genügend Geld vorhanden ist. Was noch? Nun, da wären: Das Campingplatzprojekt, eine Farm am Teich mit Strohhaus oder Hausboot, Turnsaal und Massageraum. Wandern mit Packpferden/Eseln oder doch eine Saison auf einer Alm oder Käserei? Oder für das britische Reiseunternehmen Dragoman nach Südamerika? Und dann sind da noch unsere Diavorträge, an denen wir schon arbeiten UND August der Reisewagen und …

Die Landschaft wird immer karger. Wir fahren durch das Namaqualand, nur leider zur falschen Jahreszeit. Denn erst im Juli und August ist hier überall ein Blumenmeer. Schade! Wir schlafen in Springbok, der letzten größeren Stadt in Südafrika. Schon morgen werden wir in Namibia sein.

Teil 2
August der Reisewagen in Westafrika

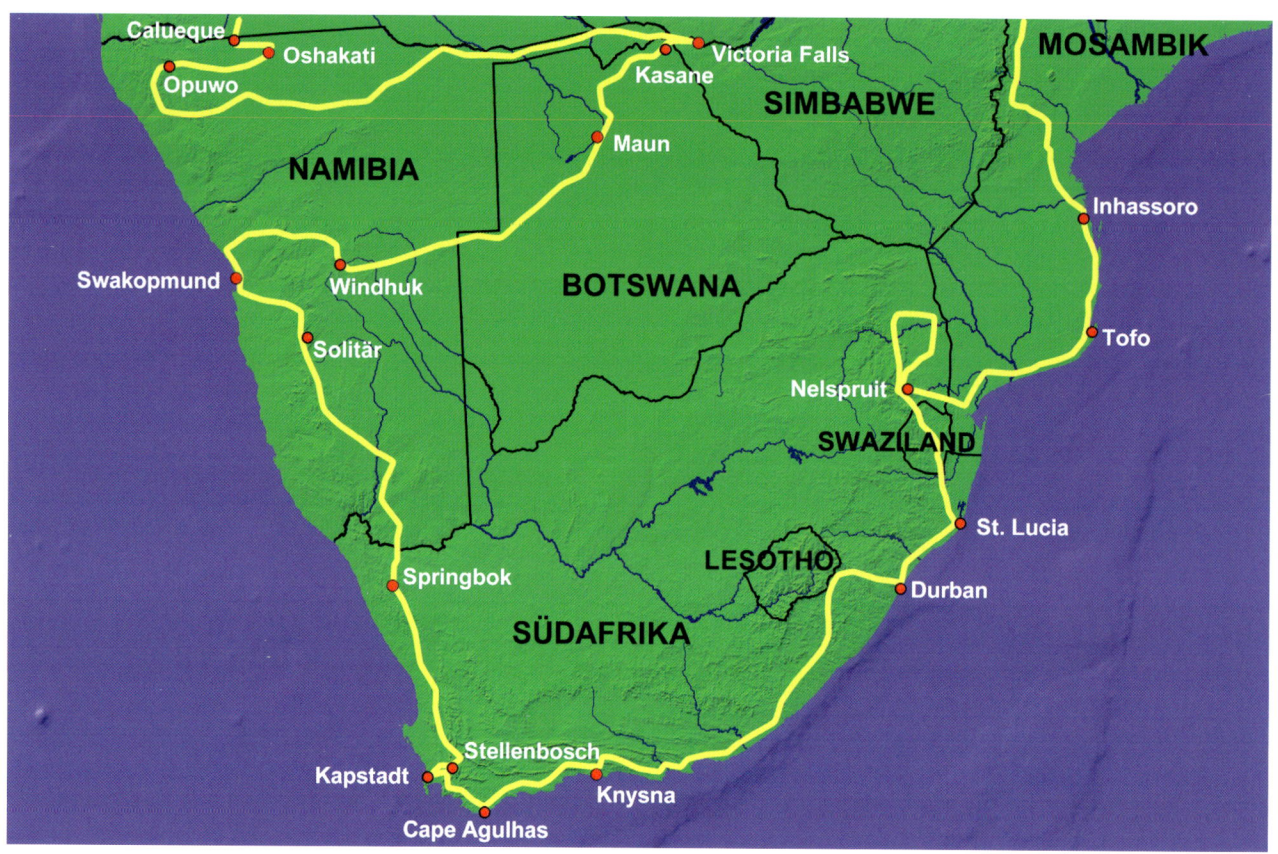

Namibia – Herzoperation

In Namibia hat uns die Hitze wieder. Die Grenze zu Südafrika bildet der Oranje Fluss. Er ist nicht einmal einen Meter tief, das wissen wir, denn wir waten oft hinein, um uns abzukühlen. Wir bleiben in einem netten kleinen Camp, Peter möchte das neue, große Fenster in unserer Schlafbox montieren. Jetzt kann endlich mehr Luft herein und es zieht besser durch. Weiter geht's in den Fish River Canyon. Die Landschaft ist sehr karg, aber dennoch schön. Diese Gegend ist kaum besiedelt, das meiste Land ist jedoch eingezäunt, das macht das Nächtigen nicht unbedingt einfach, wenn man nicht direkt neben der Straße campieren möchte. Wir schlagen deshalb eine kaum befahrene Piste ein. Schon nach wenigen Kilometern gefällt es uns so gut, dass wir gleich stehen bleiben. Außer Hunderten von armed crickets (Grillen mit gezacktem Rückenpanzer) und ein paar Schafen sehen wir an diesem Nachmittag nichts. Die Grillen sind einfach überall, auf der Piste, auf den Gräsern und Büschen und am August. Als wir draußen zu essen beginnen, klettern sie an Tisch-, Sessel- und Hosenbeinen empor und krabbeln schnurstracks auf unsere Teller zu. Ich mag sie, sie sehen einfach toll aus. Erst als mich eine von ihnen in den Finger zwickt, mag ich sie nicht mehr. Als wir weiterfahren, lässt es sich nicht vermeiden, dass wir einige von den Grillen überfahren. Es tut mir leid, aber es geht wirklich nicht anders, es sind Tausende auf der Piste. Ich entdecke, dass sie sich gegenseitig auffressen, wenn sie verletzt oder tot sind. Die Natur ist schon grausam!

Die Landschaft ist weiterhin bezaubernd. In diesem Jahr hat es unwahrscheinlich viel geregnet. Dadurch ist jetzt alles sanft grün. Das Gras steht über einen Meter hoch. Auf einer satten Wiese entdecken wir eine riesige Oryxherde, wunderschöne, anmutige Tiere. Wir fahren mehr oder weniger zwischen den Tirasbergen und den ersten roten Dünen der Namibwüste. Rund um uns ist wieder alles eingezäunt, das meiste Land gehört privaten Farmern, die meistens auch ein Gästehaus für Touristen haben. Tagelang treffen wir keine Menschenseele, man kann die Weite und die Einsamkeit so richtig genießen. Kontakt zu den Einheimischen hatten wir bisher überhaupt keinen, wir reisen anonym. Während August den ganzen Tag über einsame Pisten rollt, geht ziemlich viel in meinem Kopf vor. Ich denke an die Zukunft und die Vergangenheit, ich denke an Mögliches und sehr Unkonkretes, spinne Gedanken. Herausgerissen werde ich nur durch Peter oder besondere Landschaften. Je öder oder eintöniger der Landstrich, umso intensiver sind meine Gedanken. Leider kann ich während der Fahrt nichts notieren, da August auf den Pisten stark durchgerüttelt wird und so bleibt mir nur, mich daran zu erinnern. Dabei vergesse ich immer mehr …

Als wir mehr Touristen begegnen, wissen wir, dass es nicht mehr weit ist zum Sossousvlei. Es ist Teil der riesigen Namib-Wüste und bekannt für schöne Sanddünen und Salzpfannen. Der Eintritt in den Nationalpark kostet uns Euro 15. Aber der Campingplatz innerhalb des äußeren Tores schlägt mit Euro 50 zu Buche. Wir beißen in den sauren Apfel, denn wir möchten das tolle Licht zum Fotografieren abends nutzen, was nur möglich ist, wenn man auf genau diesem Campingplatz nächtigt, da man länger bleiben darf. Vom Camp fahren wir die 65 Kilometer bis zum letzten Parkplatz und halten dort Siesta, da es in der Mittagshitze zu heiß ist, um auf die Dünen zu klettern.

Später erklimmen wir einen der umstehenden Sandberge. Es ist traumhaft schön! Wir erblicken Salzpfannen, unendlich viele Dünen und Gebirgszüge. Lange bleiben wir dort oben, sinnieren, genießen einfach und übersehen dabei die Zeit. Erst als die Sonne schon deutlich zu sinken beginnt, merken wir, dass wir uns beeilen müssen. Wir wollen ja auch noch ins sogenannte dead vlei, eine Salzpfanne mit anscheinend toten Bäumen und dort den Sonnenuntergang erleben und fotografieren. Huch! Es ist weiter als wir dachten. Im Laufschritt quer über die Sandberge erreichen wir gerade noch rechtzeitig die Salzpfanne. Noch ganz außer Atem beginne ich Bilder zu machen. Als Peter kommt übergebe ich ihm die Kamera. Es ist gewaltig hier. Schade, dass wir nicht mehr Zeit haben. Peter bekommt von der Stimmung nichts mit, er fotografiert wie ein Verrückter. Danach eilen wir zurück zum Lkw, fahren auf einer Sandpiste bis zum Beginn der Asphaltstraße, wo wir Luft in die Reifen pumpen müssen. Das dauert aber mindestens 40 Minuten und inzwischen ist es dunkel. Das innere Tor schließt um 19 Uhr, das schaffen wir ohnehin nicht. Wir bitten französische Touristen am Tor Bescheid zu sagen, dass wir Probleme mit den Reifen hätten und wir dadurch erst später zurückkommen würden. Alles klar. Erst um 19:45 Uhr sind wir am Tor. Alles ist ruhig und finster. Die zuständige Dame erscheint etwas übel gelaunt im Pyjama. Wir erklären also, dass wir eine Reifenpanne hatten, worauf sie den kaputten Reifen sehen will. Peter sagt, dass das Ventil kaputt gegangen wäre, auch das möchte sie als Beweis sehen. Peter verbiegt schnell ein neues Ventil und sie zeigt sich zufrieden. Auf die Frage, ob die Franzosen ihr denn nichts ausgerichtet hätten, zeigt sie nur mit dem Finger und finsterer Miene hinter ihr Wärterhäuschen. Schemenhaft können wir dort die Konturen des Landrovers ausmachen. Das französische Paar wollte den Schranken umgehen und still und heimlich eine Abkürzung zum Campingplatz nehmen. Leider sahen die beiden den Zaun nicht, der um den Platz gespannt ist. Mit ihrem schönen Fahrzeug durchbrachen sie den Zaun und blieben schließlich im Sand stecken. Dort stehen sie immer noch. Wir dürfen nun endlich passieren.

In Solitär bestehe ich auf einen Pflichtstop. Bereits vor Tagen habe ich im Reiseführer gelesen, dass es im Café bei der Tankstelle den besten Apfelkuchen der Welt geben soll. Mmmh, der Kuchen ist echt ein Gedicht! Obwohl es schon spät ist, beschließen wir heute bis Walvis Bay zu fahren. Verkehr gibt es auf den Pisten so gut wie keinen. Es ist sehr hügelig hier, sieht aus wie in der Buckligen Welt. Die Strecke führt durch den Namib-Naukluft-Park, möchte man abseits der Hauptpiste fahren, braucht man eine Genehmigung. Je näher wir an die Küste kommen, umso kühler wird es. Am Meer angelangt, fröstelt es uns sogar im Pullover. In Walvis Bay finden wir keinen Campingplatz und da es auch nicht besonders einladend aussieht, fahren wir weiter.

Ein Nebelstreifen erstreckt sich entlang der ganzen Küste. Er hält sich den ganzen Tag über, so dass es wirklich kühl ist in Swakopmund – dem Deutschland außerhalb Deutschlands! Wir fühlen uns gar nicht wohl. Unmengen deutscher Touristen und Souvenirläden. Alles ist sauber und ordentlich. Am Abend gehen wir sogar in ein deutsches Restaurant essen: Schweinemedaillons mit Kroketten und Rotkraut für mich und ein Cordon Bleu vom Schwein mit Pommes für Peter. Rund um uns deutsche Rentner, die – so wie zu Hause – ihren Sauerbraten und Klöße verdrücken.

Nachdem wir unsere Einkäufe erledigt haben, hält uns nichts mehr in Swakopmund. Wir brechen auf nach Cape Cross zu den Ohrenrobben. Die Piste dorthin ist aus Salz und gut zu befahren, wenn es trocken ist. Es ist trüb und kühl und der Atlantik riecht so richtig nach Meer. Wir sind begeistert als wir die Robben-kolonie erblicken! Bis zu 80.000 Tiere sollen hier leben! Man warnte uns vor dem penetranten Geruch, aber wir empfinden es nicht so schlimm. Es herrscht dauernd Bewegung und Lärm, da die Mütter ihre Kälber nur am Rufen erkennen und umgekehrt. Jetzt im April sind die Jungen etwa drei bis vier Monate alt. Jedes Jahr gegen Ende Oktober treffen hier zuerst die Bullen ein, die sich – oft auch in tödlichen Kämpfen – um die besten Plätze streiten. Wenn ein paar Wochen später die hochträchtigen Weibchen eintreffen, sind die Territorien festgelegt. Der Harem der stärksten Bullen kann bis zu 80 Weibchen fas-sen. Kurz nach ihrer Ankunft bringen die Kühe die Jungen zur Welt und bereits eine Woche später paaren sie sich erneut. Zu diesem Zeitpunkt sind die Bullen am aggressivsten. Aber auch jetzt kommen sie uns teilweise sehr kampfwütig vor. Es geht um das Territorium und um den Harem. Die Kälber verhalten sich auch schon so. Es sind so viele Robben, man weiß gar nicht, wo man zuerst hinsehen soll. Bei einem kleinen Spaziergang entdecke ich Schakale, die absolut nicht scheu sind! Wenn man sich genauer umsieht, erblickt man überall Skelett- oder Fellreste von Robben. Die sind den Schakalen zum Opfer gefallen. Die Campingplätze hier sind zwar teuer, aber es gibt keine Alternative, da der Sand sehr weich ist und wir uns wahrscheinlich eingraben würden. Die Entscheidung fällt auf Jakkalsputz.

Sobald man landeinwärts fährt, wird es wärmer. Der Dunststreifen beschränkt sich nur auf einen Kilo-meter Breite. Nach einer halben Stunde schwitzen wir schon wieder. Auf einer Nebenpiste fahren wir vorbei an den Bergen der Spitzkoppe. Heute wollen wir auf einer Gästefarm nächtigen. Auf der Ameib Farm gibt es markierte Wanderwege, spektakuläre Felsformationen und Felsmalereien der San-Buschleute. Am Nachmittag wandern wir zu den Höhlenmalereien, die noch relativ gut erhalten sind. Auf dem Rück-weg stoßen wir auf eine Kuduherde, ein wunderschönes Chamäleon, das unglaublich schnell die Farbe wechselt und als Draufgabe noch eine große Herde Giraffen! Weiters gibt es auf der Farm zwei Eselzebras: Die Mutter ist Esel, der Vater Zebra (lässt sich im Übrigen streicheln). Die Nachkommen haben geringelte Beine, sehen aber sonst aus wie ein Esel. Die einzigen Tiere, auf die ich verzichten könnte, sind die Gelsen. Nicht nur wegen des Treffens mit Marieke und Floris müssen wir nach Windhuk, sondern vor allem wegen August. Er ist schwer herzkrank. Wir stehen in der Werkstatt von Chamäleon Backpacker. Wir haben riesiges Glück. Demnächst hätte August wahrscheinlich einen Motorschaden gehabt! Da der Motor seit Südtansania sehr viel Öl verbraucht hat, herrscht akuter Handlungsbedarf.

Die Firma Zibo überholt den Zylinderkopf und stellt kaputte Düsen und Ventile fest. Peter baut neue Kolben und Lager in den Motor ein und baut alles zusammen. Jeden Tag, und das zwei Wochen lang, ist er mit Reparatur- und Servicearbeiten am Lkw beschäftigt. Bei der Firma MB Spares verkauft uns deutschstämmiges Personal original deutsche Ersatzteile zu einem Bruchteil des Preises von Europa. Viele Ersatzteile werden eingekauft und in unserem Lkw verstaut. Der weitgereiste Chef von MB Spares findet noch ein gebrauchtes vorderes Differential im Lager, das er uns billig verkauft. Da er in den 70er Jahren selbst mit einem VW-Bus von Südafrika nach Pakistan gefahren ist, hat er Verständnis für unsere Lage. Aber auch er würde eine Afrikareise mit keinem anderen Fahrzeug als einem Mercedes 1113 machen.

Mit den Niederländern Marieke und Floris verabreden wir uns gegen Ende Mai im Norden von Namibia. Bis dahin haben wir noch fünf Wochen, nicht allzu viel, wenn man bedenkt, dass wir auch noch nach Botswana wollen und August momentan eine Immobilie ist.

Während Peter fleißig repariert, kümmere ich mich um unsere Visa. Zuerst brauchen wir das angolanische. Adrett gekleidet gehe ich auf die Botschaft, die zuständige Beamtin ist launisch. Mit dem süßesten Lächeln trage ich mein Anliegen vor. Abgeblitzt! Sie erklärt mir, dass nur Namibier das Visum hier bekämen, alle anderen Staatsbürger müssen es im jeweiligen Heimatland beantragen. Aber ich kenne Niederländer, die haben es vorige Woche bekommen … Sie hört mir schon gar nicht mehr zu. Etwas deprimiert verlasse ich die Botschaft. Aber was soll's, ein neuer Tag, ein neues Glück. Am nächsten Morgen bin ich wieder dort und beantrage das Visa. Erst nach einer Weile fragt mich die gleiche Beamtin, ob ich nicht gestern schon mal hier gewesen sei. Ich nicke. Heute hat sie einen besseren Tag, denn ich bekomme zwei Antragsformulare ausgehändigt, die ich am kommenden Tag abgeben könne. Das mache ich auch. Am vierten Tag komme ich wieder auf die Botschaft, die „sympathische" Dame gibt mir unsere Formulare zurück und sagt, dass wir keine Visa bekämen. Verdammt nochmal! Zerknirscht gehe ich zurück zu Peter, doch der hat gerade andere Sorgen.

Ich nehme die Landkarte zur Hand und überlege eine Alternativroute nach Norden. Die einzige Möglichkeit wäre durch Sambia in die Demokratische Republik Kongo einzureisen, doch die Provinz Katanga im Kongo gilt als unsicher. Dort ist Hauptabbaugebiet von Edelmetallen und Diamanten und genau dort müssten wir durch. Wir brauchen unbedingt das Visum für Angola! Erneut gehe ich auf die Botschaft und wieder ist es die gleiche Beamtin, die auf mich wartet. Ich bitte um einen Termin beim Botschafter. Abgelehnt. Doch ich kann ihr die ausgefüllten Anträge erneut geben, sie wird den Botschafter persönlich befragen. Morgen solle ich wiederkommen. Ich freue mich so, dass ich sogleich im Supermarkt eine große Schachtel Bonbonniere kaufe, die möchte ich der Dame als Dank für die Bemühungen schenken.

Sechster Tag auf der Botschaft. Ich bin etwas angespannt. Die Beamtin gibt mir mit finsterer Miene die Formulare. Nein, das darf doch wohl nicht wahr sein! Doch der Herr Botschafter ist uns gut gesinnt, ich solle nun das Geld in die Formulare legen, herrscht sie mich an. Innerlich mache ich einen Freudensprung. Preisliste hängt keine aus, von Marieke und Floris wissen wir, dass sie Euro 60 bezahlt haben. Für uns kostet es Euro 80. Warum? Keine Ahnung. Vielleicht ist das Schmiergeld schon einberechnet. Aufgrund dessen, wie mich die Beamtin behandelt, lasse ich die Schachtel Bonbonniere in meiner Tasche. Tata! Zwei Tage später, das ist bereits mein achter Tag auf der Botschaft, halte ich unsere Pässe mit dem 30-tägigen Visum für Angola in meiner Hand. Ich könnte Berge versetzen! Doch anstatt dessen verlasse ich die Botschaft und mache mich gleich über die Bonbonniere her. Mmmh, einfach köstlich. Ich finde, die habe ich mir wirklich verdient!

Die Visa für die Demokratische Republik Kongo (DRC) bekommen wir innerhalb von zwei Tagen. Ohne Schmiergeld geht es hier nicht, aber man kann verhandeln: Euro 60 und noch einmal Euro 20 extra. Am Einfachsten klappt es auf der kongolesischen Botschaft. Das Visum kostet ebenfalls Euro 60, allerdings brauchen wir ein Express Visum, da aufgrund von Feiertagen die Botschaft fünf Tage geschlossen hat und wir nicht so lange in Windhuk bleiben wollen. Die Angestellten beider Botschaften sind äußerst nett, ich bemühe mich aber auch sehr und hole mein bestes Französisch aus dem Gedächtnis. Also, wenn nur ein Bruchteil der Kongolesen so charmant ist, wie die Botschaftsangestellten, wird unser Aufenthalt dort ein Wahnsinn.

Doch zuerst muss August gesund werden. Es sieht aber schon sehr gut aus, Peter kauft schon viele Ersatzteile, die wir wahrscheinlich ab Angola nicht mehr bekommen oder zumindest nicht so billig.

Windhuk ist eine Kleinstadt, sehr deutsch, sehr sauber. Zu kaufen bekommt man alles hier. Während des Tages kann man sich uneingeschränkt bewegen. Sobald es dunkel wird, ist es zu gefährlich. Dann sollte man nur mehr mit dem Taxi von A nach B fahren. Viele Menschen gehen abends nur mehr bewaffnet aus dem Haus. Wir sind froh, unsere Räder mitzuhaben, denn wir haben viel zu erledigen und das geht mit dem Rad einfach besser und schneller. Und sei es auch nur, um ein Oryxfilet vom Superspar zu holen, zu dem abends Rotkraut und Rosmarinerdäpfel serviert werden! Die Werkstatt, wo wir parken, ist zum Arbeiten echt super. Am Wochenende bekommen wir beim Einschlafen aber beinahe Herzrhythmusstörungen. Nebenan ist gleich ein Nachtklub … Doch wir können abends lesen – bei eingeschaltetem Licht, es gibt keine Gelsen. Das genießen wir sehr. Kulinarisch gesehen sind wir im Schlaraffenland. Ich radle viel zu oft zum Supermarkt. Ein Wahnsinn. Wir geben viel zu viel Geld fürs Essen aus, es ist einfach unwiderstehlich und im Vergleich zu Österreich trotzdem noch billig. Ich denke, wir haben beide schon ein paar Kilo zugelegt.

Es ist bereits Anfang Mai als wir unsere Probefahrt mit August antreten. Ich halte fest die Daumen, dass alles in Ordnung ist, denn wir haben einen Termindruck. In etwa drei Wochen sollen wir uns schon mit den Niederländern in Nordnamibia treffen und Ende Juni müssen wir bereits aus Angola wieder ausgereist sein. August läuft zu unserer Zufriedenheit. Hurra! Super Peter! Auf geht's nach Botswana! Am Nachmittag erreichen wir die Grenze. Die Ausreise ist äußerst einfach und auch amüsant, denn es ist gerade eine Gruppe besoffener, schwarzer Namibier eingetroffen, die in der Einwanderungsbehörde singen, grölen und lachen. Da wir in Namibia viel eingekauft haben, möchten wir die Steuer zurückerstattet haben. Das Formular liegt auf, aber die gute Frau ist zu faul, es auszufüllen und unsere Waren zu kontrollieren. Dabei haben wir uns so große Mühe bei der Verpackung gegeben. Peter füllt den Antrag selbst aus und wirft ihn in das entsprechende Kästchen. Hoffentlich wird es auch bearbeitet!

Botswana – Im Paradies der Tiere

In Botswana angekommen, fühlen wir uns wieder wie in Afrika! In der ersten Nacht gleich ein tolles Buschcamp. Super! Nach einer angenehm kühlen Nacht starten wir zeitig in der Früh. Das Land ist flach, die Temperaturen steigen schnell. In Botswana gibt es die meisten wilden Esel auf der Welt, das können wir bestätigen, denn ganze Landstriche sind von diesen Tieren übersät. Am späten Nachmittag kommen wir in Maun an. Ein lebhafter Ort, der total auf Touristen ausgerichtet ist. Auf dem Weg zum Audi Camp kommen wir an einem alten Landrover mit namibischen Kennzeichen, aber österreichischen Flaggen an den Türen vorbei. Wir bleiben stehen und lernen Gabi und Erhart aus Salzburg kennen, die anfangs sehr reserviert sind. Aus diesem ersten Treffen soll sich noch eine gute Freundschaft entwickeln.

Das Okawango-Delta. Schon allein der Name klingt für uns bezaubernd. Es war ein Kindheitstraum, einmal im Leben dorthin zu reisen. Was schafft einen besseren Ein- und Überblick als ein Rundflug? Am Flughafen in Maun chartern wir gemeinsam mit drei Südafrikanern eine Maschine und starten zu einem einstündigen Flug. Es ist absolut faszinierend und atemberaubend. Erst von der Vogelperspektive bekommt man eine Vorstellung davon, wie groß das Delta ist. Die Wasserwege suchen sich jedes Jahr einen anderen Lauf. Wir entdecken Elefantenherden, Flusspferde, Giraffen, Büffel, Antilopen und unzählige Vögel. Wir sind begeistert! Genauso haben wir es uns vorgestellt und wahrscheinlich auch schon in einer Doku gesehen. Die Stunde vergeht natürlich viel zu schnell, dafür halten das Lächeln auf unseren Gesichtern und der Glanz in den Augen länger an. Es war wirklich ein überwältigendes Erlebnis.

Wir campen im Old Bridge Backpacker, das sehr schön an einem Fluss gelegen ist und von einem netten botswanisch-englischem Paar geführt wird. Der krönende Abschluss dieses wunderbaren Tages ist die Einladung zur Bootsfahrt zum Sonnenuntergang. Wir genießen mit allen Sinnen, es ist zum Schreien schön! Auch der Sundowner, ein Savannah Dry, schmeckt hervorragend.

Im Nationalparkbüro in Maun organisieren wir unseren Aufenthalt für Moremi und Chobe. Das Buchungssystem ist äußerst merkwürdig, denn fast alle Campingplätze sind ausgebucht. Viele Touristen reservieren und kommen dann nicht oder nächtigen in einem anderen Camp. Genau das machen wir auch. Außerdem findet sich immer ein Platz. Im Supermarkt und Getränkeladen stocken wir nochmals auf und fahren dann Richtung Nationalparks. Die Gebühren für schwere Fahrzeuge in den Parks in Botswana sind enorm, Euro 130 pro Tag. Also machen wir unseren August ein bisschen leichter, d.h. unter 3,5 Tonnen. Wir sind schon etwas nervös, ob uns der Eintritt problemlos gelingt. Nach einem überzeugenden Gespräch mit dem Personal zahlen wir für unseren 3,5-Tonner Pula 50 pro Tag, was ungefähr Euro 5 entspricht. Ein Tag im Nationalpark kostet uns mit Nächtigung somit Euro 35.

Wir erkundigen uns noch, ob alle Wege befahrbar sind bevor wir losstarten. Die Pisten sind sehr sandig, aber kein Problem für Peter und August. Der Moremi-Park gehört uns fast allein. Kein Mensch weit und breit. Da die Regenzeit heuer sehr intensiv ausgefallen ist, steht auf vielen Ebenen noch das Wasser – ein Paradies für Vögel! Es wird zunehmend heißer, wir beschließen, bei einem Wasserloch Pause zu machen. Mit etwas Geduld können wir Flusspferde, Warzenschweine und Antilopen beobachten, abgesehen von den vielen Vogelarten. Als wir weiterfahren, sehen wir nun doch andere Reisende, es sind Gabi und Erhard, die Salzburger. Wir nutzen das Treffen zu einer weiteren Pause, stellen uns in den Schatten der Fahrzeuge und unterhalten uns prächtig. Im Hintergrund grasen Zebras, die keinen sehr scheuen Eindruck machen. Wir verabreden uns mit den beiden am Abend im 3rd Bridge Camp.

Wir sehen nicht allzu viele Tiere, da es genug Wasserstellen im Park gibt, sind aber von der Landschaft und Stimmung sehr angetan. Einige Stunden später treffen wir wieder auf die Salzburger und schlagen gemeinsam den Weg zum Camp ein. Die Vegetation ist relativ dicht, manche Bäume und Büsche bilden fast einen Tunnel. Für den Landrover von Gabi und Erhard, der vor uns fährt, kein Problem. Gabi kommt uns entgegen gelaufen und möchte uns vor der Strecke warnen. Zu spät, wir sind schon unterwegs. Äste, Zweige und Blätter werden von August einfach mitgerissen, es ist fast wie ein Blindflug. Es knackt, quietscht und raschelt. Doch stehen bleiben können wir nicht, denn dann würden wir uns im Sand eingraben. Wie durch ein Wunder bleibt August unversehrt. Nur die Fenster am Aufbau sind total zerkratzt. Gabi ist gerade noch rechtzeitig zur Seite gesprungen und kann es nicht fassen. „Das gibt es ja nicht, ihr seid ja verrückt!", ruft sie und beginnt laut zu lachen. Die Campingplätze in den Nationalparks in Botswana sind einzigartig, da sie nicht eingezäunt sind, man hat also Hautkontakt mit der Natur und den Tieren. Dessen muss man sich bewusst sein. Unser Schlafplatz ist unter einem riesigen Wurstbaum. Die afrikanische Nacht ist herrlich. Wir wärmen uns am Lagerfeuer und lauschen den Tieren. Dank den Salzburgern können wir nun einige Tierlaute identifizieren. Wir verstehen uns ausgesprochen gut mit Gabi und Erhard und beschließen deshalb, die nächsten Tage gemeinsam zu verbringen. Gleich in der Früh müssen wir über die sogenannte 3rd bridge, die für unseren Lkw ein bisschen zu filigran aussieht, aber schlussendlich kein Problem darstellt. Wir wiegen offiziell auch nur knappe 3,5 Tonnen!

Es ist schwierig Tiere zu sichten, doch auch das hat seinen Reiz. Durch die Salzburger lernen wir sehr viel, sie haben schon fast 20 Jahre Afrika Erfahrung. Ohne sie wären wir vorsichtiger, um nicht zu sagen, feiger gewesen und hätten vieles nicht deuten können. Abends im Camp besuchen uns ein Elefant und Springhasen und später hören wir Hyänen, Löwen und sogar einen Leoparden sägen. Es ist so aufregend!

Zwischen den zwei Nationalparks liegt der Kwai Fluss. Dort sehen wir mehr Tiere als die Tage zuvor: Elefanten, Flusspferde, Wasserböcke, Seeadler, Störche, Antilopen usw. Dank Erhard fahren wir auch auf überfluteten Pisten, die er vorher mit einem Stock abgegangen ist. „Leider" müssen wir an diesem Tag buschcampen, da beim Landrover vorne eine Feder gebrochen ist. Wir parken unweit der Hauptpiste.

Ich setze mich aufs Dach von unserem Fahrzeug. Eine Elefantenfamilie zieht gemächlich vorbei, die Vögel zwitschern aus voller Kehle und die Sonne versinkt langsam als orangeroter Ball hinter den Bäumen. Es ist wunderschön! Nach vollendeter Reparatur fahren wir wieder an den Kwai Fluss. Wir finden ein Plätzchen unter einem großen Baum, genießen den Ausblick auf die Tiere und die Jause am Dach des Lkw. Schon bald kommt ein Safarifahrzeug mit Gästen und klärt uns darüber auf, dass wir hier nicht stehen dürfen, ohne zu bezahlen. Wir haben natürlich davon gehört, offiziell wissen wir aber nichts und entschuldigen uns mehrmals. Darüber hinaus wurden wir gestern gesehen, als wir wild campierten und da wurde schon ein Auge zugedrückt. Also gut, wir fahren sofort weiter. Wir brauchen sowieso Feuerholz für das abendliche Lagerfeuer und müssen gar nicht lange suchen. Die Fahrzeuge werden geparkt und die knorrigen Äste auf Augusts Dach geladen. Doch wir möchten gerne noch dickere Äste. Kein Problem. Peter und Erhard machen sich auf den Weg. Gabi ruft ihnen noch nach, dass sie zumindest einen Stock mitnehmen sollen, wegen der Tiere … Und schon sind sie verschwunden. Wir halten in der Zwischenzeit am Dach Ausschau nach Vögeln und unseren Männern. Langsam werde ich unruhig, sie sind schon ziemlich lange fort. Gabi sieht das alles lockerer als ich, es dürfte nicht das erste Mal sein, dass Erhard im Busch verschwindet. Nach 1 ½ Stunden schlendern die beiden gemütlich daher, von der entgegengesetzten Richtung mit ein paar großen Holzstücken auf den Armen.

Noch bevor wir den Chobe Nationalpark erreichen, entdecke ich neben einem Wasserloch Löwen! Zwei Löwinnen und vier Junge. Wir können mit unserem Lkw ganz knapp heranfahren und beobachten. Es ist schon aufregend! Ein paar Meter weiter entdecken wir die Beute, das heißt wir riechen sie vorher: Eine Giraffe. Leider ist das Gestrüpp so dicht, dass wir die anderen Löwen nicht sehen können.

Die Piste im Chobe Park ist sehr sandig, wir treffen den ganzen Tag kein anderes Fahrzeug, doch im Savuti Camp ist abends mehr los. Während ich einen Elefanten im Camp bewundere, haben Peter, Gabi und Erhard das Glück, einen Leoparden in der Nähe der Fahrzeuge zu sichten. Peter schießt ein Foto, doch alles, was er erwischt, ist das Schwanzende. Erhard und Peter sind sich einig, sie wollen nicht dem Leoparden nachgehen, sondern ihm den Weg abschneiden. Und schon sind sie in der Dämmerung weg. Sie haben ihn nicht mehr gesehen. Pech oder doch Glück? Das gibt wieder Gesprächsstoff! Seit diesem Erlebnis fragt mich Peter fast täglich: „Have you seen the Big Five?" Das sind das Nashorn, der Büffel, der Löwe, der Elefant und natürlich der Leopard. Das größte Ziel von vielen Touristen ist es, zumindest einmal im Urlaub diese Tiere zu sichten. Noch bevor ich ihm eine Antwort geben kann, bekomme ich von Peter zu hören: „Oh no, you are missing the leopard!" Bin schon gespannt, wie lange er mich noch darauf aufmerksam machen wird.

Kasane liegt im Vierländereck Sambia, Simbabwe, Botswana und Namibia. Der Spar-Supermarkt ist hervorragend sortiert und so gibt es abends im Camp Steak mit vielen leckeren Beilagen. Der Tisch ist bereits gedeckt, die gegrillten Steaks liegen auf den Tellern, eine Flasche südafrikanischer Rotwein steht in der Mitte umgeben von Salaten, Reis und Erdäpfeln. Peter kommt frisch geduscht und möchte Platz nehmen. Aufgrund einer Fehlkonstruktion der Tisch-Bank-Kombination kippt der gesamte Tisch auf Peters Seite. Es funktioniert wie bei einem Katapult, das ganze Essen landet auf dem Boden. Und in der Mitte liegt Peter. Das Gelächter ist groß und der Schaden klein. Die Steaks werden nochmals auf den Grill gelegt und der grantige und sprachlose Peter geht sich erneut umziehen. Gut, dass wir noch eine zweite Flasche Wein dabei haben.
So nah an Simbabwe und den Victoriafällen, können wir nicht widerstehen, sie zu besichtigen. Mit

einer organisierten Tour fahren wir ins Nachbarland und verabschieden uns zuvor von den Salzburgern. Obwohl alles sehr touristisch ist, bereuen wir unsere Entscheidung nicht. Die Fälle sind gewaltig! Das muss man einfach gesehen haben. Zum Lunch chauffiert man uns ins beste Haus am Platz, das Victoria Falls Hotel, ein englischer Kolonialbau in bester Lage. Eher hochpreisig, aber an diesem Tag ist es uns egal. Und wieder geht es in den Chobe Nationalpark, diesmal an den Chobe Fluss. Es wimmelt nur so vor Tieren! So viele haben wir noch nie auf einmal gesehen! Ganz egal wo man hinsieht! Hunderte Elefanten, riesige Büffel- und Impalaherden, unzählige Flusspferde, Giraffen, Paviane, Kudus, Krokodile und natürlich Vögel. Wir sind im Paradies der Tiere! Genauso sollten alle Tiere leben, ohne Zäune, ohne Wilderei, nahezu ungestört. Wir können das Erlebte und Gesehene gar nicht in Worte fassen. Am Abend treffen wir dann auch noch Gabi und Erhard im Ihaha Camp.

Ich sitze schon vor Sonnenaufgang draußen und strahle über das ganze Gesicht. Am Ufer grast ein Warzenschwein, eine Pavianherde läuft vorbei, ein Stück weiter steht eine Impalaherde, eine Mangustenfamilie gräbt emsig in der Erde, ein Seeadler schreit und in der Ferne grunzt ein Flusspferd! Und das alles vor dem Frühstück!! Als Peter verschlafen zum Sanitärblock marschiert, steht er plötzlich vor einem Büffel. Das muss der alte Büffelbulle sein, der quasi zum Camp gehört. Zumindest hat man uns das erzählt, auch dass er auf den Namen Joe hört. Was tun? Peter reagiert falsch und möchte wegrennen, doch da steht schon der nächste Büffel! Was nun? Vermutlich sind die Tiere durch Peters Gesichtsausdruck so verstört, dass sie sich zurückziehen. Glück gehabt! Auch die Hose ist noch trocken!

Wir verbringen einen unbeschreiblich schönen, unvergesslichen Tag im Paradies der Tiere. Abends stellen sich wieder bekannte Tierlaute ein. Nur zu schade, dass wir diesmal nicht mehr Zeit haben, aber wir sind uns sicher, dass wir hier nicht zum letzten Mal waren. Mit schwerem Herzen verlassen wir den Chobe Nationalpark und nehmen Kurs auf Namibia, das gleich jenseits des Flusses liegt. Botswana ist mit Sicherheit ein Höhepunkt unserer Reise!

Namibia - Kurzbesuch

Ganze zwei Wochen haben wir für Namibia Zeit. Ich bekomme eine Krise, wenn ich nur die Karte betrachte. Da werde ich wohl auf viel verzichten müssen. Es beginnt schon im Caprivi–Zipfel, wo wir uns mit zwei Tagen begnügen und noch einmal den unzähligen Hippos im Sambesi lauschen.

Lange Fahrtage stehen uns bevor, doch der Asphalt ist gut. Nach 500 Kilometern blicken wir zum ersten Mal hinüber nach Angola, das am anderen Ufer des Okawango liegt. Doch zuvor wollen wir noch in den Etosha-Nationalpark. Die Piste ist gut zu befahren – wie eigentlich alle in Namibia – und landschaftlich reizvoll. Die Salzpfanne ist fast zur Gänze mit Wasser gefüllt, was sehr unüblich ist. Auch hier hat es dieses Jahr extrem viel geregnet. Verglichen mit dem Chobe Nationalpark in Botswana sehen wir hier viel weniger Tiere. Die Landschaft ist sehr flach, dennoch schön. Es gibt hier riesige Springbockherden und immer wieder Gruppen von Giraffen, Zebras und Gnus. Im Unterschied zu den organisierten Reisegruppen, bleiben wir immer relativ lange an einem Wasserloch stehen, denn erst nach geraumer Zeit erkennt man viele Tiere. Und so haben wir das Glück, einen Löwen mit Beute zu entdecken. Viel ist nicht mehr übrig von der Kuhantilope, aber er kaut noch genüsslich. Im Hintergrund steht eine Gruppe von Giraffen und schaut neugierig zu.

Nachdem wir in ganz Afrika noch keine Geparden gesehen haben, beschließen wir, auf einer Farm mit wilden und gezähmten Geparden zu nächtigen – im Otjitotongwe Cheetah Park. Die Farm wird von einer weißen Familie geführt. Ich steige aus, marschiere zum Tor, erkundige mich nach dem Preis und unterhalte mich mit dem Besitzer. Ich bin so in das Gespräch vertieft, dass ich um mich herum nichts registriere. Wer rechnet schon damit, dass rund um das Wohnhaus drei gezähmte Geparden herumlaufen! Ich bin doch etwas erschrocken, als sich der vermeintliche Hund neben dem Farmbesitzer als Gepard herausstellt!

Der Neffe des Hauses zeigt uns die Farm und ihre Tiere. Zuerst die drei zahmen Gepardendamen, die im Garten herum marschieren und sich gerne streicheln lassen. Es ist schon ein komisches Gefühl, wenn sie mit der rauen Zunge über die nackte Schulter schlecken … Nachdem sie gefüttert worden sind, fahren wir am Pick-up in die großen Freigehege zu den wilden Geparden. Es ist schon später Nachmittag, also Fütterungszeit und das wissen die Katzen. Schon nach kurzer Zeit verfolgen drei Tiere den Pick-up, auf dem wir hinten drauf stehen und wo auch das Eselfleisch in Containern gelagert wird. Wir sind gespannt. Allmählich kommen immer mehr Katzen, das Fahrzeug beschleunigt, um etwas Vorsprung zu gewinnen, was aber gar nicht einfach ist, denn die Geparde sind unglaublich schnell, die schnellsten im ganzen Tierreich! Irgendwie bekommen wir ein mulmiges Gefühl, immerhin stehen wir zwischen Unmengen von Eselfleisch und viel-

leicht haben die Katzen diesmal Lust auf anderes Fleisch?! Der Pick-up bremst abrupt, der Fahrer springt mit einer Eisenstange bewaffnet aus und klettert zu uns auf die Ladefläche. Die Fütterung beginnt. In hohem Bogen werden die Fleischstücke einzeln geworfen. Blitzartig reagieren die Geparde, fangen das Fleisch noch in der Luft und sprinten damit weg! Fantastisch!

Als wir zurück bei unserem Lkw sind, steht eine junge Giraffe daneben und schaut uns neugierig an. Die Mutter wurde getötet und sie wurde auf der Farm mit einer Flasche aufgezogen und ist daher total zahm. Ich strecke ihr meine Hand entgegen und da beginnt sie sofort an meinem Daumen zu nuckeln. Das wäre doch einmal etwas anderes für einen Streichelzoo.

Wie verabredet treffen wir im Nordwesten von Namibia Marieke und Floris. Leider nur mehr mit einem Hund. Ihr anderer, Beau, dürfte Gift erwischt haben und ist vor einigen Wochen gestorben. Da wir gemeinsam durch Angola, DRC und Kongo reisen wollen, wird am Abend eine Grobplanung aufgestellt. Ein weiteres niederländisches Paar soll später auch noch zu uns stoßen. Geplante Einreise in Angola ist Anfang Juni. Bis dahin haben wir noch eine Woche. So können wir uns nur einen kleinen Geschmack auf das Kaokoveld holen. Auf dem Weg ins Hoanibtal kommen wir an einer großen Herde Oryx-Antilopen vorbei, die elegant vor uns her galoppieren. Edle Tiere! Die Piste besteht anfangs aus Fesh-Fesh, später aus tiefem Sand, der unseren Dieselverbrauch empor schnalzen lässt. Es ist unglaublich schön hier! Wir sehen sogar Wüstenelefanten, Giraffen, Antilopen und Paviane, an denen Marieke und Floris leider zu schnell vorbeifahren und sie gar nicht bemerken.
Opuwo ist ein komischer, aber sehenswerter Ort. Nicht wegen der Ortschaft selbst, sondern weil hier zwei Welten aufeinanderprallen. Die Infrastruktur ist westlich, aber die meisten Bewohner gehören dem Himba-Stamm an, der sich noch vorwiegend traditionell kleidet, sprich mit nur einem Lendenschurz, und sich die Haut mit ockerfarbenem Fett einreibt. Nun sind eben genau solche Himbafrauen mit ihren Babies am Rücken im westlichen Supermarkt. An der Kasse stehen zudem Frauen vom Stamm der Herrero Schlange und dieses Bild ist absolut schräg! Namibia war von 1884 bis 1915 deutsche Kolonie und hieß während dieser Zeit Deutsch-Südwest-Afrika. Die Missionare fanden die spärliche Kleidung unsittlich und veranlassten, dass sich die Herrerofrauen gemäß der damaligen deutschen Mode kleideten. Das haben die Frauen bis heute beibehalten: Zu ihren bunten, langärmeligen Kleidern mit Puffärmel und weitem Rock tragen sie einen Hut, der an Kuhhörner erinnert.
Am Nachmittag besuchen wir sogar so ein Himbadorf. Wir müssen natürlich Geschenke mitnehmen, bei deren Auswahl uns Elizabeth, unsere Führerin und aus dem Dorf stammend, hilft. Dabei müssen wir sie allerdings etwas bremsen. Wir sind sicher nicht die ersten Reisenden im Dorf. „Zufälligerweise" haben die Frauen schon den selbst gebastelten Schmuck vor ihren Hütten ausgebreitet. Doch interessant ist es für uns auf alle Fälle. Man zeigt uns, wie die Ockerfarbe gewonnen wird, mit der sich die Himbas Haut und Haare färben. Es ist ein guter Schutz gegen die Sonne und Trockenheit, aber auch gleichzeitig ein Schönheitsideal. Die Körperpflege erfolgt mittels Räuchern. Dank des aromatischen Harzes des Omuzumba-Strauches riechen die Himbas äußerst angenehm.

Es ist der letzte Tag im Mai und für uns der letzte Tag in Namibia. In Oshakati treffen wir das zweite niederländische Paar Nicole und Peter. Sie haben vier Jahre in Tansania verbracht, sich nun einen Landcruiser mit Dachzelt gekauft und wollen damit zurück nach Europa fahren. Sie sind ganz nett, aber wir merken sofort, dass sie nicht die richtigen Reisepartner für uns sind. Es herrscht ein ziemlicher Trubel in der Stadt, die schon nahe der angolanischen Grenze liegt. Die Kriminalität hier ist relativ hoch. Ein letztes Mal fallen

wir in einem Supermarkt ein. Wir müssen unbedingt noch südafrikanischen Wein einkaufen, wer
weiß, wo wir den nächsten bekommen werden.
Aus lagertechnischen Gründen entscheiden wir
uns für Fünf-Liter-Kartons. Unser Lieblingswein
ist noch dazu im Angebot und Platz haben wir ja
im Fahrzeug. Peter verstaut die zehn Packungen
problemlos im Bauch vom August. Da Diesel in
Angola viel billiger ist, wählen wir den Haupt-
grenzübergang. Kurz danach soll sich eine Tankstelle befinden. Durch einen Zufall erfahren wir
aber, dass es auf der besagten Tankstelle keinen
Treibstoff gibt. Wenn wir Glück haben, so erhalten wir Diesel in Lubango, erst 500 Kilometer
nach der Grenze. Also füllen wir unsere Tanks
in Namibia und passieren im Dorf Calueque die
Grenze – einfach und schnell.
Angeblich soll es in Angola kaum mehr Minen
geben, aber mir fällt das schwer zu glauben. Wir
werden es ja in Kürze sehen. Meine Mutter macht
sich natürlich Sorgen - das unbekannte Angola.
Da werden uns doch nicht die Neger fressen? Ein
Freund von zu Hause ist anscheinend auch „ganz
gut" informiert, es soll ja so gefährlich sein an der
Skelettküste in Angola …

Angola – Das Land der Affenbrotbäume

An der Grenze stehen nicht mehr als zwei Häuser – die Einreisebehörde und der Zoll – und ein paar kleine Hütten. Wir sind eher ungewohnte Reisende für sie. Die Beamten sind furchtbar nett, wenn auch ein wenig unbeholfen. Bis ins nächste Dorf, Calueque, nehmen wir eine Familie mit. Ich kann ein bisschen Spanisch und das hilft in dem ehemaligen portugiesischen Kolonialstaat fürs erste. Im Dorf selbst herrscht gute Stimmung, eher ruhig und gelassen. Hier können wir auch unsere verbleibenden namibischen Dollar in angolanische Cuanza wechseln. Der Mann, der lässig unter einem Baum herumlungert, zieht ein riesiges Bündel Geldscheine aus der Hosentasche und das in einem so entlegenen Dorf. Wie sich später herausstellt, ist der Kurs fair.

Wir fragen nach dem Weg zur Hauptstraße und ob es hier noch Minen gibt. Nein, nein, sei alles kein Problem. Komisch, jedes Mal wenn wir nach Minen fragen, ist die Antwort, dass es keine mehr gäbe. Das klingt zu einfach und zu unwahrscheinlich. Die Piste ist gut, schon abgetrocknet von der ausgiebigen Regenzeit und nicht stark befahren. Am späten Nachmittag kommen wir durch einen Affenbrotbaumwald. Wir beschließen, hier unter einigen Bäumen zu nächtigen. Hundertprozentig sicher sind wir nicht, ob hier nicht Minen liegen. Aber wir können doch nicht auf der Piste stehen bleiben und so fahren wir etwas angespannt zu den Bäumen. Nichts passiert. Obwohl in der Nähe ein Dorf ist und ein paar Kinder später mit den Tierherden vorbeiziehen, bekommen wir keinen Besuch.

Herrlich ausgeschlafen nach einer kühlen Nacht, fahren wir Richtung Hauptstraße. Wir kommen in wenigen kleinen Dörfern vorbei, wo wir immer auf freundliche Leute stoßen. Es sind einige Flüsse zu queren, die Brücken könnten allerdings besser sein. Oft gibt es eine Alternativroute zur Piste, da diese teilweise noch sehr schlammig ist. Man kann sich vorstellen, wie es hier in der Regenzeit aussieht. Bei Humbe gelangen wir auf die Hauptverkehrsverbindung von Süd nach Nord. Es ist oder vielmehr war eine Asphaltstraße, die mit Schlaglöchern übersät ist und teilweise nur mehr aus Staub und Dreck besteht. Wir bleiben stehen, um Brot zu kaufen. Sofort umringen uns viele neugierige Kinder. Wir sind vom Angebot in der Greißlerei überrascht, viele Produkte kommen natürlich aus Portugal. Die Preise schrecken uns nicht. Nebenan in der Bäckerei kaufen wir sehr gutes portugiesisches Brot. Die Straße bleibt weiterhin schlecht, wir buschcampen bei Chibemba. Es kommen drei ältere Leute vorbei. Traditionell gekleidet, die Frau ist am Oberkörper nackt, und sehr dünn. Sie bleiben verwundert stehen und beobachten uns. Nachdem Marieke raucht, fragen sie nach einer Zigarette, die wir ihnen gerne geben. Danach marschieren sie weiter. Am Morgen sind einige Kinder da, die sich aber nicht nahe zu uns trauen. Sie haben richtig Angst und haben keine Ahnung, wer oder was wir sind. In Angola gibt es kaum Tourismus und in dieser Gegend schon gar nicht. Die Menschen sind zwar neugierig, aber sehr diskret.

Auf der ganzen Strecke nach Lubango gibt es keinen Diesel. Angola hat zwar genug Öl, aber zu wenig Tankwagen, um den Treibstoff in alle Provinzen zu transportieren. Im ganzen Land wird gebaut, vorwiegend Straßen. Die Maschinen und Fahrzeuge, die dafür notwendig sind, verschlingen den gesamten Diesel bevor er weiter nach Süden oder Norden gelangen kann.

Wir erreichen Lubango, das im Hochland auf 1.800 Meter liegt. Hier sehen wir viele kommunistische Gebäude und Monumente, die Stadt ist vom 30-jährigen Bürgerkrieg, der erst 2002 zu Ende ging, verschont geblieben. Es ist eine ziemlich große Stadt, wo wir problemlos Geld wechseln können bzw. mit der Visakarte Bargeld beheben. Wir sind nicht sicher, wie lange unser Visum für Angola gültig ist, auch auf der Grenze konnte man uns keine Auskunft geben. Da wir nicht portugiesisch sprechen, fragen wir die Dame auf der Bank, ob sie uns übersetzen kann. Sie wird auch nicht schlau aus unserem Visum, sagt uns aber, dass es in Lubango eine Einreisebehörde gibt, wo wir nachfragen können. Leider haben wir keinen Stadt-plan und so bietet die Dame uns sofort ihre Hilfe an und lotst uns zum entsprechenden Büro. Wir können sie nicht einmal auf ein Getränk einladen, da sie zurück in die Bank muss. In Lubango gibt es nur an einer Tankstelle Diesel. Die Kolonne von Fahrzeugen, die bereits darauf wartet, ist viel zu lange, als dass für uns noch ein Tröpfchen übrig bleiben würde. Da Floris nicht mehr viel Diesel im Tank hat, müssen wir leider den Ausflug zum Pass in den Bergen westlich von Lubango streichen. 50 Kilometer weiter gibt es endlich Diesel. Die Pumpe ist allerdings kaputt und der Diesel muss händisch aus dem Tank gepumpt werden. Der arme Tankwart! Er ahnt noch nicht, dass wir mehr als 500 Liter brauchen. Wir sind ihm gutes Trinkgeld willig.

Eine 300 Kilometer lange Piste führt nach Benguela am Atlantik. Sie ist besser als der Asphalt bisher. Einige Abschnitte sind wie Wellblech. Wir sind noch immer im Hochland, die Landschaft ist wunderschön. Angola ist das Land der Affenbrotbäume! Es gibt hier viele Straßenbaustellen und so müssen wir immer auf provisorischen Pisten fahren, die extrem schlecht und unglaublich staubig sind. Es sind vorwiegend chinesische, brasilianische oder portugiesische Unternehmen, die hier arbeiten. Wir haben den Eindruck, in Angola geht wirklich etwas voran. Überall wird gearbeitet und gebaut. Heute sehen wir zum ersten Mal neben der Piste Minenwarnschilder. Inmitten dieser Minenfelder leben Menschen. Schmale Pfade führen zu ihren Hütten und zu kleinen Feldern. Die Landwirtschaft leidet aufgrund der Minen im ganzen Land.

Unsere Nächtigungen gestalteten sich mit etwas Erfahrung als sehr einfach. Entweder in Steinbrüchen, auf unbenutzten Straßen oder an Stränden, denn dort liegen sicher keine Minen.

Ungefähr 50 Kilometer vor Benguela ist plötzlich bester Asphalt. Wir erhöhen den Reifendruck und erreichen zu Mittag Benguela. Das Zentrum ist sehenswert, es gibt noch viele Häuser im portugiesischen Kolonialstil. Wir tanken abermals, diesmal auch Wasser und fahren ans Meer in eine tolle Bucht.

Der Atlantik hier ist wärmer als in Europa, absolut gut zum Schwimmen, da es kaum Wellen und keine Strömung gibt. Auch das Schnorcheln lohnt sich; unglaublich, wie viele Fische es gibt, fast wie in tropischen Gewässern. Nur die Temperatur ist aufgrund des kalten Benguelastromes eher kühl.

Schon früh morgens kommen die ersten Kinder, vorwiegend Buben, und belagern uns den ganzen Tag. Ich lerne dabei etwas Portugiesisch und versuche den Kindern ein paar englische Vokabeln beizubringen, was aber auf wenig Interesse stößt. Nur die Hefte und Kulis nehmen sie gerne. Peter und die beiden Niederländer gehen fischen. Schon nach kurzer Zeit kommen sie zurück. Peter hat einen Tintenfisch am Haken. Als ich frage, wer den wohl gefangen hätte, ist er fast beleidigt. Bisher hat Peter nämlich noch nie einen Fisch gefangen, immer nur Haken, Blinker und sonstiges Zubehör verloren. Für das investierte Geld in die Angelausrüstung könnten wir monatelang Fisch essen. Diesmal hatte er aber wirklich Glück und erwischte beim zweiten Auswurf der Angel den riesigen Tintenfisch. Ich bereite ihn mit viel Knoblauch und Chili zu. Einfach köstlich. Wir erkunden die Küste Richtung Süden, bleiben aber nicht lange, denn es ist furchtbar schmutzig und die drei Fischfabriken tragen zum „guten" Geruch bei. Zurück am letzen Schlafplatz, werden wir freudig von den Kindern begrüßt – vielleicht gibt es ja doch noch etwas zum Abstauben. Abends grillen wir Sardinen und teilen es mit ein paar Kindern. Begeistert sind sie nur vom Brot, der Rest landet in der Mülltonne. Es wird sehr kühl in der Nacht, die spärlich bekleideten Kinder erfreuen sich an unserem Lagerfeuer.

Rund um die Wasserfälle von Binga ist es fruchtbar und die Auswahl an Gemüse und Obst dementsprechend groß. Unterhalb der Fälle ist ein Park- und Rastplatz, den man gegen eine freiwillige Spende benutzen darf. Wir bleiben mit den Niederländern über Nacht und teilen abends den Fisch und Maniok mit der Familie, die sich um den Parkplatz kümmert. Der Platz ist aufgrund der Gelsenplage und des fehlenden Windes nicht optimal. Morgens kommt dann die böse Überraschung. Das angolanische Paar möchte nun für das Campen Euro 7 pro Fahrzeug. Wir sind leicht verärgert und erklären ihnen, dass sie die Gebühr schon am Vortag erwähnen hätten sollen. Jetzt ist es zu spät, wir sind nicht bereit zu zahlen, außer natürlich die freiwillige Spende. Marieke und Floris sind schon abfahrbereit, ihr Hund bereits im Unimog. Sie haben allerdings ein schlechtes Gewissen, uns hier sitzen und die Sache ausbaden zu lassen. Wir versichern ihnen, dass es kein Problem sei, sie können gerne schon fahren, denn wir wollen uns ohnehin später wieder treffen. Diese Gelegenheit ergreifen auch gleich Nicole und Peter, womit wir nicht gerechnet haben. Nun stehen wir alleine da und verhandeln mit der aufgebrachten angolanischen Familie. Wir einigen uns auf eine geringe Gebühr, schreiben ihnen noch ein Informationsschild für die Campinggebühren, hängen es an einen Baum und schenken ihnen den restlichen Maniok. Die Aufregung hat sich gelegt. Die Niederländer sind schon Richtung Luanda unterwegs, während wir ins Landesinnere fahren. Nördlich der Hauptstadt wollen wir uns wieder treffen und vereinbaren, immer abends das Satellitentelefon einzuschalten. Die Strecke nach Gabela ist malerisch, führt ständig leicht bergauf durch dichte Vegetation. Hier wachsen Palmen, Bananen, Avocados und Kaffee. Im über 1.000 Meter hoch gelegenen Gabela müssen wir leider feststellen, dass die zum Atlantik führende Piste auf der Michelin-Karte in Wirklichkeit nicht existiert. Also fahren wir wieder dieselbe Strecke zurück.

Durch den Quicama Nationalpark, den wir nur aufgrund des Schildes erkennen, geht es bis Cabo Ledo. Dort haben wir eine Kontaktadresse von einem südafrikanischen Freund bekommen, der vor vier Jahren mit dem Kajak hier war. Es ist das Restaurant von Amilcar Queiroz, einem Angolaner, der früher in einer Spezialeinheit kämpfte. Das Campen kostet – schon um die Hälfte für uns reduziert – Euro 15 pro Nacht. Wir bleiben trotzdem, der Strand ist schön und wir wollen ein bisschen mit Queiroz plaudern. Wir gehen ins Restaurant essen und machen einen fatalen Fehler: Wir beachten die Preise in der Speisekarte nicht. Das Essen ist gut, der Preis ist noch besser: Euro 70! Queiroz taucht mit einer Flasche Wein auf. Man merkt sofort, dass er sein Leben beim Militär verbracht hat. Dennoch ist das Gespräch nicht uninteressant, zumindest am Anfang. Der Alkohol fließt in Strömen, was Queiroz überhaupt nichts ausmacht, aber mir so zusetzt, dass ich den Wein sogar schon unter den Tisch schütte. Ich möchte nur noch ins Bett. Der Angolaner will ohnehin Männergespräche führen und verabschiedet mich unhöflich. Wäre ich nicht so besoffen, hätte ich ihm die Augen ausgekratzt. Peter wird noch zu einer Flasche Rum mit Queiroz verdonnert. Jawohl, el commandante!!

Es gibt zwar eine Umfahrung der Hauptstadt Luanda, aber die Distanz beträgt 160 Kilometer. Also müssen wir durch die Stadt. Das Verkehrschaos ist nicht so schlimm wie befürchtet und so sehen wir auch noch die viertteuerste Stadt der Welt. Ohne eigenes Fahrzeug kann man sich Angola nicht leisten! Es gibt kein Zimmer unter Euro 100, sei es auch noch so einfach und den Restaurantbesuch haben wir schon erwähnt. Kauft man allerdings lokale Produkte am Markt ein, so kann man wirklich billig und gut leben. Hinzu kommt die Gastfreundschaft der Einheimischen. Gibt man z.B. einem Lkw-Fahrer eine Flasche Wasser, so bekommt man eine Ananas. Schenkt man einem Fischer frisch gebackenes Fladenbrot, so kriegt man eine Languste usw. Auf Wassersuche treffen wir einen Portugiesen, der schon 18 Jahre in Angola lebt. Bei seinem Haus können wir unsere Tanks füllen, er lädt uns gleich zum Mittagessen ein, schenkt uns eine Flasche Rotwein und bringt

uns noch zum Strand, wo er für uns Fisch kauft. Außer einem Dankeschön nimmt er nichts. Wir können uns revanchieren, wenn er einmal in Österreich ist …

Was uns speziell nach Südafrika und Namibia auffällt, ist das entspannte Verhältnis von Schwarzen und Weißen in Angola. Eine Politik der Apartheid, so wie in Südafrika, wurde hier nie betrieben. Die Portugiesen haben sich aber auch seit jeher mit den Einheimischen vermischt. An dem Sprichwort aus dem 18. Jahrhundert: „Gott schuf den Schwarzen und Gott schuf den Weißen, aber der Portugiese den Mestizen", dürfte doch etwas Wahres dran sein.

Von den Niederländern haben wir immer noch nichts gehört. Irgendwie ärgerlich, weil wir doch eine Abmachung haben. Sie sind sicher schon weiter Richtung Norden gereist, aber wir wollen wegen ihnen nicht durch Angola rasen und beschließen, noch einen Abstecher an die Küste zu machen. Die Pisten werden immer schlechter. An manchen Tagen haben wir einen Schnitt von 22 km/h. Nur gut, dass wir in der Trockenzeit unterwegs sind. Unsere Wassertanks sind fast leer, aber leider gibt es hier kein Wasser. Die Einheimischen warten selbst auf Tankwagen. Die einzige Möglichkeit ist, Wasser aus dem nahen Fluss zu nehmen. Die Qualität ist fraglich, doch wir haben keine Wahl. Dafür verwenden wir ein bisschen mehr Chlor als üblich zum Desinfizieren.

Normalerweise bekommen wir in den Dörfern Brunnenwasser. Natürlich fragen wir vorher um Erlaubnis. Es sind meistens hand- oder fußbetriebene Schöpfbrunnen, sodass das Befüllen meistens längere Zeit in Anspruch nimmt. 260 Liter fassen unsere beiden Tanks, damit kommen wir normalerweise zehn Tage aus, wenn wir noch sparsamer sind, sogar zwei Wochen. Mit dem Wasser wird gekocht, Geschirr und Kleidung gewaschen und im Schnitt zwei Mal pro Woche geduscht. Die restlichen Tage gibt es Katzenwäsche. Am Wasserhahn haben wir zusätzlich einen Aktiv-Kohle-Filter montiert, damit nehmen wir unserem Trinkwasser den Chlorgeschmack und die letzten Verunreinigungen. Wir trinken im Schnitt fünf bis sechs Liter Wasser am Tag. Würden wir Trinkwasser in Flaschen kaufen, so würde uns das mehr als Euro 3 täglich kosten. Aufgerechnet auf ein Monat sind das Euro 90, auf ein Jahr Euro 1.080 und auf unsere gesamte Reise Euro 2.700! Und man stelle sich nur den Müllberg vor, der in dieser Zeit anfallen würde!

Angola ist nicht nur das Land der schlechtesten Straßen, der Affenbrotbäume und Puffottern, sondern auch der Stechmücken. Als es dämmert, schwirren schon die ersten. Beim Versuch draußen noch mal aufs Klo zu gehen, stechen mich schon fünf, bevor ich die Hose noch richtig runtergezogen habe. Wir verkriechen uns im Lkw. Noch nie zuvor haben wir so viele Moskitos gesehen. Gut, dass wir überall Netze installiert haben. Sie hören sich an, wie ein Bienenschwarm oder besser noch, wie ein Hubschrauber. Allein über einer Dachluke kreisen und warten mehr als 100 Tiere. Dennoch schlafen wir gut. Froh sind wir, unser Campingklo zu haben. Wir verlassen erst dreizehn Stunden später unser mobiles Haus.

Langsam fahren wir Richtung Demokratische Republik Kongo (DRC). Wir entscheiden uns für den kleineren Grenzübergang bei Luvo. Auf einmal gibt es so viele Dörfer, wir finden einfach keinen geeigneten Platz zum Nächtigen. Als es schon dunkel wird, kommen wir an einem Camp von chinesischen Straßenbauarbeitern vorbei und fragen dort, ob wir eine Nacht bleiben dürfen. Kein Problem, wir sind auch gleich zum Abendessen geladen. Ein amüsanter Abend. Wir sind eine willkommene Abwechslung für die Chinesen, die hier drei Jahre verbringen werden. Für uns ist es die letzte Nacht in Angola. Die angolanischen Grenzbeamten in Luvo sind extrem nett und wünschen uns noch eine schöne Reise am kommenden Tag. Was wir uns wünschen, sind bessere Straßen auf der Weiterreise, denn in Angola hatten wir acht Federnbrüche in vier Wochen!

Die Kongos - Wer fürchtet sich vorm Schwarzen Mann?

Als wir noch in Ostafrika waren, behaupteten wir, niemals in den Kongo zu reisen. Wir sind doch nicht verrückt! Viel zu gefährlich. Zumindest hört man das immer in den Medien zu Hause. Doch manchmal hat man keine andere Wahl oder man ändert eben seine Meinung und seine Pläne aufgrund von Erfahrungen. Überraschenderweise haben wir bei der Einreise in die Demokratische Republik Kongo Ende Juni 2008 überhaupt keine Probleme. Die Formalitäten sind in etwa 1 ½ Stunden erledigt und das ohne auch nur eine Bemerkung von Schmiergeld. Wir wählen bewusst einen kleinen Grenzübergang, die Rechnung dürfte aufgegangen sein. Von dort führt eine gute asphaltierte Straße in die Hauptstadt Kinshasa, die wir in einem Tag bewältigen. Es ist eine willkommene Abwechslung zu den Pisten Angolas. Wir wissen schon, dass es knapp wird, die Stadt vor Einbruch der Dunkelheit zu erreichen. Was wir fast immer vermeiden können, gelingt uns heute nicht. Als wir die Stadtgrenze erreichen, dämmert es bereits. Auf den Straßen wimmelt es vor Menschen und Waren aller Art. Da wir noch nicht viel Gutes über dieses Land gehört haben und afrikanische Großstädte generell nicht lieben, haben wir ein ungutes Gefühl. Ich schmeiße schon fast die Nerven weg, meine einzige Orientierungshilfe ist bereits untergegangen. Stadtplan haben wir auch keinen. Doch dann geht alles einfacher als ich denke. Wir finden mitten im Zentrum einen Nächtigungsplatz!

Kinshasa! Welche Gedanken kommen wohl einem Europäer dabei? Ich fühle mich wohl hier. Irgendwie gefällt es uns beiden in Kinshasa, also bleiben wir noch zwei Tage. Wir sind ohnehin zu viel gefahren in letzter Zeit. Wir marschieren durch die Innenstadt zum Hafen, um uns wegen der Fähre nach Brazzaville, der Hauptstadt der Republik Kongo, zu erkundigen. Dort geht es so richtig rund. Ich glaube, wenn man zuvor noch nie in Afrika war, könnte es einem hier zu viel werden. Aber wir sind doch schon einiges gewohnt und nehmen es gelassen. Wir finden sogar einige hilfsbereite Leute, die uns gerne zu den richtigen Büros führen und Auskunft geben. Wir besuchen den Marché des Artistes und staunen, was es hier alles zu kaufen gibt. Von wunderschönen Holzmasken, bedruckten Stoffen, alten Waffen und Schnitzereien aus Elfenbein und Flusspferdzähnen bis zu Leopardenfellen und Schakalwelpen, die leider auf rege Nachfrage stoßen. Sogar ein Besuch im Museum von Kinshasa steht am Programm, der aber ein Griff ins Klo ist. Es gibt eine aktuelle Ausstellung eines kongolesischen Künstlers, der sich wahnsinnig freut, uns persönlich betreuen zu dürfen. Abstrakte Kunst auf Französisch erklärt, da kann man nur gratulieren! In allen seinen Werken geht es um die Ziffern zwei und fünf, die sich wie ein roter Faden abzeichnen. Ich übersetze für Peter simultan, er ist ganz angetan. Der Künstler ist ein bisschen enttäuscht, als ich nach den Preisen frage (Euro 500) und dann doch nichts kaufe. Das anschließende Primus und Doppel Munich Bier im 720 ml-Flascherl haben wir uns wohlverdient!

Im Hafen von Kinshasa ist immer etwas los, unzählige Händler, Träger, Passagiere und zu viele Uniformierte und gestörte Leute. Die Fähre soll um zehn Uhr von Kinshasa ablegen, wir sind schon vor acht Uhr im Hafen. Zuerst müssen wir die Fahrkarte für unseren Lkw kaufen. Wir wissen, wo das Büro ist, nur leider ist der zuständige Herr noch nicht da. Wir werden an einen Kollegen verwiesen, der uns nicht glaubt, dass unser Lkw unter 3,5 Tonnen wiegt, obwohl wir das mit einem Zulassungsschein belegen können. Der Fahrpreis berechnet sich nach Gewicht und wir wollen ein bisschen Geld sparen. Der Beamte bleibt hartnäckig und schickt uns zum Abwiegen. Uns fällt das Herz in die Hose, wir lassen uns aber nichts anmerken. Wir wissen natürlich, dass das wahre Gewicht bei etwa 9,5 Tonnen liegt. Aber wir können nun nicht mehr zurück. Wir werden von einem Beamten eskortiert, mein Pulsschlag ist am Hals schon sichtbar, die Hände ohnehin schweißnass. Aber das Glück ist wie ein Vogerl, kommt immer wieder zurück …

„Dummerweise" ist noch niemand da, um die Waage zu bedienen, immerhin ist es erst kurz nach neun Uhr. Also zurück mit einer neuen Taktik. Gut, dass mein Französisch so schlecht ist. Am Zolldokument steht die Gewichtsangabe des Lkw mit 6,5 Tonnen und das weisen wir als nächstes vor. Wir erklären, dass die 3,5 Tonnen sich nur auf den Lkw beziehen, jedoch nicht auf den Aufbau. Und entschuldigen uns mehrmals. Damit kommen wir durch und als sich der Beamte beim Wechselgeld zu seinen Gunsten um Euro 10 „irrt", halten wir lieber den Mund. Manchmal haben wir schon „super" Ideen!

Peter fährt August auf die Fähre. Ich frage mich nur, wo da genügend Platz sein soll. Ich muss zu Fuß auf die Fähre gehen, die schon überquillt mit Passagieren und Waren. Außer den Handkarren und eigenen Konstruktionen für Behinderte, ist unser Lkw das einzige Fahrzeug. Es herrscht ein ziemliches Gedränge an Bord. Bier dürfte hier auch billiger sein, denn manche Kongolesen leeren auf der kurzen Fahrt zwei große Flaschen. Der Kongo ist ein mächtiger Fluss, obwohl er hier nicht seine volle Breite entfaltet. Die Überfahrt dauert keine 20 Minuten, aber alles rundherum nimmt mehr als einen halben Tag in Anspruch. Als die Fähre in Brazzaville anlegt, müssen wir mehr als eine halbe Stunde warten, bevor wir herunterfahren können. Es sind viele behinderte Kongolesen aus Kinshasa an Bord, die zweimal in der Woche Waren in Brazzaville verkaufen dürfen. Diese Menschen werden von den Beamten, die schon auf der Rampe warten, schikaniert und sehr roh behandelt. Es ist nicht schön, das mit anzusehen. Aber auch andere Passagiere werden mies behandelt und auch manchmal gleich geschlagen. Die Beamten stehen in Uniform und mit verschränkten Armen auf einem erhöhten Podest und schreien Anweisungen. Uns fallen gleich die Bücher ein, die wir über die Geschichte von Zaire und Kongo gelesen haben. Wir können uns alles nur zu gut vorstellen.

Kaum haben wir den Motor im Hafengelände abgestellt, kommen schon ein paar Kongolesen, die uns helfen wollen. Das mögen wir besonders gerne. Einer davon hebt die Hafensteuer ein, von der wir von den Niederländern schon gehört haben und die laut deren Auskunft ca. Euro 15 beträgt. Von uns will man Euro 35, weil unser Lkw ja so groß ist. Kommt nicht in Frage. Wir schieben es auf die lange Bank und gehen zuerst zur Einreisebehörde. Der zuständige Beamte begleitet uns und plaudert mit mir ein bisschen auf Französisch. Ein ganz netter Herr, sehr gut gekleidet, aber leider sagt er, sei es jetzt im Winter in Brazzaville so kalt, da könne man sich nur mit Whiskey wärmen. Ich unterdrücke das Lachen und lenke auf den österreichischen Winter ab. Den Einreisestempel bekommen wir ganz leicht. Auch der Zollbeamte macht keine größeren Probleme. Bleibt nur mehr die Hafensteuer. Nachdem wir schon mindestens 1 ½ Stunden diskutiert haben, bleibt uns kein anderer Ausweg als zu bezahlen, denn ansonsten dürfen wir aus dem Hafengelände nicht raus. Zuvor müssen wir allerdings Geld wechseln und wissen den Kurs nicht genau. Wir sind sehr froh, den Hafen am Nachmittag verlassen zu können. Es war wirklich anstrengend, wir haben beide leichte Kopfschmerzen.

Brazzaville ist ein Dorf verglichen mit Kinshasa. Ein angenehmes Städtchen, relativ sauber und nette Leute. Besonders unsere Gastgeber im Hippocampe. Catherine und Olivier sind ein vietnamesisch-französisches Paar, deren Gastfreundschaft keine Grenzen kennt. Eigentlich ist das Hippocampe ein Restaurant mit angeschlossenem Hotel, aber Reisende wie wir werden gerne gesehen. Wir dürfen hier gratis parken, WC und Dusche benutzen, Wasser tanken, unzählige Fragen stellen, haben Stromanschluss und gratis Internet und bekommen beim vietnamesischen Buffet Ermäßigung. Olivier nimmt mich im Auto zum Markt mit, hilft mir beim Einkauf und lässt mich nicht einmal bezahlen. Es gibt wirklich wunderbare Menschen auf dieser Welt. Das Hippocampe ist der Treffpunkt schlechthin für Reisende. Alle, die von Kinshasa kommen oder dorthin fahren, machen hier Halt. Wir treffen einen südafrikanischen Radfahrer, ein englisches Paar mit einem Landrover, einen amerikanischen Motorradfahrer und unsere ehemaligen niederländischen Reisegefährten.

Warum sie uns in Angola nicht mehr kontaktiert haben, wissen wir bis heute nicht. Sie verabschieden sich endgültig von uns, denn sie haben ein anderes Reisetempo und Budget als wir. Das kommt uns gelegen, denn wir reisen ohnehin lieber alleine. Da müssen wir auf niemanden Rücksicht nehmen und auf nichts verzichten.

Gesundheitlich sind wir beide etwas angeschlagen. Peter hat Halsschmerzen, die Nase läuft und er ist antriebslos. Ich hingegen habe seit einigen Tagen schon Durchfall, verbunden mit Bauchschmerzen und Krämpfen. Das kommt wahrscheinlich noch vom angolanischen Flusswasser. In der Nacht plagen uns die Moskitos. Obwohl wir sehr vorsichtig sind, schaffen es immer wieder ein paar ins Innere unseres Lkw und quälen uns die ganze Nacht. Diese kleinen Blutsauger schränken auch den Verlauf des Abends ziemlich ein. Man überlegt sich gut, die Moskitotüre nochmals zu öffnen oder das Licht einzuschalten.

Trotzdem haben wir allerhand zu erledigen in Brazzaville. Zuerst eine Autoversicherung und die Visa für Gabun und Kamerun besorgen. Es sind unwahrscheinlich nette Leute auf den Botschaften, besonders die junge Dame aus Kamerun, die uns sogar aus ihrer eigenen Tasche Geld vorstreckt. Wir haben nicht genug Landeswährung mit dabei, da aber das Wochenende vor der Tür steht, wollen wir unbedingt den Antrag noch abgeben. Zeit, um Geld zu wechseln haben wir allerdings nicht mehr. Wir geben der Dame als Garantie Euro 130 und sie nimmt aus ihrer Geldbörse den entsprechenden Betrag, den wir für die Visa brauchen und legt ihn den Antragsformularen bei. Ich verlange zwar eine Bestätigung für mein Geld, doch sie meint, es sei alles kein Problem. Wie oft haben wir das schon gehört? Dennoch vertrauen wir ihr aus irgendeinem Grund. Bei der Abholung geht alles problemlos und die Kamerunerin ist entzückender als zuvor. Als Dankeschön haben wir eine Tafel Schweizer Schokolade dabei. Sie freut sich enorm. Ich sage ihr noch, dass sie sehr sympathisch, hübsch und hilfsbereit sei, was ein bezauberndes Lächeln auf ihr schönes Gesicht zaubert. Ob wohl alle Menschen im Kamerun so sind? Nun brauchen wir nur noch neue Federblätter für August, was uns aber nicht gelingt. Entweder passen sie nicht, oder sie sind einfach viel zu teuer. Dann müssen wir es eben im nächsten Land versuchen.

Wir verlassen Brazzaville Richtung Norden. Ich erwartete mir vom Kongo eigentlich fast nur Regenwald. Wieder eines dieser Klischees … Die Straße ist asphaltiert, die Landschaft hügelig und etwas öde, da hier viel gerodet wurde. In Gamboma angekommen suchen wir vergeblich nach der Piste, die Richtung Gabun führt. Nachdem wir mehrere Leute gefragt haben, wissen wir, dass die Piste nur auf unserer Karte existiert. Der richtige Weg zweigt erst weiter im Norden ab. Ist uns auch recht. Die nächste Stadt ist Oyo, aus ihr stammt der derzeitige Präsident des Kongos. Das merkt man auch gleich an der Infrastruktur: Die Straße ist in hervorragendem Zustand, es gibt einen Flughafen, die Häuser sind prächtig, manche gleichen Palästen, es gibt Strom und Wasser, einen Markt und viele Geschäfte. Das Brot schmeckt besonders gut hier. Weiter im Norden gibt es ihn aber, den Regenwald. Wir zweigen von der Hauptstraße ab. Hier führt tatsächlich eine Piste nach Gabun, wenn auch nicht einfach zu erkennen. Der Zustand der Piste ist ganz gut. Sie ist sandig und fast trocken. Ob sie in der Regenzeit auch befahrbar ist, stellen wir in Frage.

Die Dörfer im Kongo sind extrem sauber und nett gestaltet, die Hütten aus Holzlatten und Blättern, ein Vorgarten mit Holzzaun und überall ordentlich gekehrt. Da es in den meisten Dörfern nichts Westliches zu kaufen gibt, die lokalen Produkte ausschließlich in Blätter verpackt sind und es auf Flaschen Einsatz gibt, ist Müllproblematik kein Thema hier. Die Einheimischen sind sehr nett, gebettelt wird kaum. Wir fühlen uns beide wohl hier. Das schlechte Image, das der Kongo in Europa hat, ist ein verrücktes Bild. Außerhalb der Dörfer sind die Friedhöfe angesiedelt. Es sind Erdgräber, die teilweise mit Kreuzen versehen sind und alle möglichen Grabbeigaben haben. Von der Bierflasche über den Kochtopf, Taschen und Plastiksessel bis zu Schuhen findet man alles. „Die Schuhe sind deswegen wichtig", erklärt mir Marie-Paule, „weil dann der Verstorbene nicht noch einmal in die Hütte kommen muss, um sich gutes Schuhwerk für seine weitere Reise zu holen. Das würde auch Unglück für die Verbliebenen bedeuten."

In der nächsten Ortschaft teilt sich die Piste und wir nehmen die falsche. Die Einheimischen machen uns aber bald darauf aufmerksam. Sie brauchen keine Schilder im Kongo. Den Ausreisestempel müssen wir uns schon 50 Kilometer vor der Grenze holen. Sehr entspannt läuft hier alles ab. Als nächstes schicken sie uns noch zur Polizei und danach zur Gendarmerie. Und überall notieren sie sich unsere Daten. Wozu?

Ja, das wissen wir auch nicht. Das Zollbüro ist erst im nächsten Ort. Der Beamte begrüßt uns freudig im Trainingsanzug.

Ein sympathischer Kerl, der sich auch mit dem Carnet auskennt. Er stammt aus einem ganz anderen Landesteil, ist vor langer Zeit hierher versetzt worden. Wir sind seit vier Jahren die ersten Weißen, die hier über die Grenze fahren. Seine Freude ist groß, er ist sehr redselig. Wir nehmen uns für ihn Zeit, plaudern über Gott und die Welt. Schließlich haben wir es nicht eilig. Er ist der erste, der uns nach einem cadeaux (Geschenk) fragt und obwohl wir das noch nie zuvor gemacht haben, schenken wir ihm einen Kugelschreiber. Er ist entzückt und winkt uns freudig nach.

Gabun – Schneewalzer am Äquator

Der 6. Juli 2008 ist ein Sonntag. Ich sitze schon zeitig beim Kaffee während Peter noch in der Schlafbox leise vor sich hin schnarcht. Da wir meistens früh (~ 21 Uhr) schlafen gehen, sind wir eben schon bald am Morgen wach – zumindest ich. Das Klima ist herrlich hier in der Trockenzeit, angenehm kühl in der Nacht und windig. Für die Einheimischen ist es allerdings kalt. Das hätte ich mir nicht gedacht. So nahe am Äquator und Regenwald. Sobald wir vom Bateke Plateau runterkommen, wird es vermutlich anders werden. Draußen zwitschern die Vögel in der Morgensonne, die Blätter und Gräser rauschen im starken Wind, weit und breit ist kein Mensch.

Ein paar Tage später sind wir bereits mitten in Gabun, mitten im Regenwald. Genau wie man sich das vorstellt: Undurchdringliches Grün in allen nur vorstellbaren Schattierungen und Formen, viele Flüsse, Bäche und Sümpfe, rot bis orangebraune Pisten und Unmengen von Insekten. Besonders Bienen und Wespen haben es auf uns abgesehen. Am Tag gibt es kleine schwarze Insekten, deren Stich furchtbar juckt. Wir sind uns nicht sicher, ob es Moskitos sind. Bevor wir uns aus dem August wagen, wird der Insektenspray zur Hand genommen. Das Hinterteil darf man auch nicht vergessen, wenn man sein Geschäft erledigen muss. Mitten durch den Regenwald führt die Piste nach Lastoursville, die Vegetation versucht ständig die Straße zurückzuerobern. Man muss dauernd daran arbeiten, denn schon nach kurzer Zeit würde sie verschwinden. Alles ist grün um uns herum. Der Wald ist absolut undurchdringlich hier. Es ist einfach wunderschön! Von den vielen Tieren, die hier leben, sehen wir nichts, nur ihren Dung.

Kaum bleiben wir stehen, um eine kleine Pause zu machen, schwirren die Insekten um uns. Am Abend entdecken wir jeder mindestens zehn winzige Zecken an unserem Körper, die Stellen sind rot, entzündet und jucken wahnsinnig. An unseren Armen und Beinen sind diverse Stiche, die wir nicht deuten, sondern nur beobachten können.

Im Ort Lopé vermuten wir das Hauptquartier des Nationalparks. Das Büro ist geschlossen, man verweist uns auf das Lopé Hotel, das Touren in den Park organisiert. Auf dem Weg dorthin entdecken wir ein Schild, das zur Nationalparkverwaltung weist. Zuerst will man uns wieder ins Hotel schicken, aber dann bekommen wir doch noch ein paar spärliche Informationen. Glücklicherweise ist die Managerin eines Camps heute im Dorf. Von ihr erfahren wir, dass es möglich ist, im Regenwald Gorillas ausfindig zu machen. Aus für uns unerfindlichen Gründen können wir heute noch nicht ins Mikongo Camp fahren, also einigen wir uns auf morgen früh. Wir müssen wieder 55 Kilometer zurück fahren und wundern uns, warum es nicht beschildert ist. Um 7:30 Uhr sind wir bereits im Mikongo Camp. Kurz darauf starten wir mit zwei Führern los, um mit etwas Glück vielleicht Flachlandgorillas zu entdecken. Auf schmalen Pfaden bewegen wir uns durch den Wald. Unsere Führer haben extrem geschärfte Sinne, können gut Fährten lesen, schnüffeln an Pflanzen, Bäumen und Exkrementen. Sie zeigen uns verschiedene Affen, Insekten, Antilopen, riesige Wildschweine, von denen wir gar nichts bemerkt hätten. Wir sind begeistert und es gefällt uns jetzt schon so gut, dass die Gorillas gar nicht mehr wichtig sind. Doch nach ein paar Stunden finden wir Gorillakot, zuerst von gestern abend und dann von heute früh. Schließlich machen unsere Führer eine Gorillafamilie im Dickicht aus. Wir müssen uns richtig anpirschen, können sie hören, aber nicht sehen, da die Vegetation so dicht ist. Lange stehen wir dort, lauschen und versuchen etwas zu erspähen. Wir hören sogar, wie einige Tiere auf ihrer Brust trommeln. Natürlich sind wir nicht unbemerkt geblieben, plötzlich rennt ein Gorilla auf uns zu. Alles geht so schnell. Es ist wohl ein Scheinangriff, denn genauso rasch wie er gekommen war, war er auch wieder verschwunden. Unser Herz rast und der Pulsschlag ist an den Schläfen sichtbar. Eine Weile bleiben wir noch bevor wir weitergehen. Was für ein Erlebnis! Neun Stunden verbringen wir im Regenwald. Wir haben nochmals Glück und entdecken Gorillas, diesmal können wir sie besser sehen. Auch das Baby, das sich noch etwas ungeschickt in den Bäumen bewegt. Wir sind hingerissen. Die Tiere hier sind noch überhaupt nicht an Menschen gewohnt, deswegen auch sehr scheu und schwierig zu finden. Man weiß auch gar nicht wie viele es gibt, denn die letzte Zählung erfolgte 1981. Im Camp ist ein Forschungszentrum, wo Wissenschaftler und Tierärzte aus Europa und den USA arbelten. Zwei Mitarbeiter zelgen uns eine Gabun-Viper, die trächtig seit über drei Wochen auf einem Ast ruht. Wir hätten sie nie und nimmer entdeckt. Wieder ein unvergesslicher Tag in Afrika!

Schwül ist es in Lambaréné, kein Lüftchen regt sich in der Stadt, in der Albert Schweitzer sein Dschungelspital errichtete. Dabei sind wir in der besten Jahreszeit hier, von Dezember bis Mai muss es hier unerträglich sein: Tag und Nacht die gleiche Temperatur von 30°C und 90 Prozent Luftfeuchtigkeit. Ich könnte und möchte in so einem Land nicht leben. Im alten Albert Schweitzer-Krankenhaus und angeschlossenem Museum lernen wir viel über den deutschen Wissenschaftler und Arzt. Ein extrem vielseitiger und intelligenter Mann, der einen Großteil seines Lebens der Hilfe und Fürsorge widmete. Er hatte große Ehrfurcht vor dem Leben – der Menschen, der Tiere und auch der Pflanzen. Ein edler Mensch.
Es ist unfassbar, was am Markt alles verkauft wird. Buschfleisch! Gerade sind wir an zwei Affen vorbeigegangen, selten haben wir so unendlich traurige Augen gesehen. Aber was kann man tun? Kauft man das Tier, so schaffen die Menschen den nächsten oder gleich zwei herbei. Sogar an der Grenze zum Lopé Nationalpark wurde uns ein Äffchen angeboten. Es liegt in der Tradition der Einheimischen. Dadurch machen sie guten Verdienst. Und die meisten brauchen das Extrageld. Man muss ihnen Alternativen bieten. Einige internationale Programme laufen, aber alles braucht sehr viel Zeit hier.

Kurz vor Libreville kommt uns ein Magirus mit Aufbau und deutschem Kennzeichen entgegen. Ute und Florian sind seit fast zwei Jahren unterwegs – von Deutschland über Westafrika bis Gabun. Da gibt es interessante Informationen auszutauschen. Wir parken uns am nahegelegenen Holzplatz ein, der direkt am Flussufer liegt, wo die riesigen Holzstämme auf einen Ponton verladen und nach Libreville geschifft werden. Wir kaufen Fisch von den Einheimischen. Es wird ein bunter und sehr schräger Nachmittag. Denn der Fluss ist auch Waschplatz für viele Leute. Der Ponton legt an und der Caterpillar wird gestartet. Es staubt was das Zeug hält, das Fahrzeug verlädt mit Vollgas um die 40 Stämme. Florian packt dazu seine Ziehharmonika aus und spielt den Schneewalzer. Die Kinder klatschen im Takt, lachen, besonders als eine ältere Frau dazu sehr eigenwillig das Tanzbein schwingt. Daneben sitzen zwei Frauen auf unseren Campingsesseln und flechten sich die Haare und im Fluss seifen sich gerade mehrere junge Männer ein.

Gabun ist nicht das richtige Land, um Ersatzteile zu kaufen oder gar Reparaturen durchzuführen. Wir finden zwar die richtigen Federblätter, aber sie sind viel zu teuer. Also verschieben wir den Kauf auf Kamerun. Leider ist August krank. Wenn der Starter warm ist, funktioniert er nicht. Peter baut den Starter aus und wir lassen ihn in einer Bosch-Werkstätte reparieren. Neue Wicklungen, Lager und Kupplung sind notwendig. Kohlen und Anker sind noch wie neu. Gerade noch rechtzeitig erkannt. Der aus Italien stammende Herr Cavallo vom Boschdienst macht einen seriösen Eindruck, die Werkstatt ist top ausgestattet

und so hat Peter Vertrauen in die Arbeit. Die Reparatur kostet uns über Euro 450! Dafür hätten wir in Namibia sogar einen neuen Starter bekommen. Aber Hauptsache August fährt wieder einwandfrei. Wir machen unsere Probefahrt mit dem neuen Starter ans Cap Esterias, ca. 20 Kilometer nördlich der Hauptstadt. Bei Francoise und Jules, die dort ein Restaurant und Hotel betreiben, dürfen wir gratis campen. Ein schöner, entspannter Platz zum Faulenzen, wo wir auf die geglückte Reparatur anstoßen.

Wir sind nun genau 21 Monate unterwegs und haben 50.000 Kilometer zurückgelegt. Und wie viele werden noch kommen? Ich glaube, es werden noch einige tausend, denn ich bin heute früh schon mit dem Finger auf der Landkarte gereist und habe eine vage Vorstellung der Distanzen bekommen. Unglaublich, welche Nord-Süd-Strecke man allein in Kamerun zurücklegen kann. Ich denke, dass wir noch etwa acht Monate in Afrika verbringen werden. Das mag für manche wie eine Ewigkeit klingen. Nimmt man jedoch die Karte zur Hand, so relativiert sich die Zeit, denn wir möchten noch einige Länder bereisen und nicht nur durchfahren. Momentan denke ich öfter an zu Hause, freue mich auch schon, obwohl ich keine Ahnung habe, wie es werden wird, was wir machen und wie lange wir es aushalten werden. Auch an meine Eltern muss ich denken. Sie machen sich immer noch große Sorgen. Es ist unmöglich, ihnen ein Bild von Afrika zu übermitteln, so wie wir es erleben, denn die Medien berichten natürlich immer nur über Konflikte, Kriege, Naturkatastrophen, Seuchen und dergleichen. Aber andererseits musste auch ich erst hineinwachsen und Erfahrungen sammeln. Alles braucht Zeit … und manchmal auch etwas Abstand.

Seit ein paar Wochen bin ich mir völlig sicher, dass meine Eltern definitiv meine Eltern sind. Ich habe an mir einige Charaktereigenschaften entdeckt, die anscheinend vererbt wurden. Ich bin manchmal genauso verschlossen und stur wie mein Vater; ungeduldig, wenn mir etwas nicht sofort gelingt und damit meine ich einfache mechanische Tätigkeiten wie das Auf- und Zumachen von Rollos oder das Betätigen des Campingklo-Schiebers. Dann fange ich an zu „hudeln" und wende dann mehr Kraft an als notwendig ist und schon ist's kaputt! Danke Papa!

Ich bin auch anspruchsvoller und heikler geworden. Ich fühle mich nicht wohl, wenn ich mich länger nicht duschen oder waschen kann, wenn das Bettzeug schon etwas riecht. Ich mag es nicht, wenn im August kein Platz ist, um etwas abzustellen, weil alles vollgeräumt ist. Klingt ziemlich zickig. Ich hoffe, es wird nicht schlimmer! Peter sagt schon, dass ich eine Tendenz zum Putzfimmel habe. Kommt dir das bekannt vor, Mama?

Da wir mit gebrochenen Federblättern unterwegs sind, entscheiden wir uns für die Hauptverkehrsroute nach Kamerun. Auf dieser Strecke kommen uns sehr viele Holztransporter entgegen, alle heillos überladen - dabei haben sie „nur" neun Tropenholzstämme geladen - und viel zu schnell. Wir fragen uns, ob es den Regenwald in einigen Jahrzehnten noch geben wird.

Wir erreichen die letzte größere Ansiedlung in Gabun. Es gibt viele Kontrollen hier. Bei der letzten Kontrolle ist es uns nicht möglich weiterzufahren, da unser Lkw nicht anspringt. Der Starter reagiert nicht! Unglaublich! Wir haben für die Reparatur einen Haufen Geld bezahlt!! Peter springt wie ein Verrückter aus dem Führerhaus, schreit und schimpft was das Zeug hält. Die Polizisten haben sich richtig erschrocken und gefürchtet. Am besten ist es, ihn jetzt nicht anzusprechen. Peter öffnet die Motorhaube und beginnt mit der Problemanalyse. Er schimpft wie ein Rohrspatz, denn die Überholung des Starters ist „afrikanisch" passiert. Ein Ding repariert, zwei Dinge kaputtgemacht. Ich sehe mich schon mit dem Bus nach Libreville zurückfahren und das Visum verlängern. Aber Peter ist ein Genie, nach einer halben Stunde läuft August wieder. Allerdings braucht man jetzt zwei Personen, um das Fahrzeug zu starten. Peter muss mit dem Hammer auf den Starter klopfen, während ich im Führerhaus den Starterknopf drücke.

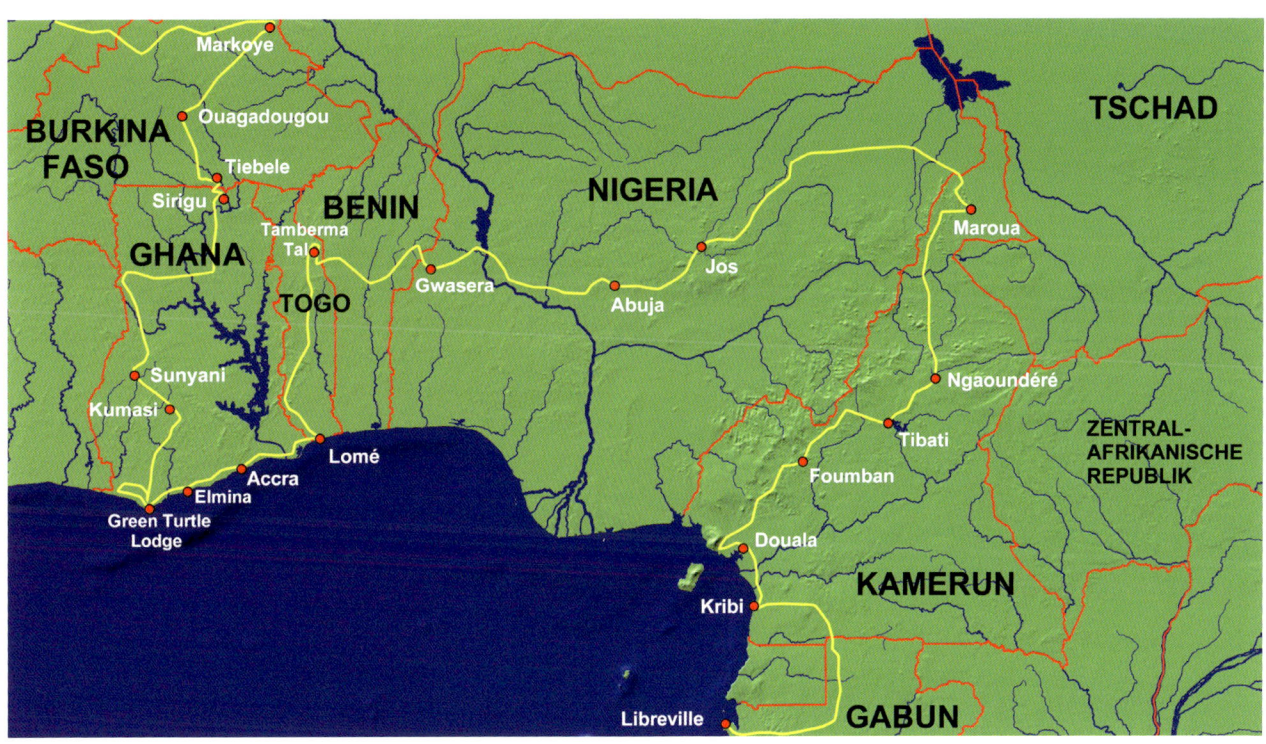

Kamerun – In der Achselhöhle Afrikas

Die Piste, die durch den Regenwald nach Kribi führt, ist durch die vielen Holztransporter ausgefahren. Höchstgeschwindigkeit 19 km/h. Kamerun ist dichter besiedelt als Gabun, das fällt uns sofort auf. Auch, dass es in jedem noch so kleinen Dorf einen tollen Fußballplatz gibt. Der Nationalsport Nummer eins in Kamerun, fast schon eine Religion. Südlich von Kribi liegt der Campo Nationalpark, mit vielen Gorillas, Schimpansen und anderen Primaten. Da wollen wir unbedingt hin. Über eine etwas desolate Brücke fahren wir zum Tara Plâge, parken unter Palmen mit Blick aufs Meer. Und hier bleiben wir ein paar Tage, denn wir müssen uns als Kammerjäger versuchen, da wir in letzter Zeit ein paar Kakerlaken im Aufbau entdeckt haben. Wir räumen alles aus und bewaffnen uns mit Insektensprays. Unglaublich, wie viele Sachen wir mithaben. Zeitaufwendig sind das Durchsehen aller Dinge und das Einräumen. Bei dieser Gelegenheit mustern wir gleich ein bisschen aus und schenken es dem dortigen Personal. Erst am frühen Abend sind wir fertig und überzeugt, dass wir gute Arbeit geleistet haben. Zu diesem Zeitpunkt wissen wir natürlich nicht, dass wir die letzten Schaben erst vier Monate später in Ghana erledigen sollten.

Mit dem Fahrrad radeln wir drei Tage später nach Kribi. Wir haben allerhand zu erledigen. Einkaufen, zur Schneiderin, Internet. Als wir am Nachmittag zurückfahren, stellen wir mit Entsetzen fest, dass die Brücke in einem furchtbaren Zustand ist. Ein Lkw dürfte in der Zwischenzeit eingebrochen sein und hat einige Querbalken abgebrochen. Wir fragen die Anrainer, ob schon etwas bezüglich Reparatur organisiert wurde. Haha! Was für eine Frage?! Natürlich nicht. Zuständig sei der Bürgermeister oder überhaupt die Regierung und die haben kein Geld. Gefahren wird, solange es noch möglich ist. Wenn die Brücke eingestürzt ist, bleiben die Fahrzeuge eben am dementsprechenden Ufer stehen und die Waren und Passagiere werden einfach umgeladen. Von einer neuen Brücke ist noch lange keine Rede. C'est comme ca! (So ist das eben.) Das größte Problem dabei ist, dass wir in einer Sackgasse sind und die Brücke der einzige Weg zurück ist. Wir radeln also mit hochroten Köpfen zum August und beschließen, heute noch abzureisen, denn am nächsten Tag könnte es zu spät sein. Lust haben wir überhaupt keine dazu, wir müssen noch alles zusammenpacken, sind vom Radfahren erledigt und wollten noch zwei Wochen im Süden verbringen. Mir graut vor der Überfahrt. Ich bin höchstnervös und sehe unseren Lkw schon einbrechen oder im Wasser liegen. Sicherheitshalber steige ich aus um zu fotografieren. Aber Peter ist ein Zauberer und bringt August heil über das Wasser. Vorher hat er die Brücke mit ein paar Balken noch verstärkt, was die Einheimischen besonders gefreut hat. Viele haben die Brücke sogleich überquert, auch Lkw, was für die behelfsmäßige Reparatur nicht förderlich war. Zur Feier des Tages grillen wir am Abend ein brasilianisches Henderl, gekauft in Gabun, und verputzen es im Nu.

Mittlerweile hat uns die Regenzeit erwischt, es hat ja einmal kommen müssen. Der Regen raubt mir in der Nacht den Schlaf: Fenster und Tür auf, Fenster und Tür zu, Fenster und Tür auf usw. So geht es die ganze Nacht. Lasse ich alles zu, ist es mir nämlich zu heiß im August. Die Luftfeuchtigkeit ist extrem hoch, wenn kein Wind weht, schwitzen wir andauernd. Aber es wird noch schlimmer kommen, das weiß ich.

„Was macht ihr eigentlich die ganze Zeit?", das ist eine der meist gestellten Fragen an uns. In den zwei Wochen, die wir bei Marie-Paule und Guy im Sweet Beach Motel verbringen, arbeiten wir nur. Peter dreht die Reifen auf den Felgen um, schleift, entrostet und lackiert die Felgen neu. In einem wunderschönen Rot – August der Zirkuswagen! Außerdem stellt er fest, dass die Bremsbeläge an der Hinterachse fast nicht mehr vorhanden sind. Mit der Seilwinde hilft er Guy einen ganzen Tag beim Holzschleifen. Und ich habe schon viereckige Augen vor lauter Tippsen, wir sind fast up to date mit unserem Reisebericht!

Zwischendurch bekommen wir immer wieder Besuch. Da ist erstens Spirit, ein drei Monate alter Welpe, der schon vor lauter Freude ein Lackerl macht, wenn er mich sieht. Er ist ein guter Restlfresser, das kann er aber auch vertragen. Die anderen Besucher machen zwar kein Lackerl, sind aber auch alle männlich. Und wollen eine weiße Frau. Enttäuscht sind sie, wenn sie erfahren, dass ich keine acht Schwestern zu Hause habe, die brav arbeiten und viel Geld verdienen. Da ist zum Beispiel Fredi, dem oft kalt ist und der mit einem Pulli herumläuft, nur wenn er mich sieht, wird ihm ganz warm und er entledigt sich des Pullovers. Er ist ein bisschen eitel und setzt sich gerne in Szene, immer ein Auge auf mich gerichtet, ob ich eh hinschaue. Ich finde das sehr amüsant und nett zum Anschauen ist er ja, so wie die meisten Zentralafrikaner.

Oder Armand, dem ich vom Leben in Europa erzähle. Vieles verwundert ihn und manches glaubt er mir wahrscheinlich nicht. Europa ist und bleibt für viele Afrikaner ein Paradies. Wir haben aber auch schon einige getroffen, die bereits in Europa gelebt und gearbeitet haben und wieder nach Afrika zurückgekehrt sind. Sie wollen auf keinen Fall mehr in Europa leben! Leider gibt es nicht genug Menschen mit solcher Erfahrung, denn nur sie können Europa ins richtige Licht rücken.

Der letzte Abend bei Marie-Paule und Guy. Es ist bereits dämmrig draußen, die Wolken sind grau in allen Schattierungen, die man sich nur vorstellen kann und werden vom Sturm landeinwärts getrieben. Die Farbe des Atlantiks ist schwer zu beschreiben, vielleicht kommt dunkles Petrol am ehesten hin oder aber auch Graublau. Dazwischen ist es fast silbrig, wie Quecksilber und darauf tanzen die weißen Schaumkronen. Es sieht fantastisch aus. Das Meer ist so laut, dass wir nicht einmal die schweren Regentropfen hören. Nur das Geschrei der Möwen übertönt es. Marie-Paule hat uns so lieb gewonnen, dass sie beim Abschied weint. Sie schenkt mir zum Andenken ein Bild, das ausschließlich aus Schmetterlingsflügel besteht. Wunderschön, auch wenn es schade um die Tiere ist. Auf der Rückseite schreibt sie mir noch eine Widmung drauf. Peter und ich haben unsere Ideen und Vorschläge notiert, die ihr Geschäft ankurbeln können. Wir wünschen ihnen viel Glück und hoffen, dass sie in Zukunft mehr Gäste haben werden. Wir rühren auf jeden Fall die Werbetrommel für das Sweet Beach Motel. Seit den frühen Morgenstunden schüttet es. Wir fahren in die Achselhöhle Afrikas. Es ist nicht weit bis in die Gegend mit dem zweithöchsten Niederschlag der Welt (10.000 Millimeter/ Jahr). Der einzige Grund, warum wir in die größte Stadt Kameruns, Douala, fahren, ist August. Wir müssen viele Ersatzteile kaufen. Für afrikanische Verhältnisse geht alles recht schnell. Während ich der Wachhund im August bin, kauft Peter in nur fünf Stunden Federblätter, Bremsbeläge, Stoßdämpfer, Simmeringe, Öl und Fett. Nicht gerade billig, aber wir brauchen die Teile.

Die Straßen in Douala sind katastrophal. Irgendwann einmal waren ein paar asphaltiert, doch nun sind nur mehr Asphaltstückchen davon erhalten, der Rest besteht aus Schlaglöchern und Dreck. Man weiß nie, wie tief so ein Loch ist, in das man hineinfährt. Das lieben wir besonders. So eine afrikanische Großstadt hat schon etwas Besonderes, vor allem in der Regenzeit. Lärm, Gestank, Dreck und Unmengen von Menschen. Nichts wie weg! Bei starkem Verkehr und Regen fahren wir nach Limbe, das am Fuße des Mount Cameroun liegt. Am späten Nachmittag sind Peters Nerven strapaziert. Der Starter funktioniert ein paar Mal nicht. Im botanischen Garten reißen wir ein Stromkabel ab und dann will man fürs Parken außerhalb eines Hotels auch noch Euro 10! Danke, wir reisen ab. Im nächsten Hotel will man tatsächlich Euro 30 fürs Parken. Sind auf einmal alle verrückt geworden? Peter dreht fast durch neben mir, also führe ich die Preisverhandlungen. Wenn wir im Restaurant essen gehen, dürfen wir bleiben. Aber wir müssen mindestens Euro 10 konsumieren. Das ist „wahre" Gastfreundschaft! Es gibt eben Tage, da wäre man am liebsten woanders. Wir stellen uns die Frage, ob es wirklich immer nur das Geld ist, das zählt. Leider ist es meistens so, wenn wir mit Menschen ins Gespräch kommen. Entweder brauchen sie unseren Rat und unsere Hilfe oder Geld oder am besten alles.

Im Limbe Sanctuary kümmert man sich um beschlagnahmte oder verletzte Gorillas, Schimpansen, Mandrill-Affen und dergleichen. Das ist auch der Hauptgrund, warum wir nach Limbe gekommen sind. Die Tiere werden ähnlich wie in einem Zoo gehalten, manchmal sind die Gehege aber wesentlich zu klein. Ziel ist es, die Tiere wieder in die freie Wildbahn auszusetzen, sofern möglich. Viele Tiere, vor allem Schimpansen, haben noch nie ihresgleichen gesehen, da die Mutter getötet und verzehrt und das Baby verkauft wurde. Ein lukratives Geschäft, leider immer noch.

Mit einigen Angestellten konnten wir sehr interessante Gespräche führen, z. B. mit einer jungen Engländerin, die sich seit drei Monaten Tag und Nacht um ein Schimpansenbaby kümmert. Die Bindung ist mittlerweile so eng, dass der kleine Schimpanse panisch wird und schreit, wenn sie ihn nur kurz weggeben will. Wie bei uns Menschen.

Am Nachmittag des 20. Augusts 2008 brechen wir auf Richtung Norden. Die Straße ist gut, die Gegend extrem fruchtbar und wieder schüttet es wie aus Kübeln. In Foumban, Zentralkamerun, ist der Asphalt zu Ende. Die Informationen, die wir über die Piste bekommen, sind unterschiedlich. Aber eines haben sie gemein: Die Strecke ist schlecht. Was soll's, es gibt ohnehin keine Alternative. Es ist die Hauptverkehrsroute von Süd- nach Nordkamerun. Anfangs sind wir sind ziemlich überrascht über den passablen Zustand der Piste, Immerhin haben wir mit dem Schlimmsten gerechnet. So erreichen wir ohne Probleme das nächste Dorf, wo wir weitere Erkundigungen einziehen. Die Strecke sei schlecht, schwierig, aber für unseren Lkw befahrbar.

Die Piste nach Tibati wird zunehmend weicher und schlammiger. Der Himmel ist dunkelgrau. Schon bald stoßen wir auf eine Lkw-Kolonne, trotzdem geht es voran, wenn auch langsam. Die Strecke wird schlechter, mehr Schlaglöcher, mehr Matsch und ausgefahrener. Kurz nach 15 Uhr ist dann Schluss. Die Kolonne steht. So wie alle anderen auch, steigen wir aus und schauen, was los ist. Die Piste führt leicht bergab, in der Senke und am gegenüberliegenden Hang stecken schon einige Lkw fest. Es ist eine regelrechte Schlammschlacht. Noch dazu gibt es Gegenverkehr, der natürlich nicht warten möchte. Mit Kübeln wird das Wasser von der Piste weggeschöpft. Jeder Versuch der Durchfahrt macht die Strecke noch schlechter. Kleinere Fahrzeuge, auch Minibusse dürfen passieren, sie werden durchgeschoben und gezogen. Von den Lkw-Fahrern hilft allerdings niemand mit. Als es zu regnen beginnt, wird jegliche Arbeit eingestellt. Uns wird klar, dass wir heute hier nächtigen. Ein richtiges Gewitter geht nieder, es schüttet bis tief in die Nacht und die halbe Piste verwandelt sich in einen reißenden Bach.

Wir stehen schon früh auf, weil wir glauben, dass es bald weitergehen wird. Irrtum! Vor zehn Uhr fährt keiner, es wird gewartet bis die Piste abtrocknet. Nur ein paar Leute arbeiten an der Schlüsselstelle. Es ist bewölkt, aber wenigstens regnet es nicht. Zuerst kümmert man sich natürlich um den steckengebliebenen Lkw. Mit Hilfe des vorherigen Fahrzeuges wird er schließlich herausgezogen. Nach diesem Prinzip wird weiter vorgegangen. Wir fragen uns nur, wo Platz für den Gegenverkehr ist, der sich schon auf den Weg macht. Ein mit Schrott aus dem Tschad beladener Lkw kommt entgegen. Es ist ein Sattelschlepper, der mindestens 100 Tonnen wiegt. Er sinkt rechts tief in den Schlamm ein, die rechte Seitenwand ist schon gebrochen und er ist in unglaublicher Schräglage. Jeder rechnet damit, dass er jeden Moment umkippen wird. Aber er schafft es, unglaublich! Große Erleichterung, denn die Piste wäre ansonsten total blockiert gewesen.

Wir lernen auch die Lkw-Chauffeure und ihre Motorboys, also ihre Beifahrer, die alle möglichen Handlangerdienste leisten, besser kennen. Einige von ihnen sind extrem nett, andere wissen nicht, was sie von uns halten sollen, wieder andere sind unfreundlich und betteln uns an. Ganz verdutzt sind wir, als uns einer auf Deutsch anredet: „Guten Tag. Wie geht's?" Er heißt Jimmy, ist einer von den nettesten und hat in der Schule noch Deutsch gelernt. Kamerun war einst eine deutsche Kolonie. Für uns ist dies alles ein Erlebnis der besonderen Art. Wir fiebern mit den Chauffeuren mit, wenn sie an der Reihe sind, die Passage zu durchqueren. Keiner schafft es, ohne vom vorherigen Lkw rausgezogen zu werden, manche haben fürchterliche Schräglagen und einigen wird beim Herausziehen die Stoßstange herausgerissen. Um 14:30 Uhr sind endlich wir an der Reihe, eines der letzten Fahrzeuge der Kolonne. Auch wir brauchen Hilfe, denn die Piste ist mit jedem Fahrzeug schlechter geworden. Ein Kollege, also ein Mercedes-Hauber, zieht uns heraus. Jedoch kommen wir nicht sehr weit. Nach zwei Kilometern ist wieder Schluss. Ein Holztransporter ist umgefallen und die Kameruner lassen bereits ihre Muskeln spielen, sie entladen manuell. Die Chauffeure wollen uns passieren lassen. Aber das wollen wir nicht, immerhin sind wir Teil der Kolonne und man hat uns auch schon geholfen. Peter schlägt vor, unsere Seilwinde zum Abladen zu benutzen. Nach ein paar Diskussionen ist man einverstanden. Wir fahren also nach vorne und beginnen mit der Arbeit. Schon nach kurzer Zeit beginnt es wieder zu schütten. Die Kameruner wollen die Arbeit schon einstellen, aber Peter ist für Weiterarbeiten. Durchnässt ist ohnehin schon jeder. Mit dem Windeneinsatz haben wir ihnen mindestens einen Tag Arbeit erspart. Die Chauffeure haben kaum Essen dabei, außer Bananen und Zuckerrohr. Nachdem sie aber alle körperlich schwer arbeiten, sind sie extrem hungrig. Wir beschließen, am Abend mehr zu kochen und zumindest die unmittelbaren Beteiligten zu verköstigen. Immerhin reicht es für acht Personen, die dankbar das Essen hinunterschlingen. Am späten Abend hört es zu regnen auf.

Am Morgen kochen wir sechs Liter Tee für die Fahrer und Motorboys, leider haben wir nur mehr ein halbes Kilo Zucker, was nicht ganz ausreichend ist. Danach geht man wieder daran, die Holzstämme abzuladen. Augusts Seilwinde ist Goldes wert. Am späten Vormittag ist alles abgeladen, Peter fährt vorbei, damit er den Holzlaster von vorne aufstellen kann. Leider gelingt es uns nicht. Aber der Transporter wird schließlich von einem neuen Renault-Lkw aufgestellt. Der Fahrer vom Holzlaster sieht schon etwas entspannter aus. Für uns sind es äußerst interessante Tage und wir schließen mit einigen Kamerunern Freundschaft. Wir verabschieden uns und wünschen viel Glück bei der Weiterfahrt. Als Abschiedsgeschenk bekommen wir eine Flasche von Peters Lieblingsbier. Ohne Probleme erreichen wir am Nachmittag Tibati und wieder eine Asphaltstraße. Für eine Strecke von rund 100 Kilometern haben wir drei Tage gebraucht. Hier treffen wir auch Florian und Fabian, österreichische Zivildiener, die in der Nähe in einem Krankenhaus arbeiten. Wir bekommen eine Führung durchs Spital und lernen den neuen Arzt kennen. Wir sind wirklich froh, dass wir gesund sind und nicht stationär im Krankenhaus bleiben müssen. Die Arbeit hier ist nichts für schwache Nerven. Die österreichische Ärztin, die hier bereits 20 Jahre lang arbeitet, ist leider momentan auf Heimaturlaub. Es ist ein interessanter Aufenthalt bei den beiden mit nächtelangen Diskussionen und köstlichem Abendessen in ihrer Kakerlakenburg.

Zum ersten Mal auf unserer Reise hat man uns Diesel aus dem Tank gestohlen, geschätzte 150 Liter. Und das auf dem Gelände der evangelischen Kirche in Ngaoundéré. Gut, dass die Nasara oder les blancs (die Weißen) Geld haben bzw. einfach zur Bank gehen und sich eines holen können und damit den Tank wieder füllen.

Wir haben gerade ein – hoffentlich – kurzes Tief, denn viele Afrikaner gehen uns auf die Nerven mit ihrer Geldgeilheit und Schnorrerei. Ich lerne Peter äußerst wichtige Sätze auf Französisch, wie „Je m'appele Monsieur Pas-de-cadeau." Oder „Je ne suis pas Pere Noel." (Ich bin nicht der Weihnachtsmann.) Oder „Vous avez quelque chose pour moi? Un petit cadeau?" (Haben Sie etwas für mich? Ein kleines Geschenk, vielleicht?) und dergleichen. Manchmal hilft es. Peters Vokabular ist schon ganz passabel, aber gegen die Grammatik sträubt er sich. Er quält mich mit Fragen wie „Was ist ein Infinitiv?", „Warum gibt es kein Wort für 97?" (O-Ton: „4 x 20 + 10 + 7 ist ja wirklich ein Blödsinn!"), „Warum schreiben sie die Wörter nicht so, wie man sie spricht?") etc.

Die Regenzeit ist wirklich nicht zu unterschätzen in Nordkamerun. Am Eingang zum Benué Nationalpark erkundigen wir uns nach den Pistenverhältnissen innerhalb des Parks. Es sei alles kein Problem mit unserem Lkw. Also beschließen wir heute noch die 32 Kilometer zum Camp zurückzulegen. Man bietet uns einen Angestellten auf dem Moped als Begleitung an, falls wir den Weg nicht finden. Nein, danke. Anfangs ist die Piste befestigt, doch schon nach zwei Kilometern bleiben wir stecken. Mit Hilfe der Seilwinde schaffen wir es, uns selbst zu bergen – nachdem wir schon ein paar kleinere Bäume ausgerissen haben. Doch auf den nächsten paar Metern sieht die Piste noch schlimmer aus und wir sehen, dass vor einiger Zeit hier schon ein Lkw ordentlich gesteckt ist. Es kommen zwei Wildhüter mit Mopeds, die uns sagen, dass bis zum Camp noch zwei ähnliche Schikanen kommen würden. Wir beschließen umzudrehen. Nur wo? In angeblich zwei Kilometern kommt ein Seitenweg, wo wir umkehren könnten. Ohne Winde wären wir völlig aufgeschmissen. Der Untergrund trägt einfach nicht, zumindest nicht unseren Lkw. Obwohl wir schon total durchgeschwitzt sind, müssen wir auch noch Pullis anziehen, denn es gibt Unmengen Tsetse-Fliegen, deren Stich schmerzhaft ist und die noch dazu die Schlafkrankheit übertragen können. Nach etwa zwei Stunden haben wir es geschafft und sind wieder beim Eingang des Parks. Fazit: Viel Diesel verbrannt, mindestens eine Feder gebrochen, dem Hauptrahmen einen Riss zugefügt, unzählige Insektenstiche und die einzigen Tiere, die wir gesehen haben, waren Tsetse-Fliegen.

Schon vor sieben Uhr sind wir wieder unterwegs. Die Morgenstimmung ist traumhaft. Wir fahren durch zauberhafte Dörfer. Durch malerische Landschaft geht es bis nach Maroua. Alles erstrahlt in sattem Grün. Die Mais- und Hirsepflanzen sind bereits an die drei Meter hoch. Der Norden Kameruns ist abgesehen von wenigen Christen und Animisten muslimisch, das sieht man auch gleich an der großen Anzahl von Moscheen und man hört es, wenn der Muezzin vom Minarett aus zum Gebete ruft. Besonders jetzt im Ramadan. Der einzige Campingplatz ist im Relais Ferngo. Wir passen gerade durch die Einfahrt und parken an der Grundstücksmauer, hinter der sich viele kleine Bars und Restaurants befinden. Die Sanitäranlagen sind sehr afrikanisch, es ist furchtbar heiß und es wimmelt nur so vor Moskitos. Keine optimalen Bedingungen für Reparaturen. Mein Chauffeur und Mechaniker hat bereits die Federn auf der Hinterachse getauscht und jetzt nimmt er sich die hinteren Bremsbeläge vor. Gekauft in Douala. Soweit so gut, leider passen sie nicht. Peter hat sie in eine Werkstatt gebracht zum Aufnieten und Abschleifen. Er holt sie gerade ab, ich bin schon auf seine Stimmung gespannt, wenn er zurückkommt … Von weitem höre ich Peter lauthals fluchen. Das verheißt nichts Gutes. In der von Deutschen unterstützten Lehrwerkstatt hat man sogar die einfachsten Arbeiten falsch gemacht. Die Nieten waren schief und falsch gesetzt, die Bremsbeläge ausgebrochen und schlecht geschliffen. Wie kann man nur so viele Fehler auf einmal machen? Die Antwort ist einfach: Die deutschen Supervisor sind auf Urlaub. Und so macht sich Peter noch einmal an die Arbeit.

Maroua gefällt uns, besonders am Markt trifft man viele verschiedene Stämme. Es herrscht eine sehr entspannte Atmosphäre hier, wir fühlen uns – abgesehen von den hohen Temperaturen – wohl. Wenn mir so heiß ist, muss ich aufpassen, dass ich nicht grantig werde. Ist manchmal gar nicht so einfach. Auch die Einheimischen tragen ein bisschen dazu bei. So unverfroren und penetrant, wie hier manche sind, ist eigentlich schon eine Gabe. Ein kleines Beispiel, der Rezeptionist hier. Gestern gehe ich an ihm vorbei, grüße freundlich wie immer. Es folgt Small talk auf Französich. Wo ich denn hingehe? – Auf den Markt Stoff kaufen. – Er möchte gerne mitgehen. – Ich sage ihm, dass ich lieber alleine gehe. – Aber er möchte mir doch helfen. – Ich brauche keine Hilfe. – Es würde ihn glücklich machen, wenn er mich begleiten könnte. – Ich gehe aber alleine. – Er könnte doch nur ein Stück mitkommen. – Hör' zu, ich gehe alleine! – Dann solle ich ihm doch etwas mitnehmen vom Markt. – Ich glaube, mich verhört zu haben. – Irgendetwas, was kleines. – Ich sage ihm, er soll zu betteln aufhören. Ich bin nicht da, um Geschenke (cadeaux) zu verteilen. Es geht weiter auf Englisch.

Er: „But I'm your customer!"

Ich: „No, I'm your customer!"

Da muss ich wieder lachen und schleiche mich gleich bei der Gelegenheit.

Da wir ab Mittag immer lautstarke Musik von hinter der Mauer hören, wobei Qualität keine Rolle spielt, wollen wir am Abend dort hingehen. Es gestaltet sich als gar nicht so einfach, denn das Gewirr von schmalen Gassen wird immer enger, natürlich alles unbeleuchtet. Nach einer halben Stunde landen wir genau auf der anderen Seite des Relais Ferngo. Eine winzige Bar reiht sich an die andere, die Gäste sind zumeist betrunken und starren uns an. Anscheinend sind wir die ersten Nasaras (Weißen) hier. Es leuchtet uns ein, dass dies nicht der beste Platz mitten in der Nacht für uns ist und wir verlassen die Spelunken ohne den selbstgebrauten Alkohol zu kosten.

Landschaftlich ist der heutige Tag ein Höhepunkt. Wir fahren inmitten von Hügeln und Bergen, durch viele kleine Dörfer, deren Rundhütten aus Lehm gebaut und mit einen hohen konischen Grasdach versehen sind. Hier wird vorwiegend Hirse angebaut, die sich kurz vor der Ernte in prächtigem Rot präsentiert. Wir entdecken auch einige Fetischobjekte (Federn, Krallen, Fellteile), die am Getreide oder an Bäumen angebracht sind, um so vor Diebstahl zu schützen.

Trotz der schlechten Erfahrungen im Benué Nationalpark möchten wir uns auch den nördlichsten Park (Waza) ansehen. In der Regenzeit sind von insgesamt 400 Kilometer Piste im Park nur 60 befahrbar. Um 7:30 Uhr starten wir mit unserem Führer Monsieur Jaja. Die Vegetation ist extrem üppig, das Gras über drei Meter hoch, die Pisten manchmal nur zu erahnen. Was auf den ersten Blick trocken aussieht, entpuppt sich alsbald als Sumpf. Wir haben keine allzu großen Erwartungen viele Tiere zu sehen. Monsieur Jaja ist sehr sympathisch und ein richtiger Charakterkopf. Seit 32 Jahren ist er bereits hier tätig und weiß allerhand zu berichten. Bald sehen wir Giraffen, Antilopen und auch frische Löwenspuren.

Monsieur Jaja kennt keine Furcht, er marschiert durch das hohe Gras, denn er vermutet Löwen in der Nähe. An seinem Ledergürtel hat er lauter kleine Beutel, in denen sich Gris-gris befindet, also Fetisch, was ihn vor den diversen Gefahren schützt. Begegnet er einem Löwen, so schaut er ihm tief in die Augen und dank des Gris-gris entscheidet sich dieser für den Rückzug. Nachdem Monsieur Jaja schon so lange hier lebt und arbeitet, dürfte wohl etwas Wahres dran sein …

Über die Piste nach Banki, Nigeria, haben wir diverse Informationen bekommen. Die Antworten reichen von „mit Allrad befahrbar" bis „der Fluss sei nur mit Piroge (Einbaum) zu durchqueren, da eine Brücke weggerissen wurde". Wir sind schon gespannt. Die Piste ist stark ausgefahren, was auf regen Lkw-Verkehr schließen lässt. Nach ca. 30 Kilometer kommen wir an einer stehenden Lkw-Kolonne vorbei, danach geht es aber problemlos weiter. Kurz darauf liegen neben der Piste mehrere ausgebrannte Fahrzeuge, darunter auch einige Tankwagen. Wir hatten von diesem Unfall schon vor ein paar Tagen gehört. In der nächsten Ortschaft ist bereits das Zollbüro. Die Piste ist katastrophal, mit Schlamm und Wasser gefüllte, riesige Schlaglöcher und extrem rutschig. Überall parken Lkw. Unser Zolldokument ist schnell ausgestempelt und wir denken uns schon: „Alles einfacher als erwartet." Die Einreisebehörde ist nur einen Kilometer weiter. Also nichts wie hin. Was keiner erwähnte, war der hochwasserführende Fluss, der dazwischen liegt und wo es die befestigte Furt weggerissen hat. Uns wird sofort klar, dass es kein Weiterkommen gibt. Rundherum herrscht Chaos. Unzählige Fahrzeuge parken zwischen oder in den Schlammlöchern, mit Pirogen werden die Passagiere der Minibusse und auch Gepäck und Beladung zum anderen Ufer gerudert. Material zur Reparatur liegt schon bereit, aber man wartet noch bis das Wasser etwas zurück geht. Am gegenüberliegenden Ufer stehen die wartenden Lkw schon in Dreierreihen.

Es sind an die 100. Die Polizisten erzählen Peter, dass es anscheinend eine Umfahrung weiter südlich gäbe. Wir müssen also umkehren, was gar nicht so einfach ist. Auf dem Weg zurück zum Zoll müssen wir durch ein riesiges Schlammloch, die Schräglage, die unser Lkw erreicht, lässt mein Herz für ein paar Sekunden aussetzen. Die Zöllner erklären uns die Umfahrung und versichern, dass die Brücke dort intakt sei. Nur komisch, dass kein anderer Lkw diese angeblich sandige Piste nimmt. Mit bereits ausgestempeltem Zolldokument reisen wir also wieder in Kamerun, das geht auch nur in Afrika!

Die Umfahrungspiste ist anfangs gar nicht so schlecht. Doch kurz vor der Flussquerung wissen wir auch, warum hier keine anderen Lkw fahren. Es liegt ein umgekippter Lkw auf der mit Sandsäcken ausgebesserten Piste. Diese Passage ist sehr heikel. Aber Peter schafft es und schon sind wir in der Furt. Leider haben wir keine Ahnung, wie tief das Wasser ist oder wo sie am besten zu durchfahren sei. Ausschlaggebend für uns war ein kleiner Lastentransporter, der uns vor zehn Minuten entgegengekommen ist. Wieder meistert Peter die Strecke souverän. Bis Banki sind es nun nur mehr knappe 20 Kilometer, doch von einer sandigen Piste kann keine Rede sein, alles erdig und schlammig! Nur gut, dass hier noch nicht viele Fahrzeuge gefahren sind, denn dann wäre die Piste nahezu unbefahrbar. Erleichtert und ziemlich erschöpft erreichen wir am späten Nachmittag den Grenzort Amchide/Banki, ein richtiges Drecksnest! Da nächtigen wir doch lieber in Nigeria. Ein Beamter öffnet uns den Schranken und schon sind wir im bevölkerungsreichsten Land Afrikas.

Nigeria – Batschule!

Dank Peters Showeinlage bei der Einreisebehörde haben wir auch hier keine Probleme. Der Beamte fragt natürlich nach einem Mitbringsel, worauf Peter ihm erklärt, dass er bereits seit zwei Jahren in Afrika sei und schon alles hergegeben hätte. Leider sei er kein reicher Mann, ansonsten würde er gerne noch Geschenke verteilen. Dabei schmeißt er sich auch noch auf die Knie. Dem Beamten ist das sichtlich unangenehm und plötzlich wird er sehr freundlich, greift zum Stempel und drückt ihn in unsere Pässe.
Der Asphalt ist schlecht, noch dazu wird es gleich dunkel. Aber wir finden partout keinen Schlafplatz, rundherum ist alles sumpfig. Wir landen schließlich auf einer Tankstelle. Gut, dass es schon finster ist, demnach ist der Andrang der Menschen nicht so groß. Wir sind hundemüde und froh, nur wenige Gespräche führen zu müssen. Als wir schon im August verschwunden sind, klopft es an der Tür. Ein älterer Mann vom Stamm der Haussa steht draußen und hat uns zwei noch heiße gegrillte Maiskolben gebracht. Ein Geschenk? Für uns? In Afrika? Wir sind überwältigt. Ein toller Einstieg für Nigeria!

Der Norden Nigerias ist sehr dünn besiedelt, obwohl es keine Stadt unter einer Million Einwohner gibt. Alles andere sind „Dörfer". Die Landschaft ist flach und in der Regenzeit eher üppig, alles ist grün und leider auch sumpfig. Da freuen sich die Moskitos! Die Hauptverkehrsstraße ist asphaltiert und in gutem Zustand. August atmet auf. Wir gönnen ihm die geraden, guten Straßen nach all den Strapazen in Kamerun. Die Temperaturen sind hoch. Bisher konnten wir noch keinen Diesel kaufen. Unglaublich in einem Land, wo es so viel Öl gibt. Man bietet uns zwar direkt vom Tankwagen welchen an, aber Neira 80 (Euro 0,48) für einen Liter kommt uns doch ein bisschen viel vor. Später sollte sich noch herausstellen, dass wir einen großen Fehler gemacht haben.
Auf dem Plateau rund um Jos wird intensiv Landwirtschaft betrieben. Die Wiesen erinnern fast an mitteleuropäische Almen mit leuchtend gelben Blumen. Die Versorgung mit nigerianischem Essen während des Tages im Norden sieht schlecht aus, der Ramadan lässt grüßen. August der Reisewagen rollt den ganzen Tag kontinuierlich der Hauptstadt Nigerias entgegen. Auf diesen vielen Kilometern haben wir auch zahlreiche Polizeikontrollen. Nur gut, dass Peter im muslimischen Norden immer das richtige Gewand trägt. Die Beamten sind verblüfft als er mit seinem hellblauen Jallabiya (knöchellanges, weites Gewand mit langen Ärmeln), Flip-Flops und der Dokumentenmappe in der Hand aus dem Fahrzeug springt. Die Polizisten haben nur ein Ziel: Sie wollen Geld. Doch das gibt Peter nicht gerne her, deswegen nimmt er sich Zeit und redet. Die drei Beamten versuchen wirklich alles und sind ziemlich einfallsreich. Zuerst ist das Kennzeichen am falschen Platz, dann sind die Zusatzscheinwerfer verboten, man darf außerdem keinen Strick am Aufbau befestigen und ohne Schuhe zu fahren, ist ohnehin ein Fauxpas. Ich bleibe im Auto sitzen und überblicke die Situation. Nach einer halben Stunde klettert einer der Polizisten auf mein Trittbrett und fragt, ob Peter mein Mann sei. Ich bejahe. Daraufhin entgegnet der Polizist: „Er ist ein Wahnsinn, sowas von gesprächig und geschwätzig. Er redet, redet und redet. Hört überhaupt nicht mehr auf!" „Ich weiß, wem erzählst du das??!", ist meine Antwort, worauf wir beide lachen müssen. Ohne etwas bezahlen zu müssen und mit guter Laune reisen wir weiter. Bereits nach 2 ½ Tagen sind wir in Abuja! Läppische 1.000 Kilometer. Der Verkehr wird immer dichter, überall wimmelt es von Leuten.

Am Abend fühle ich mich wie auf einen anderen Planeten gebeamt. Wir sitzen in einem Fünfsternehotel, das keine drei verdient. Es ist ein Schmelztiegel: Moslems, Geschäftsleute aus der ganzen Welt, Prostituierte und wir. Wir dürfen gratis am Parkplatz des Sheraton stehen und auch den Swimmingpool benutzen. Da nehmen wir gerne den Verkehrslärm, das Kühlaggregat der Klimaanlage und die nahe gelegene Moschee mit dem stimmkräftigen Muezzin in Kauf. Abuja ist keine besonders aufregende Stadt, doch es gibt viele Botschaften hier. Heute ist nicht Peters Tag. Der Wecker läutet schon vor sechs Uhr, denn wir wollen auf die Botschaft von Benin. Als wir den ersten Taxifahrer nach dem Preis fragen, nennt er eine unverschämte Summe, den zehnfachen Tarif. Beim fünften Taxifahrer willigen wir ein, immer noch zu teuer, aber kein Vergleich mit dem ersten Angebot. Der Fahrer versteht nicht, wo wir hinwollen. Ist unser Englisch wirklich so schlecht? Peters Adern pulsieren schon. Im Portierhäuschen der Botschaft, das winzig ist und wo noch dazu viel zu viele Sessel stehen, müssen wir die Antragsformulare ausfüllen. Dauernd quetscht sich jemand vorbei, da das WC gleich anschließend ist. Man riecht es auch. Peters Stimmung kann man sich ungefähr vorstellen. Weiter geht es auf die togolesische Botschaft zwecks Informationseinholung. Gute Neuigkeiten, wir können gleich die Formulare ausfüllen. Nur, wo sind sie denn? Wir warten etwa 30 Minuten im Vorraum, bis man uns erklärt, es gäbe Probleme mit dem Computer und demnach sind keine Antragsformulare verfügbar. Ich frage mich, ob ich überhaupt einen PC gesehen habe. Ich erkundige mich bei dem Beamten, ob wir auch in Dollar bezahlen könnten, worauf er die Nase rümpft und meint, wenn er bis zum nächsten Tag den Wechselkurs wisse, vielleicht. Wir sollen ihn doch anrufen. Es ist bereits früher Nachmittag. Peter ist hungrig und wenn er hungrig ist, ist er auch grantig. Immer noch ist Ramadan. Etwas zu essen aufzutreiben, ist gar nicht so leicht.

Ich bemühe mich, frage dutzende Leute, bis wir schließlich eine kleine Garküche finden. Das Essen schmeckt gut, der Preis ist nach vielen Diskussionen immer noch an unsere Hautfarbe angepasst. Danach beginnen wieder die Tarifverhandlungen mit den Taxifahrern …

Am nächsten Tag ist alles anders. Als wir auf die Botschaft von Benin kommen, liegen unsere Pässe schon bereit. Und das togolesische Visum bekommen wir in einer Rekordzeit von nur fünfzehn Minuten! Hurra, morgen können wir Abuja verlassen.

Wir sind uns noch nicht ganz sicher, wo wir in Nigeria noch hinfahren möchten. Nach Westen müssen wir ohnehin vorerst. Als wir die Stadtgrenze passieren, erleben wir ein unglaublich starkes Gewitter, orkanartige Böen, ein langanhaltender Wolkenbruch, der Himmel durchzuckt von enormen Blitzen, gefolgt von Donnergrollen. Unsere Sicht ist gleich null. Am nächsten Tag müssen wir uns entscheiden: Fahren wir Richtung Süden und besichtigen Oshogbo oder versuchen wir die Westroute via den Kainji Nationalpark nach Benin? Wieder versuchen wir vor Ort Informationen einzuholen. Die afrikanische Antwort lautet, bis zur nächstgrößeren Ortschaft sei alles kein Problem und dort sollen wir nochmals fragen.

Man muss verstehen, dass viele Menschen eine Stadt, die 100 Kilometer weiter liegt nicht einmal kennen. Die Nigerianer sind nette Menschen, aber reden oft wirres Zeug ohne ein Ende zu finden, meistens in Pidgin Englisch, einer Mischung aus Englisch und Stammessprachen, wo manche Wörter ganz eine andere Bedeutung haben als gewöhnlich. Das macht es für uns nicht einfacher.

Wir navigieren mit gewöhnlichen Straßenkarten. Darauf sind die Hauptverkehrsrouten dick und rot eingezeichnet, die Nebenverkehrsstraßen etwas dünner und gelb, die Pisten oder Fahrwege noch dünner und weiß und dann gibt es auch noch die dünnen weißen, mit unterbrochener Linie. Das sind meine Lieblingsstrecken. Deshalb entscheiden wir uns für die Westroute. Bis zum Nationalpark ist die Straße tatsächlich asphaltiert. Es gibt nur ein paar verschlafene Dörfer und ab und zu läuft uns ein Kamel über den Weg. Hier überqueren wir auch den Niger, gleich unterhalb der Staumauer des Lake Kainji. Beim Büro des Nationalparks erkundigen wir uns nach der weiteren Strecke. Die übliche Antwort. Das Repertoire reicht von „kein Problem" bis zu „unmöglich". Wir versuchen es trotzdem. Ab Kaiama gibt es nur mehr Piste, die laut Angaben schlecht, aber passierbar sei. Die ersten Kilometer kommen wir gut voran, es geht leicht bergauf und ist ziemlich steinig. Verkehr gibt es nur in Form von wenigen Mopeds. Es wird zunehmend sandiger, aber auch feuchter. Die erste Schikane liegt vor uns, eine Schlammpassage. Wir sehen uns die Sache genauer an, auch wo große Bäume stehen, die eventuell unserer Seilwinde dienen können. Ein Kleinlaster kommt und zeigt uns die beste Durchfahrt, nur ist dieser erheblich leichter als wir. Alles geht gut, dennoch haben wir eine Vorahnung wie es weiter geht. Die folgende Strecke kostet uns viel Energie und Nerven. Schlammig, weich, zu eng, Flussdurchquerungen, hohe Geländestufen und dergleichen. Was mich am meisten belastet, sind die Schräglagen von August. Ich rechne immer mit dem Schlimmsten. Es war ein paar Mal schon sehr knapp, das gesteht sogar Peter im Nachhinein.

Der äußerste Nordwesten Nigerias ist sehr dünn besiedelt, die Menschen sind keine Weißen gewohnt. Zur Mittagszeit erreichen wir den Ort Gwasera. Es trifft sich gut, dass heute Markttag ist, denn wir sind trotz der Hitze sehr hungrig. Kaum sind wir stehen geblieben, hören wir das bekannte „Batschule" (Weiße) und schon laufen die Menschenscharen auf uns zu. Wir marschieren zu einem kleinen afrikanischen Restaurant, schauen neugierig in die Töpfe und setzen uns im Schatten auf eine Bank. Während wir Reis mit scharfer Tomatensauce und gebratenem Tofu (!) essen, sind mindestens 140 Augenpaare auf uns gerichtet. Sie umringen uns im Halbkreis, wir lehnen an einer Hausmauer. Die Luft steht, der Schweiß rinnt. Dennoch genießen wir die Situation, wir fühlen uns wohl und sind uns bewusst, dass dies wieder eines von den einzigartigen Erlebnissen ist. Zu Beginn unserer Reise hätten wir mit solch einer Situation nicht umgehen können, aber jetzt macht sie uns Spaß.

Nach dem Essen schauen wir uns – gefolgt vom halben Dorf – auf dem Markt um. Viele interessante Sachen gibt es zu entdecken: Geschmiedete Werkzeuge, Fetischobjekte, getrocknete Wurzeln und Blätter, die alle eine medizinische Wirkung haben. Da hier nur wenig Menschen Englisch sprechen, verständigen wir uns mit Mimik und Gestik, sehr zum Gefallen der Bevölkerung. Rund um uns herrscht ein wahnsinniger Trubel, Unmengen von Menschen, viele verschiedene Stämme, Kinder, die uns angreifen wollen, Musik aus jeder Bar, wohlduftende Speisen und viele Objekte, die wir noch nie gesehen haben. Umgekehrt sind hier sicher einige Kinder dabei, die noch nie Weiße gesehen haben, geschweige denn mit ihnen sprechen oder sie befühlen oder beschnuppern konnten. Die Kinder reden aufgeregt auf uns ein und wiegen sich dabei im Takt der rhythmischen Musik. Es ist so unglaublich beeindruckend, vielfältig, fröhlich, laut und bunt. Afrika pur!

Wir haben genug Gelegenheit zu fotografieren, auch viele ältere Menschen bitten uns, ein Foto zu machen und es ihnen zu schicken. Es ist wohl das erste, das sie von sich gesehen haben. Das werden wir gerne tun. Manche Frauen sind sehr aufwendig geschminkt und geschmückt, sie sind eine Augenweide, lebende Kunstwerke. Nach ein paar Stunden rät uns ein Mann, dass es besser sei, wenn wir bald weiter fahren würden. Die Situation könnte außer Kontrolle geraten, zu viel Trubel, zu viel Aufregung. Wir finden, dass er recht hat und machen uns auf den Weg.

Benin & Togo – Zu Gast bei Emilienne

Und so spuckt es uns in Nordbenin aus, wo wieder alle ein Geschenk haben wollen. Wir sind in diesem Land eigentlich nur auf der Durchreise, von Ost nach West. Die Breite beträgt maximal 300 Kilometer. In der Stadt Parakou halten wir uns am längsten auf, da wir Geld wechseln und tanken müssen. Es ist Wochenende, also haben wir zwei Stehtage gewonnen. Was machen wir in dieser Zeit? Wäsche waschen, lesen und in erster Linie schwitzen! Peter zeigt sich von seiner charmanten Seite und sagt mir, dass ich um Jahre älter aussehe bei diesen Temperaturen. Meinen roten Kopf werde ich noch stundenlang beibehalten (der Hitze wegen), mein ganzer Körper ist verschwitzt und klebt und laut Peter bekomme ich tiefe Falten unter den Augen. Hinzu kommt, dass mich am Tag die Moskitos lieben, also muss ich auch noch Insektencreme auftragen, was wiederum für die Atmungsaktivität der Haut nicht unbedingt förderlich ist … Nicht ganz mein Klima hier.

In Togo ist es um nichts kühler. Wir wollen unbedingt ins Tamberma-Tal, das mittlerweile zum UNESCO-Weltkulturerbe gehört. Hier gibt es eine ganz spezielle Bauweise der Hütten, die an mittelalterliche Burgen erinnert. Die Architektur ist einzigartig, nur im benachbarten Benin findet man auch solche Tatas. Unsere Führerin heißt Emilienne, stammt aus einem der Dörfer und ist ziemlich witzig. Beim ersten Tata bekommen wir eine ausführliche Erklärung und können anschließend alles besichtigen. Die Gebäude sind dreigeschossig. Im Erdgeschoss werden die Tiere nachts gehalten und Mehl gemahlen, im ersten Stock ist die Küche untergebracht und im Dachgeschoss sind die Schlafräume, eine Waschgelegenheit und die Getreidevorräte, die in den Türmen gelagert werden. Die Tatas haben nur einen Eingang, keine Fenster dafür kleine Öffnungen in den Wänden, die früher als Schießscharten dienten. Die Säuglinge und Kleinkinder bis drei Jahre schlafen im Zimmer der Mutter, der Rest der Kinder wird geschlechtsspezifisch auf zwei weitere Räume aufgeteilt. Ein Raum misst in etwa sechs bis sieben Quadratmeter und kann bis zu zehn Kinder beherbergen. Wir besichtigen an diesem Tag mehrere solcher Tatas, besuchen die Schule und auch den Fetischeur in Warongo. Sehr interessant, wenn auch für uns teilweise unverständlich. Wir diskutieren über die Unfruchtbarkeit mancher Frauen und er meint, wir könnten auch Leute aus Europa zu ihm schicken, die er dann behandeln würde.
Die Bewohner des Tales sind Animisten und betreiben Ahnenkult. Bei jeder Hütte findet man Fetischobjekte, die das Böse abhalten sollen. Sie verehren aber auch die Natur und halten ihre Riten an Heiligen Plätzen ab. Wir nächtigen in Emiliennes Dorf, die Bevölkerung versammelt sich, um uns ihre Tänze und Gesänge vorzuführen. Dazu schmücken sich die Frauen mit Cowrie-Muscheln und einem geflochtenem Hut, an dem Antilopenhörner angebracht sind. Als Kontrast dazu tragen einige ganz stolz einen Spitzen-BH, der allerdings schon etwas in die Jahre gekommen ist. Danach kommen auch die Männer an die Reihe, die uns ihre Scheinkämpfe präsentieren. Ich bewundere ihr Rhythmusgefühl und ihre Aktivität bei dieser Hitze. Was wir auf keinen Fall versäumen dürfen, meint Emilienne, ist der Wochenmarkt in Nadoba, das an der Grenze zu Benin liegt. Dort treffen wir auf den Franzosen Michel. Wir verstehen uns von Anfang an sehr gut. Er hat sein halbes Leben in Afrika verbracht und hat demnach einiges zu berichten. Er arbeitete als Korrespondent und Berater in Krisengebieten, schreibt für GEO und National Geographic, produziert selbst Filme und ist Antiquitätenhändler. Der Marktbesuch ist faszinierend, vor allem mit den Erläuterungen von unseren beiden Begleitern. In Togo wird die Voodoo-Kultur groß geschrieben. Es gibt einen eigenen Sektor nur für die Fetischeure, die unter Grasdächern ihre Arbeit verrichten. Durch Emilienne und Michel bekommen wir einen Einblick in die Kultur. Die Kamera lassen wir im Fahrzeug, denn die Leute

werden hier nicht gerne fotografiert. Wir sehen viele ältere Menschen, die zwischen der Unterlippe und dem Kinn einen runden Stein als Piercing tragen. Einige haben auch Narben als Verzierung oder Zeichen der Stammeszugehörigkeit im Gesicht. Andere sind wiederum mit Kohle geschminkt oder haben Tätowierungen im Gesicht. Wir lassen den Tag bei Michel ausklingen, mit Pastis, Wein, und einem ganzen Rindslungenbraten vom Grill. Ein herrlicher Tag und ein wunderbarer Abend!

Östlich von Lomé gibt es einen Campingplatz, der von einer mittlerweile 70-jährigen Schweizerin betrieben wird. Alice ist schon seit 25 Jahren in Togo. Der Platz ist nicht besonders, aber das machen die Leute wett, die wir hier treffen. Außer Alice lernen wir Fahrzeughändler aus Deutschland und den Niederlanden kennen. Peter spitzt gleich die Ohren. Lomé ist der Umschlagplatz für Gebrauchtfahrzeuge für West- und auch Nordafrika. In der Nähe des Hafens gibt es 28 große Plätze, wo die Fahrzeuge verkauft werden. Da muss sich Peter natürlich auf dem einen oder anderen umsehen. Wir sind richtig in die vorwiegend deutsche Gemeinschaft in Lomé integriert. Für ein paar Tage ganz nett, viele interessante Geschichten und bürgerliches schweizer Essen bei Alice. Ansonsten gibt Lomé nicht sehr viel her. Der Strand ist relativ schmutzig und abends sollte man alleine nicht mehr unterwegs sein. Auf was warten wir also noch? Das Visum für Ghana haben wir in der Tasche und von Lomé bis zur Grenze ist es nur ein Katzensprung.

Ghana – Urlaub vom Reisen

Noch nie zuvor war es schwieriger, Wasser für unsere Tanks zu bekommen, als hier in Ghana. Zuerst frage ich an einer Tankstelle. Negativ. Man verweist mich an die angrenzende Bar, wo man mir Wasser in Plastiksäckchen zu 0,25 Liter anbietet. Danach geht es weiter ins Restaurant, nach kurzer Zeit kommt ein junger Mann mit zwei Wasserkübeln heraus. Ich erkläre nochmals, dass wir 200 Liter brauchen und einen Schlauch besitzen. Wir benötigen nur einen Wasserhahn. Der ist in der Küche. Als ich mir ansehen möchte, wo der Hahn genau ist, werde ich kurzerhand vom Küchenpersonal rausgeschmissen. Ich verstehe überhaupt nichts mehr. Habe ich etwas falsch gemacht? Die Frau sagt mir, ich dürfe die Küche nicht betreten und dass ich Wasser nur beim Wasserhahn bekommen würde. „Ja, wo ist denn dieser?", frage ich. - In der Küche und da habe ich nichts verloren!

Beim nächsten Versuch ist Peter dran. Wir sehen zwei Tankwagen und versuchen dort unser Glück. Ein hilfsbereiter Mann erscheint und meint, er wisse, wo ein Wasserhahn sei. Peter geht mit ihm mit, kommt jedoch ein paar Minuten später mit einem Gesichtsausdruck zurück, der nichts Gutes verheißt. Es gab tatsächlich einen Wasseranschluss in einer Kirche und der „nette" Mann wollte NUR Cedi 150 (Euro 100) dafür! Beim Wegfahren bleiben wir nochmals bei dem Tankwagen stehen. Man will uns für Cedi 5 (Euro 3) das Wasser verkaufen. Doch dann kommt wieder der „nette" Mann und plötzlich steigt der Preis. Nein, danke! Nur ein paar hundert Meter weiter ist das städtische Wasserwerk, wo wir um Cedi 2,50 (Euro 1,50) einen ganzen Tankwagen voll Wasser kaufen. Zuvor müssen wir aber noch unsere Tanks reinigen, denn das zuletzt getankte Wasser enthielt viel Eisen, das sich durch Beigabe von Chlor wunderbar abgesetzt hat. Während wir dann endlich die Tanks füllen, werden wir von einem Ghanaer in ein Gespräch verwickelt. Anfangs ist es noch recht nett und interessant, doch dann entgleist die Konversation. Der Ghanaer wird immer aggressiver und wirft uns schließlich an den Kopf, dass wir Afrika ausrauben, auf eine intelligente Art und Weise. Es reicht uns. Wir bitten ihn zu gehen und uns in Ruhe zu lassen.

Zumindest haben wir jetzt wieder genug Wasser und fahren weiter ins Brenu Beach Resort. Hier parken wir direkt am Strand unter Kokosnusspalmen. Der Platz ist gut. Nach all den Strapazen heute beschließen wir, essen zu gehen. Die Speisekarte liest sich ebenfalls gut, die Preise liegen im Schnitt bei sechs Euro. Nach über einer Stunde kommt das Essen, es schmeckt hervorragend. Als wir die Rechnung bekommen, kommt uns die Endsumme etwas viel vor. Bei genauerem Hinsehen entdecken wir, dass sie für Pommes sieben Euro verrechnet haben. Außerdem verrechneten sie uns Getränke, die wir gar nicht hatten. Die zweite Rechnung stimmt wieder nicht. Peter verliert die Geduld. Nicht einmal der Manager schafft es, eine korrekte Rechnung auszustellen. So diktiert Peter unsere Speisen und Getränke und dann stimmt es. Beim Wechselgeld verrechnen sie sich abermals. Wir machen eine ziemliche Szene, was eigentlich gar nicht unsere Art ist. Aber es war ein sehr anstrengender Tag und der Beschiss im Restaurant ließ das Fass wohl überlaufen. Nach unserem gestrigen Auftritt ist es vermutlich besser abzureisen. Aber wir haben keine Lust zum Weiterfahren. Wir möchten gerne ein bisschen ausspannen und das gelingt uns auch, zumindest einen Tag lang. Wir entschuldigen uns beim Personal für unser gestriges Benehmen und die Stimmung hebt sich allgemein. Es ist der 5. Oktober 2008. Unweit von mir rauscht das Meer und überall rascheln die Palmenblätter. Ein paar Krähen schimpfen, Schafe blöken und drei Geier machen sich über eine Kokosnuss her. Uns geht es schon besser.

Ghana hieß früher einmal Goldküste. Doch nicht nur wegen der Bodenschätze kamen die Europäer im 15. Jahrhundert. Hier gab es auch die kräftigsten Einheimischen, der Sklavenhandel florierte. Angeblich sind es drei Stunden zu Fuß am Strand entlang nach Elmina, wo sich das älteste von insgesamt 60 Forts in Ghana befindet. Es wurde von den Portugiesen erbaut, die hier Gold einkauften. Später wurde die Burg von Niederländern und schließlich von den Briten in Beschlag genommen und für den Sklavenhandel verwendet. In knapp 150 Jahren wurden geschätzte 12 – 20 Millionen Afrikaner über den Atlantik transportiert. Oft starb mehr als die Hälfte der Sklaven an Bord aufgrund der unmenschlichen Bedingungen.

Je näher wir an die Stadt herankommen, umso schmutziger wird es. Heute lernen wir, dass die Ghanaer den Strand als Toilette benutzen. Wir sehen zwar Sanitäranlagen, aber anscheinend werden sie nicht verwendet. Man muss richtig aufpassen, wo man hin tritt. Echt angeekelt sind wir, als wir einige Männer sehen, die vor uns ihr Geschäft verrichten. Uns wird ganz flau im Magen. Hinzu kommen noch all der Müll, der am Strand liegt und der dementsprechende Geruch. Wir sind heilfroh, als wir die Asphaltstraße erreichen und die Burg erblicken. Das Gebäude, welches das älteste südlich der Sahara ist (erbaut im Jahre 1482), ist in gutem Zustand. Noch heute kann man die Verliese und Zellen besichtigen, in denen die Sklaven untergebracht waren und eine Vorstellung von den damaligen Verhältnissen bekommen. Von Elmina brauchen wir nun ein Taxi oder einen Bus zurück zum Brenu Beach Resort. Gar nicht so einfach, wenn man nicht ein Vermögen dafür bezahlen möchte. Nach einer guten Stunde, die wir mit Verhandeln verbracht haben, sitzen wir in einem Minibus, der uns zumindest in die passende Richtung bringt. Anschließend noch mit dem Taxi die letzten fünf Kilometer und wir sind wieder zu Hause. Uff!

An Peters Geburtstag fahren wir nach Takoradi. Wir brauchen Geld und Lebensmittel. Die Bank hat sogar einen eigenen Parkplatz, der groß genug für unseren Lkw ist. Leider übersehen wir ein paar Kabel. Der Mast, an dem sie befestigt sind, steht nun etwas schief. Sofort kommen Sicherheitsbeamte und Polizisten. Wir hören dauernd, dass wir zahlen müssen. Doch Peter repariert alles und wir können weiterfahren, was dem Polizisten überhaupt nicht passt. Das Einkaufen dauert, denn ich muss lange Verhandlungen führen, um einen annähernd fairen Preis zu bekommen. Ich bin gerne bereit, etwas mehr als die Einheimischen zu bezahlen, aber sicher nicht den fünffachen Betrag. An manchen Tagen macht mir das Einkaufen und Feilschen wirklich Spaß. Heute allerdings nicht. Für mich ist es mühsam, fünf Minuten lang über den Preis von einem halben Kilo Tomaten zu verhandeln. Wir möchten gerne länger an der Küste bleiben und Plätze finden, wo wir direkt am Strand parken können und unsere Ruhe haben. Was wir brauchen, ist Urlaub vom Reisen und Urlaub von Afrika. Erst dann werden wir wieder genug Energie und die richtige Einstellung haben, um weiter zu fahren. Das wünsche ich uns und den Afrikanern.

Von der Green Turtle Lodge haben wir schon so viel von anderen Reisenden gehört. Da wollen wir unbedingt hin. Am frühen Abend erreichen wir die entzückende Anlage. Unsere Erwartungen erfüllen sich! Kleine traditionelle Lehmhäuschen, Kokosnusspalmen, Sandstrand, eine nette Bar und eine wunderbare Speisekarte. An der Rezeption eröffnet man uns allerdings, dass unser Fahrzeug zu groß sei, um durch die Anlage bis an den Strand fahren zu können. Wir fallen aus allen Wolken, die Enttäuschung macht sich umgehend in unseren Gesichtern breit. Wir könnten aber am Parkplatz nächtigen, meint der freundliche Einheimische. Ein nettes Angebot, aber kein Wind und kein Blick aufs Meer. Ghana scheint nicht unser Land zu sein. Was hier schon alles schief gelaufen ist! Nachdem heute aber Peters Geburtstag ist, marschieren wir erst mal an die Bar und trinken zwei Pina Colada. Köstlich, wenn auch warm. Was soll's, wir bestellen noch einen und plaudern nett mit einem Engländer. Er heißt Tom und entpuppt sich als Besitzer der Green Turtle Lodge. Natürlich könnten wir nach vorne an den Strand fahren, eventuell müssten wir ein paar Palmenblätter abschneiden, meint Tom nach einer halben Stunde. Mit der Machete in der Hand gehe ich voraus und entferne die Blätter, die zu niedrig für August sind. Wir parken mit Blick aufs Meer unter Kokosnusspalmen, schlürfen schon bald weitere Cocktails und lassen uns das Abendessen schmecken. Das Leben ist schön!

Die Green Turtle Lodge ist der Platz, den wir gesucht haben. Optimal zum Ausspannen, Urlaub machen und um Reisende zu treffen. Die Zeit vergeht wie im Flug. Wir sind die erste Woche so richtig faul. Danach beginnen wir ein bisschen zu arbeiten – Peter am August und ich am Computer. Frühstücken und dabei Wale beobachten? Ja, das gibt es wirklich! Vom gedeckten Tisch aus sehen wir mit dem Fernglas eine Kuh und ein Kalb, ich denke es sind Buckelwale. Sie vergnügen sich im Wasser, springen wie Delphine und drehen sich um die eigene Achse. Unweit sind einige kleine Fischerboote im Wasser, ich glaube, meine Hose wäre sicher voll gewesen … Ein paar Tage später schwemmt es in der Nacht einen jungen Buckelwal an den Strand. Er ist tot. Er hat tiefe Wunden, der Unterkiefer fehlt fast zur Gänze und von seiner Schwanzflosse wurde regelrecht abgebissen. Wir vermuten, dass es Haie waren. Am nächsten Morgen ist er immer noch da, die Flut hat ihn nicht mitgenommen. Er riecht schon kräftig. Aus dem Nachbardorf Akwidaa kommen ca. 30 Männer und viele Schaulustige. Mit vorwiegend Muskelkraft, Holzbalken, Seilen und viel Geschrei bringen sie den Buckelwal zurück ins Wasser, von wo er dann mittels eines Bootes auf hohe See gebracht wird. Der Gestank ist bestialisch. Was zurück bleibt holen sich die Geier.

Im Oktober gibt es viel zu feiern: Unsere Geburtstage, zwei Jahre auf Reisen und heute, am 23. 10., hat auch noch der Ire Jon Geburtstag. Er hat sich mit seiner Freundin Jeanne ein Jahr Auszeit genommen und reist mit dem Rucksack durch Afrika. Wir verstehen uns von Anhieb gut und haben viel Spaß mit den beiden. Von den Iren erfahren wir auch vom Desert Festival in Mali. Sie haben schon Karten und werden Anfang Jänner von Uganda aus dorthin fliegen. Wir sind von der Idee, auf das Festival zu fahren und die Iren dort zu treffen, gleich begeistert. Sofort werden Pläne geschmiedet und eine lockere Vereinbarung getroffen. Darauf müssen wir anstoßen, ich stelle südafrikanischen Wein kalt und Peter marschiert zu den Fischern nach Akwidaa. Eine Stunde später sehe ich ihn schon von weitem mit einem großen Fisch zurückkommen. Vielleicht ein Barracuda?

Nach vier Tagen Entzug von der Green Turtle Lodge, sind wir absolut glücklich, wieder hier zu sein. Der Grund der Abreise war die Visaverlängerung. Die Wartezeit nutzen wir, um einen Kanuausflug in das Stelzendorf Nzulezo zu machen und das Ankasa Nature Reserve zu besuchen. Nachdem wir die Pässe abgeholt haben, verlieren wir keine Zeit, um in die Green Turtle Lodge zurückzufahren. Wir parken August wie gewohnt am Strand und stürzen uns zur Abkühlung sofort in den Atlantik!

Sonntagnachmittags in Ghana. In der Green Turtle Lodge, wo sonst?! Wir sitzen unter einer Kokosnusspalme, ein paar Bücher, Stifte, eine Wasserflasche und das Geschirr vom Mittagessen stehen noch am Tisch. Vier Mädchen nähern sich. Ihre Blicke treffen nicht uns, sondern den Tisch. „This is my bottle!", sagt ein Mädchen und zeigt auf die Flasche. „No, this is my bottle", entgegne ich. Wir spielen das Ganze noch etliche Male durch bevor sie schließlich weitergehen. Der nächste Besucher ist Emmanuel, ein zwölfjähriger Junge aus Akwidaa. Er kommt fast jeden Tag und verkauft uns Kokosnüsse, Bananen und Eier aus dem Dorf. Natürlich zu teuer. Ich kenne den richtigen Preis und lasse es Emmanuel wissen. Nehme die Lebensmittel aber trotzdem. Schlechtes Gewissen kennt er nicht. Wir geben ihm abermals Verband für sein Schienbein, das er sich beim Klettern auf die Palmen aufgerissen hat und bieten ihm Arbeit gegen Bezahlung: Den Müll vom Strand einsammeln und grob trennen. Begeistert ist er nicht, aber solange Peter mithilft, arbeitet er. Das Interesse schwindet rasch, das Arbeitstempo auch und die Mülltrennung hat er schon wieder vergessen.

Ich warte auf die Frauen, die mit den geernteten Tomaten vom Feld nach Hause marschieren. Als ich sie erblicke, laufe ich mit einer kleinen Schüssel zum Strand hinunter. Eine Frau nimmt ihr riesiges Behältnis vom Kopf und ich suche mir die schönsten Tomaten aus. Sie schmecken köstlich und kosten fast nichts. Die Ghanaerin bittet mich, ihr zu helfen den Bottich auf ihren Kopf zu heben. Aber gerne doch! Als ich anpacke, mache ich mir fast in die Hose. Das Ding wiegt mindestens 40 Kilo! Kerzengerade und elegant geht die Frau nach Hause. Ich fasse es nicht!

Auch heute stehen wir vor einer schwierigen Entscheidung: Königsmakrele von den Fischern kaufen, sich auf die Suche nach Tintenfischen machen oder im Restaurant pikanten Hummer oder vielleicht doch ein Grillhenderl essen? Eine Lösung findet sich immer. Seit geraumer Zeit haben wir ein neues Haustier. Wir

haben es zwar noch nicht gesehen, tippen aber auf eine Maus. Obwohl Peter jeden Tag neue Fallen bastelt, haben wir sie noch immer nicht gefangen. Am Morgen finden wir wieder überall Spuren, mittlerweile hat das Biest begonnen, unsere Unterlagsmatten und die Schwämme fürs Abwaschen anzunagen. Wir fragen uns nur, wie sie bloß hereingekommen ist. Das Schabenproblem dürfte sich dafür aber gelöst haben.
Länger als erwartet bleiben wir in der Green Turtle Lodge. Es ist wirklich nicht einfach, von hier wegzufahren; der Golf von Guinea vor der Nase, jeden Tag Kokosnüsse futtern, Fisch und Meeresfrüchte am Abend und einige interessante und sehr witzige Bekanntschaften. Wir sind bereits über ein Monat hier. Morgen planen wir abzureisen. Ich bin schon gespannt, ob es uns gelingt. Falls es nämlich pikanten Hummer im Restaurant geben sollte, sind die Chancen wegzukommen, gering. Ein Tag mehr oder weniger ist ja auch letztendlich egal.

Mitte November schaffen wir den Absprung. Uns bleiben nur mehr knappe drei Wochen für den Rest des Landes. Kakao ist das landwirtschaftliche Exportgut Nummer eins Ghanas. Überall sehen wir die Kakaobohnen zum Trocknen aufgelegt. Die ganze Straße ist damit gesäumt. Gerne darf ich kosten. Die etwa drei Zentimeter großen Bohnen schmecken wie Bitterschokolade. Mit einem vollen Sack Kakaobohnen fahren wir nach Obuasi. Hier befindet sich die größte Goldmine des Landes. Für eine Minenbesichtigung sind wir zu spät dran, man bittet uns am nächsten Tag zwischen acht und vierzehn Uhr wiederzukommen. Vor neun Uhr sind wir bereits im Visitor Centre der AngloGoldAshanti-Mine. Wir bekommen einen Führer zugewiesen, der uns eine kurze Einführung gibt. Danach schlüpfen wir in die bestialisch stinkenden Gummistiefel, werfen uns eine mit Reflektoren besetzte Jacke um und fahren zum Nordschacht der Goldmine. Ein Lkw bringt uns bis in die fünfte Ebene der Mine. Von dort geht es zu Fuß unter Tag weiter. Natürlich haben wir einen Helm mit Stirnlampe und Sauerstoffgerät bekommen. Leider verschwieg man uns am Vortag, dass man nur zeitig in der Früh (7:30 Uhr) die tieferliegenden Ebenen besichtigen kann. Wir marschieren bis in die fünfzehnte Ebene, wo sich auch die Ausbildungsstätten befinden. In nur drei bis vier Monaten ist man bereits geschulter Minenarbeiter. Das Einkommen beträgt Cedi 200 im Monat, das entspricht in etwa Euro 125. Als wir die Mine verlassen, werden wir natürlich kontrolliert. Wir müssen durch einen Scanner marschieren, jedoch muss ich meine Handtasche zuvor auf einen Tisch legen. Nach Durchschreiten des Detektors nehme ich meine Tasche, in der genug Platz für einen kleinen Goldbarren wäre, und wir fahren zurück zum Besucherzentrum. Als wir die Gummistiefel ausziehen, tränen unsere Augen. Die Socken werfen wir gleich in den Mistkübel und unterziehen uns einer gründlichen Wäsche.

Am 16. November 2008 erreichen wir Kumasi. Es ist heiß. In der zweitgrößten Stadt Ghanas stocken wir unsere Bargeld- und Lebensmittelreserven auf und kaufen Ersatzteile für unseren Lkw. Peter baut gleich die neu erworbenen Stoßdämpfer ein, wurde auch schon Zeit, denn seit Libyen funktionieren diese nicht mehr. Auch die gebrochene vordere Feder wird getauscht. Die Regenzeit ist nun endgültig vorbei, dementsprechend hoch sind die Temperaturen. Auch in der Nacht kühlt es nicht merklich ab. Wir campen im Garten eines Gästehauses. Von allen Seiten werden wir beschallt, es befinden sich einige Kirchen in der unmittelbaren Umgebung. „Obruni, I come to see your house", ertönt es plötzlich hinter uns. Ein paar Kinder sind gekommen, eigentlich um Wasser zu holen. Doch wenn sie schon mal da sind, können sie doch mehrere Sachen miteinander verbinden. Weitere bekannte Forderungen bekommen wir zu hören: „Give me my money. Give me my bicycle. I come to drink my water." Die Wirkung ist nicht besonders groß als ich sie bitte zu gehen. Peter ist da schon überzeugender, als er den bösen Mann spielt. Der Verkehr in Kumasi ist am nächsten Tag gar nicht so schlimm, schon bald sind wir an der Stadtgrenze und am frühen Abend treffen wir im Don Bosco Ausbildungszentrum bei Sunyani ein. Hier arbeiten vier österreichische Zivildiener, die wir an der Küste getroffen haben. Unser Besuch ist unangekündigt, die Überraschung und Freude sind groß. Wir kommen gerade recht zum Abendessen.
Ich besuche am Morgen vor dem Unterricht die Messe. Danach zeigt uns Ludwig, einer der Zivildiener, das Gelände. Alle vier Österreicher unterrichten Informatik, die Ausstattung stammt aus Spendengeldern und ist tadellos. Die Zivildiener leisten wirklich gute Arbeit. Sie unterrichten Montag bis Freitag jeweils bis fünfzehn Uhr. Hinzu kommen noch die Betreuung der Lernstunden und die Erstellung neuer Lehrpläne. Gegen Ende des Jahres wollen sie auch Internet in den Klassen installiert haben. Am Sonntag wird von

ihnen erwartet, die Messe zu besuchen. Da bleibt nicht viel Zeit für die Freizeit. Doch sie sind trotz einiger Malariaerkrankungen guter Dinge und voller Tatendrang. Wir sind von ihrem Einsatz beeindruckt. Nach dem Mittagessen wollen wir uns eigentlich schon verabschieden, doch die Studenten machen uns einen Strich durch die Rechnung. Der polnische Priester sagte nämlich in der Messe halbernst, sie könnten gegen 50 Pesewas unseren Lkw besichtigen. Die Studenten haben es für bare Münze genommen. Zum ersten Mal lassen wir eine Gruppe Einheimischer in unser Haus schauen. Der Strom der Studierenden reißt nicht ab. Nachdem sich zwei Studentinnen gleich nach dem Eintreten rücklings in unser Bett fallen lassen, beenden wir nach 1 ½ Stunden die Besichtigung und sind uns einig, dass es auch das letzte Mal war.

Nach einer ruhigen Nacht im Busch werden wir am Morgen von Vogelgezwitscher geweckt. Den Regenwald haben wir nun endgültig hinter uns gelassen. Nur noch 65 Kilometer sind es bis zum Mole Nationalpark. Sobald die Sonne aufgegangen ist, wird es heiß. Trotzdem haben wir schon wieder Hunger. Wir haben ein neues Lieblingsessen und man findet es in jedem Dorf: Gegrillte Kochbanane und Yam Chips mit Chillisauce. Wir campen im Nationalpark mit Blick auf das Wasserloch. Schon in der Morgendämmerung turnen die Paviane auf unserem Lkw herum. Sie sind gar nicht so leicht zu verscheuchen. Beim geführten Morgenspaziergang sehen wir viele Antilopen, Buschböcke, Paviane, Meerkatzen, Warzenschweine und unzählige Vögel. Zu Mittag ist es bereits unerträglich heiß, der Swimmingpool des Hotels bietet willkommene Abkühlung. Die Temperatur klettert bis auf über 40 °C. Peter ruht sich im Schatten aus. Doch nur kurz. Er wird von Stimmen geweckt. Zwei Ghanaer beginnen auf ihn einzureden. Sie sind überzeugte Katholiken und wollen Peter bekehren. Nach fünf Minuten Bibelkunde reicht es Peter und er erklärt mit folgenden Worten, warum er nicht Katholik sein möchte: „Ich bin kein Sünder! Ich bin weder sündig auf die Welt gekommen, noch führe ich meiner Meinung nach ein sündiges Leben. Ich bin ein guter Mann und ein guter Mechaniker." Der Priester reagiert sofort und fragt Peter, ob er sich bei Motorrädern denn auch auskennen würde. Dabei wandert sein Blick zu seinem Motorrad. Der gute Peter repariert den Vergaser und ist nun hoffentlich von den Sünden freigesprochen.

Die letzte Nacht in Ghana verbringen wir im kleinen Dorf Sirigu, das nahe der Grenze zu Burkina Faso liegt. Dort schlafen wir bei einer Frauenorganisation, die schöne Töpfer- und Flechtwaren und traditionelle Malereien verkauft. Die Motive kann man nicht nur auf Bildern, sondern auch auf Hauswänden finden. Es sind abstrakte, geometrische Formen und Tierfiguren, immer in den Farben schwarz, rot und weiß.

Schwarz symbolisiert Macht, rot Gefahr und weiß Reinheit. Sehr oft werden als Tierfigur die Kuh (steht für Reichtum), die Python (steht für Schutz) und das Krokodil (steht für die Rettung, das Überleben eines Klans) verwendet. Die Malereien auf den Hauswänden müssen alle drei Jahre erneuert werden, da die Farben verblassen. Auch das ist die Aufgabe der Frauen. Praise führt uns durch das Dorf und erzählt uns einiges über die Menschen, ihre Kultur und den Glauben. Hier in der Savanne Nordghanas leben die Menschen vorwiegend von Viehzucht (Rinder, Schafe, Ziegen, Perlhühner) und Landwirtschaft (Hirse, Erdnüsse, Okra, Bohnen, Erdäpfel). Es herrscht Subsistenzwirtschaft, das heißt, die Ernte reicht nur für den Eigenbedarf. In einem guten Jahr werden Überschüsse am Markt verkauft. Besitzer von Tierherden, besonders von Kühen, sind wohlhabende Menschen. Tiere werden nicht nur als Nahrungsmittel, sondern auch als Wertanlage gesehen. Ebenso spielen sie als Mitgift und Opfergabe eine Rolle. Sieht man ein Pferd, so kann man davon ausgehen, dass es dem Dorfchef gehört. Die Familien sind patriarchalisch, der Vater bzw. Großvater ist das Oberhaupt und trifft alle Entscheidungen. Die meisten Männer sind polygam. So haben besonders die Frauen eine schwache soziale und wirtschaftliche Position. Viele sind Analphabetinnen und müssen schwere Arbeit in der Landwirtschaft und im Haushalt leisten. Die Kinder werden ausschließlich von den Frauen versorgt. Die Gründerin der Frauenorganisation SWOPA, Frau Kasise, war die erste Frau im Dorf, die eine höhere Schulbildung genossen hat. Jetzt, als Pensionistin, unterstützt sie die Frauen von Sirigu, damit sie ihr Einkommen aufbessern können, aber sich auch untereinander austauschen und ihre Identität durch die Kunst ausdrücken können.

Seit langem haben wir wieder mit einigen Freunden zu Hause telefoniert. Danach ist uns sofort bewusst geworden, wie gut es uns geht und vor allem wie frei wir sind. Auch denken wir vermehrt an Österreich. Unserer Ankunft blicke ich mit gemischten Gefühlen entgegen. Einerseits freue ich mich total auf meine Eltern und Freunde, andererseits habe ich mich sicher verändert und werde mit einigen Dingen nur schwer umgehen können. Mir kommt gerade das Grauen, wenn ich daran denke, dass ich mich in etwa sechs Monaten auf Jobsuche begeben werde. Ich schiebe den Gedanken sofort beiseite. Trotzdem verkrampft sich mein Bauch. Das kann allerdings auch daran liegen, dass ich schon seit sechs Tagen nicht mehr am Klo war. Was ist da schon wieder los? Diese ständige Verstopfung ist nicht gerade angenehm. Unglaublich, wie viel in meinem Bauch Platz hat. Meine Stimmung ist an solchen Tagen nicht die beste. Aber abgesehen davon ist alles in bester Ordnung. Unsere Beziehung ist wirklich harmonisch, wir sind glücklich und das auf 9 ½ m² Wohnfläche. Ich frage mich gerade, wie viele andere Paare es auf engstem Raum für längere Zeit aushalten würden. Ich habe keine Antwort darauf.
Seit Namibia haben wir nur wenige Reisende getroffen und noch weniger, die mit dem eigenen Fahrzeug unterwegs sind. Dafür wimmelt es nur so vor Entwicklungshelfern und Freiwilligen. Ich glaube, sie wissen oft selbst nicht, was sie tun. Gut, dass wir wissen, was wir tun. Nach dem Frühstück fahren wir nach Burkina Faso!

Burkina Faso – Die Heiligen Drei Könige

Burkina Faso – ein toller Name! Was haben wir über dieses Land gehört? Vor allem, dass man es ohne Klimaanlage nicht aushält. Unsere Klimaanlage ist der Laptop – als Bildschirmschoner haben wir den Schneeberg – im Winter natürlich. Doch der Anblick hilft leider nur kurz. Das Dorf Tiebele erinnert uns stark an Sirigu. Kein Wunder, denn aus der Luft betrachtet liegen die beiden auch nicht weit entfernt. Für die Einheimischen existiert die Grenze nicht, für uns schon. Wir müssen einen großen Umweg machen, um dorthin zu gelangen, den wir aber nicht bereuen.

Hier lebt das Volk der Kassena, das besonders für ihre Lehmhäuser bekannt ist. Wir besichtigen den Palast mit Führer, denn innerhalb der Mauern sind die engen Gassen labyrinthähnlich angelegt. Die Fassaden der Häuser sind wunderschön in schwarz, rostbraun und weiß bemalt, alles natürliche Farben, die aus Pflanzen oder Steinen gewonnen werden. Einige Hütten dürfen auch von innen besichtigt werden. Die Menschen leben recht einfach, haben wenig persönlichen Besitz. Von einem der Flachdächer aus haben wir einen guten Überblick über den Palast, der die ganze Großfamilie beherbergt. Unterkunft finden wir in der Auberge Kunkolo, wo gerade genug Platz für unseren Lkw ist. Wir sind über die Anzahl der europäischen Touristen überrascht und stellen wieder einmal fest, dass der Unterschied zwischen Reisenden und Touristen ein gewaltiger ist.

Monsieur Koubouga soll der beste Schmied im Südosten des Landes sein. Am Vormittag besuchen wir ihn im nahen Dorf Tangassoko. Aufgrund seiner Tätigkeit ist er ein sehr angesehener Mann. Peter ist gespannt auf seine Arbeit. Wir möchten ihm gerne beim Schmieden zusehen und geben einen Armreifen in Auftrag. Seine Schmiede befindet sich unter einem zusammengebrochenen Blätterdach inmitten eines Feldes. Er installiert die Blasbälge aus Ziegenfell und kümmert sich um das Feuer. Monsieur Koubouga kauert am Boden und beginnt zu arbeiten. Als Amboss dient ihm ein Granitstein. Die Schaulustigen werden immer mehr. Neben mir nehmen zwei junge Männer Platz, Studenten. Sie verwickeln mich in ein nicht uninteressantes Gespräch, welches langsam Kurs auf das Thema Geld und Europa nimmt. Wir sitzen mitten auf einem Feld, mitten in Burkina Faso, vor mir arbeitet der Schmied mit primitivsten Mitteln und plötzlich fragt mich ein Student, warum in Europa die Wirtschaftskrise entstanden sei. Bitte welche Wirtschaftskrise?

Nachdem wir seit mehr als zwei Jahren unterwegs sind und uns schon lange weigern, Zeitungen zu lesen oder Nachrichten zu hören, haben wir von der Krise nur am Rande etwas mitbekommen. Eine für mich absurde Frage in dieser Umgebung. Dennoch leite ich sie an Peter weiter. „Weißt du, wodurch die Wirtschaftskrise entstanden ist?" Desinteressiert vernehme ich die Antwort: „Keine Ahnung." Damit ist das Thema vom Tisch. Nach ungefähr zwei Stunden ist der Armreif fertig. Wir haben uns wohl ein bisschen zu viel erwartet, aber zumindest ist das Werk ein nettes Andenken. Wir bezahlen den viel zu hohen Preis und geben dem Schmied noch - wie versprochen - ein abgebrochenes Federblatt als Rohmaterial und etwas Holzkohle. Monsieur Koubouga möchte aber gleich unseren ganzen Kohlensack. Peter setzt einen bösen Blick auf. Der Schmied versteht sofort, bedankt und verabschiedet sich.

Ouagadougou. Diesen Namen muss man sich einmal auf der Zunge zergehen lassen. Ein absoluter Wahnsinn! Ouagadougou ist die Hauptstadt Burkina Fasos. Unser Zuhause für die kommende Woche ist ein staubiger und lauter Hotelparkplatz neben einem Lkw-Gelände. Das Gute daran sind die alten Bäume, die uns Schatten spenden und das Schwimmbad, das wir benutzen dürfen. Auch die Toilettanlagen stehen uns zur Verfügung. Sie sind für afrikanische Verhältnisse ganz passabel, doch heikel darf man nicht sein. Peter sucht die Anlagen vor dem Schlafengehen am ersten Abend auf und kommt lange nicht zurück. Er wird wohl jemanden getroffen haben und tratschen, denke ich mir. So ist es. Er hat tatsächlich jemanden getroffen. Und zwar auf der Herrentoilette. Eine hübsche junge Frau. Peter glaubt, er hat sich in der Tür geirrt, geht nochmals raus, sieht aber, dass er eindeutig vor der Herrentoilette steht und tritt nochmals ein.

Die schöne Burkinabe lächelt ihn an und fragt, ob sie etwas für ihn tun könne. Erst jetzt dämmert es Peter. Nachdem er dringend aufs Klo muss, wirft er die Prostituierte kurzerhand raus. Sie wartet draußen vor der Tür und bietet nochmals ihre Dienste an. Sie ist bei weitem nicht die einzige am Hotelgelände, stellt Peter nun fest, muss lachen und kehrt zu August zurück.

Einigen E-Mails von Freunden haben wir entnommen, dass die Vorweihnachtszeit in Österreich genauso stressig ist wie jedes Jahr. Auch wir können dem Trubel nicht ganz entkommen. In Ouagadougou spielt man tatsächlich in manchen Supermärkten Weihnachtsmusik, damit man in Stimmung kommt und vielleicht doch die Plastiktanne um läppische Euro 70 kauft. Peter wird von den Lichterketten schon wieder magisch angezogen. Mit viel Mühe und dem Hinweis, dass wir Wichtigeres zu tun hätten, kann ich ihn gerade noch weglocken. Aber was ist dieses Wichtigere? Kaufen, kaufen, kaufen! Timbuktu-Bier in Dosen gilt es zu erwerben. Nachdem wir uns mit den Iren Jeanne und Jon auf dem Desert Festival treffen werden, haben wir vorsichtshalber die Regale leergekauft. Tja, auch hier gibt es Einkaufsstress!

Vor einem dieser Supermärkte lernen wir den jungen Issaka kennen. Er ist mit nur einem Bein geboren, sehr sympathisch mit einer gesunden Einstellung. Zukunftsperspektiven hat er wenige bis keine. Vom Vater verlassen, bei der Mutter am Land wohnend, versucht er tagsüber in der Stadt zu überleben. Was er gerne machen bzw. lernen würde, fragen wir ihn. Das sei nicht der Punkt, denn ohne Geld könne man gar nichts machen, entgegnet Issaka. Er hat versucht, Mechaniker zu lernen, doch ohne Werkzeuge und mit nur einem Bein könne er nicht beginnen.

Kalligraph wäre auch noch etwas. Issaka sei talentiert, aber es fehle an Materialien, um den Beruf erlernen zu können (Farben, Pinsel, Schablonen etc.). Wir mögen ihn und möchten ihm helfen, eine Ausbildungsstätte zu finden. Durch Zufall lernen wir Josef aus Innsbruck kennen, der in den 1970ern hier als Berufschullehrer gearbeitet hat und die richtigen Kontakte hat. Nun liegt es an Issaka, einen Lehrmeister zu finden und danach die österreichische Organisation zu kontaktieren. Wenn alles klappt, bekommt er eine Art Stipendium von Österreich. Dann hätten wir endlich etwas Passendes gefunden, um unser Geld zu spenden. Das würde uns wirklich freuen.

Wochen später erfahren wir allerdings, dass Issaka zum vereinbarten Treffen nicht gekommen ist. Erst später tauchte er im Büro der Organisation auf, wollte auf einmal Schneider lernen und war nicht sehr motiviert, eine Lehrstelle zu finden. Als körperbehinderter Bettler vor den westlichen Supermärkten kann er viel mehr Geld verdienen, als wenn er einen Beruf erlernen würde. Und was die Zukunft bringt, das wird sich schon herausstellen. Später.

Die armen Burkinabe frieren. Wir sehen sie am Morgen mit Daunenjacken, Hauben und Wollhandschuhen. Der Harmattan ist da! Jedes Jahr kommt der Wüstenwind, bringt endlich Abkühlung, aber auch viel Staub, Dreck und trockene Luft. Unsere Augen sind innerhalb von Stunden gerötet und schmerzen. Dafür schlafen wir wieder herrlich, sogar mit Daunendecken. Beim Frühstück leistet uns, wie jeden Morgen, der Wachmann Gesellschaft. Kaffee mag Isaac keinen, aber bei einem Baguette mit Butter sagt er nicht nein. Er ist ein wirklich lieber Kerl, an diesem Tag haben wir ein Anliegen an ihn. Nachdem ich Peter heuer wieder nicht überreden konnte, das Krippenspiel für zwei Personen aufzuführen, ließ er sich für das Sternsingen breitschlagen. Das typisch österreichische Problem mit dem dunkelhäutigen Caspar können wir hier dank dem Wachmann leicht lösen. Isaac macht sofort mit, obwohl er Muslim ist. Wie oft im Leben hat man schon die Gelegenheit, ein König zu sein?

Der Nordosten des Landes interessiert uns besonders, wir wollen ins Grenzgebiet von Niger und Mali. Tolle und vor allem ursprüngliche Märkte soll es dort noch geben. Außerhalb von Kaya suchen wir uns einen Nächtigungsplatz. Wir landen beim Lac Dem. Die Gegend ist wunderschön. Natürlich kommen einige Besucher, vorwiegend junge Burschen mit ihren Viehherden. Schon als kleine Buben reiten sie auf ihren Stieren und Eseln und können dementsprechend gut mit den Tieren umgehen. Am nächsten Tag ist der Wochenmarkt in Kaya, wir besuchen zuerst den Tiermarkt und anschließend den allgemeinen. Ein bisschen enttäuscht sind wir von diesem Markt. Doch beim Fetischeur entdecken wir zufällig zwei intakte Löwenfelle, das haben wir nicht erwartet! Um die Mittagszeit ist es wirklich heiß in Burkina. Unser Appetit hält sich in Grenzen, Durst haben wir allerdings großen. Einige Liter Wasser haben wir heute schon getrunken, jetzt haben wir Lust auf etwas anderes. Ein kühles Bier wäre schön! Im nächsten Dorf halten wir bei einem Restaurant, setzen uns an die Theke und zwei Minuten später steht ein kaltes Brakina Bier vor uns. Es schmeckt sogar mir, obwohl ich keine Biertrinkerin bin. Es schmeckt so gut, dass wir gleich noch eines bestellen und etwas später ein weiteres. Der Alkohol lullt uns ein bisschen ein, die Hitze ertragen wir plötzlich besser. Bevor uns das Bier müde macht, fahren wir lieber weiter. Bei der Ortsausfahrt steht doch tatsächlich die Polizei und hält uns auf. Sie wollen unsere Papiere sehen und als Peter aussteigt, bemerken sie einen leichten Alkoholgeruch. Sie fragen, ob Peter etwas getrunken hätte. Er antwortet: "Ja, habe ich! Und zwar Brakina Bier. Es ist das beste Bier von ganz Afrika!" Stolz lächeln die beiden Beamten und wünschen uns noch eine gute Weiterfahrt.

Je weiter wir nach Norden kommen, umso einsamer wird es. Wieder finden wir einen herrlichen Schlafplatz zwischen Dornenbüschen und Akazien, die gerade blühen und einen wunderbaren Duft verströmen. Außer den Vogelstimmen ist es still um uns herum. Am Dach unseres Augusts nehmen wir ein kühles Getränk ein. Unser Blick schweift in die Ferne. Hinter hunderten von Baumkronen senkt sich die Sonne in Form eines orangen Balles. Die Tage sind relativ kurz, es ist erst 17:30 Uhr. Die Farben sind sanft, von beige über ocker und oliv bis zu einem zarten Rosa. Das Licht ist weich, so weich wie nie zuvor. Wir genießen die Ruhe sehr und auch den tollen Sonnenuntergang in der Savanne. Glücklich, entspannt und zufrieden sind wir.
Der nächste Markt wird in Markoye abgehalten, da wollen wir hin. Der Ort befindet sich unweit der Grenze zum Niger, auch nach Mali ist es nicht sehr weit. Viele Tuaregs kommen hierher um ihre Waren und Tiere anzubieten. Auch von diesem Markt selbst sind wir etwas enttäuscht, doch die Menschen sind interessant. Wir setzen uns unter einen Baum und beobachten. Nach dem Mittagessen fahren wir zurück nach GoromGorom und weiter nach Tassamakat, wo an diesem Tag auch der Markt abgehalten wird. Peter willigt nur ungern ein, kurz auf den Markt zu gehen. Doch es war die richtige Entscheidung!
Es herrscht ein riesen Trubel mit Kamelen, Rindern, Eseln, Schafen, Ziegen, auch Pferde gibt es hier, arabische sogar!
Wir sind die einzigen Weißen hier und erregen viel Aufsehen. Wir bahnen uns den Weg zwischen den Tieren zu den Ständen, gefolgt von einer Kinderschar, viele wollen uns die Hand schütteln, einige machen sogar einen Knicks zur Begrüßung. Die Waren, die wir sehen, interessieren uns nur am Rande. Es sind vielmehr die Menschen, diese unglaublich faszinierenden Westafrikaner, dem Stamm der Fulani, Tuareg und Bela angehörend. In erster Linie sind es Frauen, mit denen ich in Kontakt trete. Manche von ihnen wollen mich einfach nur berühren. Nur wenige von den aufwendig geschmückten und toll geschminkten, in bunte, farbenprächtige Gewänder gehüllten Frauen sprechen Französisch. Doch wir unterhalten uns trotzdem. Dabei kann ich aus nächster Nähe ihre einzigartigen Gesichter betrachten. Nasenpiercings, große Ohrringe und Armreifen aus Silber, große ausdrucksvolle Augen und ein Lächeln auf den vollen Lippen.

Einfach schön anzusehen! Die Stimmung ist gut, auch die Männer mit ihren Turbanen sind freundlich zu uns. Obwohl wir den Fotoapparat dabei haben, machen wir kein einziges Bild. Wir nehmen die Kamera nicht einmal aus der Tasche. Es wäre nicht passend. Wir haben die Bilder ohnehin im Kopf, dort wo sie hingehören. Es ist einer der schönsten Märkte in Afrika bisher!

Jeden Tag ein Gedanke … ich habe viele, kann sie nicht alle aufschreiben, kann sie nicht alle in Worte fassen, kann sie manchmal gar nicht ordnen in meinem eigenen Kopf. Bin auch manchmal zu faul, sie auszusprechen, was nicht unbedingt gut ist. Ein Thema, das mich jeden Tag beschäftigt, ist natürlich Afrika. Es wird allerdings immer komplexer. Meine Meinung hat sich im Laufe der Zeit total geändert und wird sich wahrscheinlich noch weiter ändern. So ist das Leben – Veränderung. Und es ist gut so. Aber eines ist noch immer gleich, nein nicht ganz, es hat sich auch verändert, ist gewachsen: Die Liebe, meine Liebe zu Peter. Er ist schon ein Juwel – meines.

Wir stehen wieder mitten im Busch. Zum letzen Mal in Burkina Faso. Ich genieße die Ruhe enorm. Einfach keine Menschen sehen – ausgenommen Peter natürlich. Einige Radfahrer kommen am nahegelegenen Pfad vorbei, aber keiner bleibt stehen. Die Burkinabe sind sehr diskret oder haben sie etwa nur Angst? Sie sind ein sehr freundliches Volk, die Begrüßung verläuft ungefähr so: „Guten Tag. Wie geht es? Und der Familie? Gut geschlafen? Wie ist die Reise? Wie ist der Tag? Und die Gesundheit?" Peter hat manchmal keine Geduld dafür oder glaubt, dass die letzte Frage, die nach dem Geld sein wird. Da muss ich wieder einmal die Afrikaner verteidigen, denn in Burkina Faso ist uns das nie passiert, zumindest nicht beim Begrüßungsritual.

Mali – Mein Kopf ist keine Melone

Welch ein Festmahl am ersten Abend in Mali! Wie Gott in Frankreich. Baguette, Camembert, Tomaten, Gurken, Oliven und Rotwein. Das alles genießen wir bei kühler Brise auf - noch von der Sonne warmen - Felsen am Plateau im Dogonland. Hubert von Goisern untermalt unser Abendessen. Wie schön. Lange sitzen wir unter einem klaren Sternenhimmel und lauschen der Musik. Wir gönnen uns eine Außendusche. Zum ersten Mal seit einer Ewigkeit kommt aus unserem Dachtank kühles Wasser. Die Temperaturen sinken erheblich in der Nacht, wir kramen unsere Wolldecke hervor und schlafen herrlich bei nur 24 °C im August.

Wie auch schon in Burkina sind die meisten größeren Dörfer in der Sahelzone sehr staubig und schmutzig. Das größte Problem sind die Plastiksäcke, die überall herumliegen. Wir fragen uns oft, warum noch niemandem eine Verwendung dafür eingefallen ist. Wir parken unseren Lkw am Ufer des Bani Flusses. Gemeinsam mit Lasséni, unserem Führer, nehmen wir eine Pinasse (motorisierte Piroge) zum anderen Ufer, von wo aus wir mit dem Motorrad die vier Kilometer bis Djenné zurücklegen. Monsieur Lasséni erweist sich als intelligenter, witziger Mann, der in Djenné aufgewachsen und sehr angesehen ist. Er führt uns nicht nur durch die engen Gassen und zur größten Lehmmoschee der Welt, sondern auch in Privathäuser, auf Dächer, zu den Schmieden, Goldschmieden und zu den Frauen, die die wunderschönen Batikstoffe herstellen. Wir erfahren eine Menge über die Menschen, ihre Lebensweise und Traditionen. Es ist ein toller Tag

in der Stadt, die nur aus Lehmbauten besteht und bereits im 13. Jahrhundert gegründet wurde.

Die Stadt Mopti hingegen gefällt uns weniger gut. Am späten Nachmittag kommen wir dort an und der einzige Nächtigungsplatz, der in Frage kommt, ist das Hotel Campement. Die Nacht ist laut, noch dazu gibt es viele Moskitos. Die ganze Stadt, sowie auch der Parkplatz des Hotels, sind von Händlern überflutet, die ständig ihre Waren anpreisen. Man hat kaum eine ruhige Minute wegen dieser aufdringlichen Menschen. Zu Mittag bummeln wir durch die Stadt, die uns sehr schmutzig vorkommt. Interessant sind die riesigen Salzblöcke, die wir am Flussufer entdecken, sie stammen aus dem Taoudeni Becken und werden mit Kamelkarawanen transportiert. Nachdem wir die Moschee von außen besichtigt haben, hält uns nichts mehr in Mopti. Wir sind froh, weiterfahren zu können und eine Nacht im Busch zu verbringen. Welche Erlösung! Keine Leute, keine Moskitos und kein Lärm!

Etwas außerhalb von Bandiagara gibt es einen Campingplatz. Wir sind bei weitem nicht die einzigen Reisenden hier. Es parken bereits zwei Overlander-Lkw mit insgesamt 50 Passagieren und etwas später kommt ein Fahrzeug mit südafrikanischen Kennzeichen. Als die beiden aussteigen, erkennen wir sie wieder. Es sind die Belgier Marleen und Guy, die wir vor 1 ½ Jahren bereits in Uganda getroffen haben. Mittlerweile sind sie seit vierzehn Jahren auf Reisen!

Länger als erwartet bleiben wir in Bandiagara. Der Grund dafür ist unser Fahrzeug August. Wieder einmal muss Peter einige Federn tauschen und diesmal auch die Hinterradbremse reparieren. Halbwegs passende Ersatzteile ersteht er in Mopti. Während ich mir am 24. Dezember vom belgischen Friseur Guy die Haare schneiden lasse, arbeitet Peter bis zum späten Nachmittag. Er schwitzt unter dem Lkw vor sich hin und ist von oben bis unten mit Dreck beschmiert. Doch bevor er sich für den Abend fein herausputzt, hat er noch ein Projekt: Einen Adventkranz basteln. Das Material dafür liegt bereits seit Tagen bereit.

Ein alter Autoreifen, Seile, Kerzen und frische Bougainvillenblüten zur Dekoration. Das Ergebnis kann sich wirklich sehen lassen.

Den Weihnachtsabend verbringen wir gemeinsam mit den Belgiern. Es wird ein regelrechtes Festmahl und wir feiern bis in die Morgenstunden. Tags darauf sind die vorwiegend englischen Overlander dran. Sie haben drei Schweine eingekauft, die sie am 24. in der Mittagshitze mit einem Ladyshaver rasiert, anschließend ausgenommen und enthauptet haben. Alles kein Problem bei 35°C! Über Nacht müssen die Schweine natürlich noch abhängen. Sehr praktisch, denn so hat man gleichzeitig einen Weihnachtsbaum. Ganz koscher riechen sie am 25. Dezember nicht mehr und so lehnen wir die Einladung dankend ab.

Einen Vorgeschmack auf das Dogonland holen wir uns durch einen Tagesausflug mit Ogodana. Die Dörfer kleben zum Teil in den Felsen oder befinden sich am Plateau oder in der Gondo-Ebene und sind teilweise nur über Fußwege erreichbar. Das traditionelle Leben der Menschen ist stark beeinflusst vom Lauf der Natur und von ihren religiösen Kulten. Der bekannteste ist der Maskenkult. Unser Führer, Ogodana, zeigt uns einige der schönsten Dogondörfer mit ihren Speichertürmen und Kultstätten. Wunderschön und aufschlussreich.

Am Silvestertag möchten wir eigentlich aufbrechen, doch das Geldwechseln, Trinkwassertanken und der Internetbesuch dauern einfach zu lange. Und so landen wir wieder am Campingplatz. Neuigkeiten aus der Heimat haben wir allerdings bekommen: Unsere Hündin Mitzi ist noch am Leben. Es geht ihr ganz gut und laut Tierarzt steht einem Wiedersehen nichts im Wege. Ich kann mir gar nicht vorstellen, sie wieder zu sehen. Da werden wieder Tränen fließen, doch diesmal Freudentränen. Sie wird aber nicht mehr unsere Hündin sein, denn von ihrem jetzigen Platz wollen wir sie nicht mehr wegreißen. Wir stoßen mit Rotwein auf Mitzi und das Jahr, das hinter uns liegt an, legen uns völlig müde um 22 Uhr ins Bett und verschlafen den Jahreswechsel.

Neujahrstag ohne Kopfweh! Am Morgen fahren wir schon los. Wieder geht es ins Dogonland: Djigibombo, Kani Kombole, Teli und Enndé. In Enndé soll ein Masken- und Tanzfestival stattfinden. Zu Mittag sind wir schon dort, der Tanz soll erst gegen 15:30 Uhr beginnen, wenn er überhaupt stattfindet.

Wir fragen genauer nach und erfahren, dass der Tanz nur für Touristen aufgeführt wird und nur dann, wenn genügend kommen. Unser Interesse schwindet sofort. Warten wollen wir bei dieser Hitze auch nicht, also fahren wir weiter nach Giumini. Bis hierher kommen die meisten Touristen nicht, das merken wir gleich nach unserer Ankunft. Wir verbringen einen netten Nachmittag umringt vom halben Dorf. Angeblich gibt es von hier aus zwei Pisten, die kürzere führt über eine Sanddüne und die längere umfährt diese im Norden. Nachdem wir die längere Piste nicht finden, kommen wir wieder in den Ort zurück und siehe da, die Sanddüne stellt für August und Peter kein Problem dar. Die Landschaft ist wunderschön, gegenüber der langgezogenen orangen Düne liegt die Falaise – der Steilabbruch des Dogonplateaus – mit einigen entzückenden Dörfern in Sicht. Ein herrlicher Platz zum Nächtigen, doch es dauert nicht lange und wir bekommen Besuch. Man verbietet uns, hier zu nächtigen, da sich gegenüber in der Felsabbruchkante die Kult- und Grabstätten der Telem befinden. Wir glauben es ihnen und reisen ab.

Es geht wieder hinauf aufs Plateau, vorbei an unzähligen Zwiebelfeldern, die fast ausschließlich von Frauen bewässert werden. Als Gießkanne nehmen sie einen getrockneten Kürbis. Wir begegnen hier fast keinem Touristen. Die Strecke verläuft anfangs am Plateau und nähert sich immer mehr der Abbruchkante im Westen. Die Ausblicke sind beeindruckend. Man könnte auch in Ostafrika sein und in den Ngorongoro-Krater blicken, nur Tiere gibt es hier fast keine mehr, sieht man von den Rindern, Schafen und Ziegen ab. Schließlich erreichen wir wieder die Asphaltstraße, auf der wir gen Osten fahren. Leider ist es am Vormittag bewölkt, sodass wir die Berge kaum sehen können. Auch die Hand der Fatma, ein beliebter Kletterberg bei Hombori, zeichnet sich nur schemenhaft ab.

In Hombori erkundigen wir uns nach dem Pistenzustand nach Gourma-Rharous und weiter nach Timbuktu und die Sicherheitslage nördlich des Nigers. Die Touristenführer meinen natürlich, dass es ohne ihre Begleitung zu gefährlich sei. Die Polizisten sagen, es gäbe momentan kein Problem und die Piste bis Rharous sei aus Latherit (rotes Gestein) und gut befahrbar. Wir entscheiden uns für diese Route.

Nach der Durchquerung des ersten Flussbettes, befinden wir uns aber auf einer reinen Sandpiste. Glücklicherweise ist der Sand nicht allzu tief. Mit reduziertem Reifendruck kommen wir ganz gut voran. Die Gegend ist sehr dünn besiedelt. Wir kommen an einer Handvoll Dörfern vorbei, die nur aus ein paar Hütten bestehen. Dafür sind die Tierherden umso größer. Gourma-Rharous ist uns sehr symphatisch. Bei der Polizei lassen wir uns registrieren und fragen nochmals nach dem Pistenzustand und der Sicherheitslage am anderen Flussufer. Alles kein Problem. Toll! Jetzt müssen wir nur noch auf die Fähre warten. Im Gegensatz zur Wartezeit ist die Überfahrt mit einer knappen Stunde sehr kurz. Da eine Rampe der Fähre defekt ist, kann sie nicht optimal anlegen. Wir sehen schon einige Spuren im Schlamm und befinden die Lage nicht für gut. Trotz Bedenken und Warnung an das Fährpersonal, dass sie schaufeln müssten, falls wir stecken bleiben, fahren wir von der Fähre hinunter. Ein Fährmann ruft uns noch zu: „C'est bon!", also kein Problem. Worauf Peter erwidert: „Das ist nicht c'est bon! Das ist Scheiße!"
Wir bleiben natürlich stecken, das rechte Hinterrad versinkt im Schlamm. Peter hüpft wie ein Rumpelstilzchen aus dem Führerhaus und schimpft, was das Zeug hält. Das Material ist so weich und klebrig, dass das ganze Schaufeln nichts nützt, denn der Schlamm bleibt auf der Schaufel kleben. Wir können die Fähre gerade noch am Wegfahren hindern, denn wir brauchen unbedingt ihre Hilfe. Peter zieht sich mit unserer Seilwinde zurück auf die Fähre. Ein Stück weiter legen wir erneut an und die nächste Abfahrt gelingt. Kaum auszudenken, wie lange wir alleine geschaufelt hätten!

Entlang des Nigers gibt es mehr Dörfer als wir uns dachten. Bis kurz vor Timbuktu ist die Piste hervorragend, danach wird sie zunehmend sandiger. Die ehemalige Universitätsstadt hat viel von ihrem Charme eingebüßt. Campingmöglichkeiten gibt es nur zwei und die sagen uns nicht zu. Durch Zufall, wir suchen eigentlich nach einem Bierdepot, gelangen wir zur Auberge Le Caravanserai. Gegen acht Euro kann man dort im Innenhof campieren. Ein wirklich schönes Plätzchen. Hier verabreden wir uns auch mit den Iren Jeanne und Jon, die wir voriges Jahr schon in Ghana getroffen haben. Wir freuen uns riesig auf sie! Der folgende Abend wird ein sehr netter und lustiger.
Nachdem wir noch ein paar Vorräte aufstocken, machen wir uns auf den Weg nach Essakane, einem Dorf etwa 60 Kilometer westlich von Timbuktu. Hier findet jährlich das Festival au Desert statt: Drei Tage Musik und Spektakel inmitten der Wüste! Auf der Strecke helfen wir einem Pick-up, der Startprobleme hat. Er ist natürlich vollbesetzt. Alles Händler und ihre Waren aus Mopti. Die Leute sind überglücklich als der Motor wieder anspringt. Wir sind nicht die ersten, die am Vortag zum Festival anreisen. Ein Fahrzeug kommt uns irgendwie bekannt vor. Es sind die Belgier Marleen und Guy! Diesmal in Begleitung ihres Vaters. Unweit von ihnen schlagen wir unsere Zelte auf. Die Gegend ist schön. Extrem weißer, feiner Sand, sanfte Dünen, dahinter orangefarbene Dünen und nochmals dahinter zeichnet sich eine dunkle Bergkette ab. Wir erkunden das Gelände: Es gibt eine Bühne, zwei Restaurants, ein paar Garküchen, zwei Toilettblöcke, ein Plumpsklo ohne Türe, viele Marktstände und Tuaregs mit aufwendig geschmückten Kamelen. Die Nacht ist ruhig und sehr kalt. Selbst beim Frühstück frieren wir noch. Die Sonne hat noch zu wenig Kraft. Es dauert nicht lange und die ersten geschäftstüchtigen Tuaregs lassen sich blicken. Es sollte erst der Anfang sein. Am Vormittag versuchen wir herauszufinden, wo wir unsere Armbänder (= Tickets) abholen können.

Nach dem zweistündigem Rundgang geben wir schon fast auf. Doch das Gute liegt so nah. Unweit unseres Zeltplatzes werden wir fündig. Wir erfahren auch, dass das Festival für Afrikaner gratis ist. Die Belgier Marleen und Guy verfügen auch über südafrikanische Pässe, haben aber die Karten schon bezahlt. Als sie nochmals zurückgehen, erklärt man ihnen tatsächlich, dass nur schwarze Afrikaner keine Tickets bräuchten! Das ist purer Rassismus und das lassen sich die beiden nicht gefallen. Schlussendlich können sie ihre Karten an andere Besucher verkaufen und alles ist wieder im Lot. Während des gesamten Festivals hat niemand kontrolliert, ob jemand Tickets hat oder nicht. Nur zu dumm, dass wir online bezahlt haben.

Am Nachmittag musiziert eine Band aus Mali mit Kalabassen abseits der Bühne. Danach steht das Kamelrennen am Programm. Es sind zwar viele, aufwendig dekorierte Kamele da, aber ein Rennen im eigent-lichen Sinne findet nicht statt oder wir finden es einfach nicht. Wir treffen die Händler aus Mopti wieder an ihren Ständen. Die Wiedersehensfreude ist groß und wir werden von ihnen mit ein paar Kleinigkeiten beschenkt. Welch riesigen Unterschied es macht, wenn man die Menschen besser kennenlernt.

Die Konzerte beginnen ab 20 Uhr. Wir nehmen eine Kühltasche, gefüllt mit Bier und belegten Brötchen, und den Plastikteppich mit. Damit platzieren wir uns auf der Düne gegenüber der Bühne. Die Musik ist sehr gewöhnungsbedürftig. Lediglich Salif Keita, der zum Schluss auftritt, gefällt uns hervorragend. Völlig durchgefroren gehen wir schlafen, doch auch im Lkw ist es alles andere als warm. Die Iren, die in unserem Zelt nächtigen, versorgen wir noch mit einer Wolldecke.

Kaum mache ich in der Früh die Türe auf, höre ich schon: „Bonjour madame! Vous avez bien dormi? Ca va? Et la santé? Madame, regardez mes choses. Seulement pour le plaisir!" – „Guten Morgen Madame. Haben Sie gut geschlafen? Wie geht es Ihnen? Und Ihrer Gesundheit? Madame, schauen Sie

sich doch meine Sachen an. Einfach nur zum Vergnügen." Meine Augen sind aber erst Sehschlitze, ich habe weder Zähne geputzt noch Kaffee getrunken. Der Tuareg hat wirklich schlechte Karten um diese Uhrzeit. Kein Problem, er komme eben später wieder. Versprochen ist versprochen. Die Verkäufer geben sich sozusagen die Türschnalle in die Hand. So kann das nicht weiter gehen. Während Peter dauernd „Bonjour, merci, au revoir" von sich gibt, suchen wir nach einer Lösung. Wir malen ein Schild auf dem steht: „Leider haben wir kein Geld für Einkäufe. Danke für das Verständnis und noch einen schönen Tag!" Wir haben nicht bedacht, dass die meisten Leute nicht lesen können …

Musikalisch ist das Festival für uns kein Höhepunkt. Alles ein bisschen zu eintönig und manche Bands, die am Programm stehen, erscheinen gar nicht. Insgesamt spielen nur Gruppen aus Mali und Mauretanien. Jeanne und Jon, die extra der Musik wegen von Uganda eingeflogen sind, sind verständlicherweise etwas enttäuscht. Die Organisation, obwohl europäisch, ist unter jeder Kritik. Na ja, was kann man schon erwarten für „läppische" Euro 130??

Aber es gibt viele interessante und auch wunderschöne Leute zu sehen. Kohlrabenschwarze Augen und Haare, aber nicht gekraust, feine Gesichtszüge, eine stolze, noble Haltung und in tolle Stoffe gehüllt. Auch manche Gespräche mit den Tuaregs werden uns immer in Erinnerung bleiben. So auch die Aussage des 19-jährigen Mohammed aus Araouane: „Zum Leben eines Tuaregs gehört das Reisen einfach dazu, es bildet und es eröffnet andere Sichtweisen und Horizonte. Ansonsten ist der Kopf wie eine Melone, nichts drinnen außer Wasser."

Wir bleiben sogar noch einen Tag länger und können erst jetzt die Landschaft so richtig erfassen und genießen, sieht man vom vielen Müll und den unzähligen Freilufttoiletten ab. Wir sind die letzten Gäste, die vom Festival abreisen. Die Kinder vom Dorf suchen noch immer im zurückgelassenen Müll nach etwas Brauchbarem. Die Piste nach Timbuktu ist zwar etwas ausgefahren, doch für unseren Lkw kein Problem. Am Nachmittag erreichen wir die Stadt und fahren wieder in die Caravanserai.

Gemeinsam mit Jeanne und Jon erkunden wir die Innenstadt. Die Atmosphäre ist ganz angenehm. Einige Leute erkennen wir vom Festival wieder bzw. sie uns. Die gesamte Stadt besteht aus Lehmziegelbauten und vereinzelten Tuaregzelten. Es gibt eine einzige Asphaltstraße, der Rest besteht aus Sand und Staub. Es gibt Wasserleitungen und Strom. Das Abwasser landet zum Großteil – wie in vielen anderen Städten auch – auf der Gasse. Dementsprechend ist manchmal der Geruch. Einige Bürgerhäuser aus dem 15. und 16. Jahrhundert sind noch gut erhalten, darunter auch jene, in denen die europäischen Entdecker gewohnt haben. Auffallend schön sind die Fensterläden und Türen im marokkanischen Stil. War Timbuktu einst für die Universität, die Gelehrten, die Koranschulen und als Handelszentrum einer bedeutenden Karavanenroute bekannt, so ist heute der Tourismus am wichtigsten. Im 15. und 16. Jahrhundert erlebte Timbuktu seine Glanzzeit. Der Reichtum der Stadt am südlichen Rand der Sahara kam vom Handel mit Salz und Sklaven und Eunuchen, die für Marokko und Ägypten bestimmt waren. Zudem war Timbuktu der Mittelpunkt des Islams in Westafrika. Ende des 19. Jahrhunderts passierten noch an die 400 Karawanen mit 140.000 Kamelen jährlich Timbuktu, heute sind es nur noch wenige, die mit Salz beladen aus dem Taoudeni-Becken kommen. Die Reise mit den Kamelen dauert 25 Tage. Als Navigation dienen die Sterne, deswegen wird nur in der Nacht geritten. Es ist nicht einfach, in die ehemalige Metropole zu gelangen, außer man reist mit dem Flugzeug an. Im Norden erstreckt sich die Sahara, die Pisten von Süden durch die Savanne versanden schnell und sind dann teilweise unpassierbar. Die Schifffahrt am Niger und auf den Nebenarmen ist nur bei entsprechendem Wasserstand möglich. Es ist also absolut notwendig, ein Allrad-Fahrzeug zu haben. Wir bewundern auch die wunderschön gekleideten Einwohner, in vorwiegend einfärbige Stoffe gewickelt. Der Turban oder Shesh misst mindestens 4 ½ Meter. Am Markt kaufen wir frisches Gemüse und seit langem wieder einmal Rindfleisch. Das Filet wird glücklicherweise erst herausgeschnitten als wir es kaufen, somit wurde es von den vielen Fliegen verschont. Es wird ein regelrechtes Festmahl am Abend. Am folgenden Tag geht es mir nicht gut. Durchfall, Übelkeit, leicht erhöhte Temperatur, Kopfschmerzen und Müdigkeit. Anzeichen für Malaria? Im Krankenhaus gibt es ein Labor. Dort angekommen treffen wir den Arzt, der nicht viele Fragen stellt und uns bittet, morgen gegen acht Uhr wieder zu kommen. Anscheinend hat ein fachmännischer Blick genügt um festzustellen, dass es keinen Grund zur Eile gibt. Wir müssen fast lachen und verlassen das Spital wieder. Und tatsächlich, am Abend geht es mir schon wieder deutlich besser!

Noch immer sind wir mit den Iren, Jeanne und Jon, unterwegs. Wir mögen sie sehr gerne. Sie sind witzig, fröhlich und unkompliziert. Und sie haben jetzt eine Vorstellung, wie es ist, mit dem eigenen Fahrzeug unterwegs zu sein. Sie sprechen schon davon, sich einen Landrover mit Dachzelt zuzulegen. Die Piste Richtung Douentza ist wider Erwarten gut. Einige Reisende haben uns erzählt, dass der Zustand katastrophal sei. Es kommt immer darauf an, in welcher Relation man das sieht. Abends schlagen wir unser Nachtlager mitten im Busch auf. Weit und breit ist nichts. Jeanne und Jon schlafen das erste Mal so richtig abseits jeglicher Zivilisation. Sie sind ein bisschen irritiert, schlafen zwar nicht sehr gut, doch im Großen und Ganzen gefällt es ihnen. Lästig ist nur der Kramkram, kleine dreieckige Dornen, die überall herumliegen und sich in die Schuhsohlen, die Kleidung und ins Zelt bohren. Wochen später entdecken wir sie immer noch bei uns im August. Nach fast zwei Wochen verabschieden wir uns von unseren irischen Freunden und fahren bei bewölktem Himmel und kühlen Temperaturen Richtung Segou.
Die Sonne lässt sich heute wieder nicht blicken. Der Himmel ist grau und trübe, es herrscht fast europäische Novemberstimmung. Das Gras ist trocken und gelb, einige Bäume haben ihre Blätter abgeworfen. Das Thermometer klettert nicht über 26 °C, ich ziehe meinen Pullover gar nicht mehr aus. In Teriyabougou am Bani Fluss hat ein französischer Priester einen tollen Platz geschaffen. Wasseraufbereitung, alternative Energie, Schulen und Ausbildungszentren, natürlich auch ein Restaurant, Bungalows und Campingmöglichkeit. Die Anlage ist großzügig und wirkt paradiesisch. Viele Bäume, Sträucher, Blumen, Rasen, Obstplantagen, Gemüseanbau, Imkerei und ein Minizoo. Es weht eine steife Brise am Bani Fluss. So kühle Temperaturen haben wir nicht erwartet. Nachdem es herrlich ruhig in Teriyabougou ist und noch dazu Strom vorhanden ist, beschließen wir länger zu bleiben. Computerarbeit ist angesagt. Aufgrund der Temperaturen verbringen wir viel Zeit im August, wo es bei heißem Tee kuschelig warm ist. Und von hier aus können wir gut die Vögel beobachten. Tokos, Blauracken, Stare, Papageien und Pfaue.
In Bamako fahren wir schnurstracks zur mauretanischen Botschaft. Leider hat sie geschlossen. Als Aufmunterung finden wir das Paradies, einen großen libanesischen Supermarkt, wo wir Käse, Wurst, Schokolade und Wein einkaufen. Am Parkplatz lernen wir den österreichischen Botschafter kennen. Er lädt uns heute zum Abendessen ein. Warum nicht? Bisher haben wir leider keine guten Erfahrungen mit Botschaftsbediensteten gemacht. Zwischenzeitlich fahren wir ins Relais Djoliba, einem Campingplatz am Südufer des Nigers. Wir sind damit beschäftigt, die Schuhe zu putzen, ein frisches Hemd anzuziehen, und natürlich ein bisschen Körperpflege zu betreiben. Überpünktlich erscheinen wir im libanesischen Restaurant. Das Abendessen schmeckt hervorragend, doch die Stimmung ist steif und für uns langweilig. Der vermeintliche Botschafter stellt sich als Konsul heraus, der gerne mit Zahlen und Besitz prahlt. Zu der Entführung der fünf europäischen Touristen Mitte Jänner im Niger (doch nahe der Grenze zu Mali) konnte er uns nicht viel erzählen, obwohl er ja als angeblicher Profi immer die Verhandlungen mit den Terroristen führt.
Wir schlagen uns im libanesischen Restaurant zwei Stunden lang den Bauch voll und hoffen, dass uns der Herr Konsul in seinem tollen VW-Tuareg, in dem er „versehentlich" auch noch das Navi einschaltet, zum Campingplatz chauffiert. Da haben wir uns verrechnet, er fährt uns nur zum nächsten Taxistand.
Vielen Dank fürs Abendessen und auf Nimmerwiedersehen!

Um zehn Uhr sind wir am nächsten Tag auf der mauretanischen Botschaft, wo schon einige Leute zugegen sind. Nach kurzer Wartezeit geben wir unsere Pässe ab und werden interviewt. Danach heißt es wieder warten. Eigens dafür gibt es einen Raum voller Sessel und Bänke, allerdings mit nur einem Fenster. Die Luft dort drinnen ist schlecht und es ist heiß, deswegen stehen wir draußen. Es dauert nicht lange und ein Angestellter sagt, es sei verboten hier zu warten. Wir müssen in den Wartesaal. Nach einer Stunde halten wir es nicht mehr aus, wir setzen uns in den Innenhof unter einen Mangobaum. Die Zeit will einfach nicht vergehen. Informationen bekommen wir auch keine. Nach 1 ½ Stunden kommen endlich die Formulare, die wir gemeinsam mit den Pässen und Fotos abgeben können. Die Mauretanier fangen schon an, mir unsympathisch zu werden. Seit dem Angola-Visum haben wir nicht mehr so viel Zeit auf einer Botschaft verbracht.

Nach weiteren zwei Stunden gibt es dann eine Überraschung: Wir erhalten die Pässe mit dem Visum zurück! Kostenlos!! Keine Ahnung, warum. Das Visum ist allerdings nur für zehn Tage gültig, aber immerhin. Noch dazu wünscht man uns einen schönen Aufenthalt in Mauretanien. Geschafft! Wir haben das letzte Visum im Pass! Mittlerweile in unserem zweiten, denn der erste ist komplett voll.

Völlig erledigt kommen wir zurück zum Campingplatz und machen ein Nickerchen. Die Temperaturen steigen in Bamako wieder stark an. Wir erfrischen uns im kühlen Schwimmbad im Hotel Djoliba und verbannen nachts unsere Daunendecken. Tolle Sonnenuntergänge beobachten wir von hier aus, gefolgt von enormen Gelsenschwärmen. Pünktlich um 5:30 Uhr werden wir von den Muezzins geweckt, die von den vielen umliegenden Moscheen brüllen. Peter ist nicht topfit, eine Verkühlung kündigt sich an und sein Magen macht Probleme. Ich habe seit ein paar Tagen schon Bronchitis. Kein Wunder, es war wirklich kalt die letzten zwei Wochen und infolge sind auch die meisten Einheimischen krank, sie husten und rotzen. Wir nehmen beide Entwurmungstabletten und setzen uns auf Diät. Sobald es Peter wieder besser geht, arbeitet er am Lkw: Abschmieren, Kühler abdichten und dergleichen.

So viele Touristen wie in Mali haben wir schon lange nicht mehr gesehen. Auch am Campingplatz herrscht reges Treiben, sogar einige Hymer-Wohnmobile tummeln sich hier. Damit haben wir noch gar nicht gerechnet, wir erwarteten die Rentner erst in Marokko. Die Straße bis hierher dürfte also gut sein. Und wenn ich es mir so überlege, dann kann man bis Kamerun auf Asphaltstraßen fahren, sofern man auf der Hauptverkehrsverbindung bleibt. Wir kommen Europa immer näher. Aber was ist dieses Europa eigentlich? Zivilisation? Arbeit? Tägliche Routine? Vorschriften, Gesetze, Regeln? Das klingt doch gar nicht so gut, oder?

Am Morgen verstecken wir den Großteil unserer Alkoholvorräte, Vorsichtsmaßnahme wegen den Mauretaniern. Wir beschließen, den Grenzübergang nördlich von Nioro du Sahel zu nehmen. Eigentlich möchten wir noch vor Nioro buschcampen, aber wir finden keinen geeigneten Platz. Als die Stadt schon in Sicht ist, biegen wir in eine Piste Richtung Nordosten ein. Sie ist ziemlich stark befahren, dennoch finden wir einen Nächtigungsplatz. Wir sind noch nicht einmal aus dem Fahrzeug ausgestiegen, da kommt schon ein bewaffneter, grantiger Polizist, der wissen will, was wir hier machen. Um es kurz zu machen: Wir sind auf der Schmugglerpiste unterwegs gewesen und müssen nun zum Polizei- und Zollposten. Wie so oft in Afrika sind die grantigsten Beamten nach kurzer Zeit die nettesten. Wir nächtigen unweit ihrer Dienststelle und werden am nächsten Tag von ihnen verabschiedet. „Kommt bald wieder nach Mali!", rufen sie uns noch nach.

Mauretanien – Transit durchs Wüstenland

Es ist Anfang Februar, als wir über die mauretanische Grenze fahren. Der Asphalt der einzigen Straße ist gut. Es scheint, als ob die Dörfer nur entlang dieses schwarzen Bandes liegen, was die Suche nach einem Nächtigungsplatz nicht gerade erleichtert. Die Gegend ist nicht überwältigend, es ist typisches Weideland. Wir sehen auch riesige Tierherden – Kamele, Schafe, Ziegen und Rinder. Wir fahren den ganzen Tag. Die Landschaft wird immer öder, fast schon deprimierend. Es ist extrem flach, südlich der Straße ist es steinig und fast vegetationslos, nördlich davon hingegen sandig, aber auch flach. Wir können uns nicht vorstellen, warum die Menschen hier leben und vor allem wovon. In manchen Siedlungen gibt es nicht einmal Wasser, der Tankwagen versorgt die Einheimischen. Mauretanien ist für uns ein Transitland. In der Wüste rund um Atar ist es sicherlich sehr schön, doch das sehen wir uns ein anderes Mal an. Wir wollen und müssen unser Fahrzeug schonen. Heute wollen wir bis in die Hauptstadt Nouakchott fahren. Die Fahrt wird abwechslungsreicher als am Vortag, wunderschöne Sanddünen begleiten uns. Nouakchott ist eine relativ neue Stadt, die uns allerdings nicht reizt. Also beschließen wir, weiterzufahren. In einem kleinen Fischerdorf bleiben wir für die Nacht. Die Leute sind unglaublich diskret. Vom Atlantik her weht eine steife Brise. Es ist richtig kalt. Uns friert noch mehr, wenn wir die Mauretanier in ihren wenigen Kleidern ansehen. Nach einem weiteren langen und langweiligen Fahrtag erreichen wir Nouadhibou, die nördlichste Stadt Mauretaniens. Wir haben zum Autofahren absolut keine Lust mehr. Nehmen uns zwei Tage frei, freuen uns auf etwas Bewegung. Wir schauen uns die Stadt an, gehen ins Internet Café und am Abend mit zwei englischen Motorradfahrern essen. Letzter Tag in Mauretanien. Wir brechen Richtung Marokko auf, erwarten uns nicht viel von dieser Strecke. Und werden überrascht. Wir sehen einen Zug: Den schwersten und längsten Zug der Welt. Gehört haben wir natürlich davon, doch dass wir ihn tatsächlich sehen, ist ein purer Zufall. Die rund 200 Waggons und vier bis sechs Lokomotiven transportieren Eisenerz von der Sahara an die Atlantikküste. Die Gesamtlänge beträgt zwei Kilometer. Aufgrund des gewaltigen Gewichts werden die Schienen von den Wagenrädern fast platt geschmiedet. Gegen ein geringes Entgelt kann man auf der 750 Kilometer langen Strecke auch mitfahren.
Zu Mittag erreichen wir die Grenze. In sieben Tagen haben wir das ganze Wüstenland Mauretanien durchquert, immerhin elf Mal so groß wie Österreich. Mit nur drei Millionen Einwohnern, ist es eines der am wenigsten bevölkerten Länder. Nun bleiben ein paar Kilometer durchs verminte Niemandsland auf schlechter Piste. Der Streckenverlauf ist jedoch leicht erkennbar. Er ist teilweise gesäumt mit ausgebrannten Fahrzeugen.

Marokko – Weiße Wohnmobile und Pfauenfedern

Viele Reisende treffen wir an der marokkanischen Grenze, die meisten fahren allerdings nach Süden. Die Beamten sind sehr freundlich, aber aufgrund der vielen Menschen dauert die Abwicklung ein paar Stunden. Doch für uns vergeht die Zeit schnell, wir plaudern mit den Marokkanern, finden sie sehr sympathisch und humorvoll. Als Schlafplatz wählen wir abermals ein kleines Fischerdorf. Wir werden sogleich daran erinnert, dass wir im Land der weißen Wohnmobile sind. Ungefähr zehn stehen schon in erster Reihe! Die Einheimischen scheint das alles anscheinend nicht zu stören, sie lassen uns völlig in Ruhe. Am Abend greife ich zum Telefon, rufe meine Mutter an. Als ich ihr sage, dass wir schon in Marokko sind, fällt ihr ein Stein vom Herzen. So fröhlich und heiter habe ich sie schon lange nicht mehr erlebt. Es tut gut, sie wieder so herzlich lachen zu hören. Die Zeit der Angst ist nun für sie vorbei.

Es geht nun immer nach Norden. Die Temperatur ist gemäßigt, der Wind stark. Am Nachmittag sehen wir einen Wegweiser nach Puerto Rico, da müssen wir natürlich hin! Es ist eine wunderschöne Bucht mit Sandstrand, in der es einen einfachen Campingplatz gibt. Außer uns sind noch etwa ein Dutzend Wohnmobile da, alles braungebrannte Pensionisten aus Frankreich. Wir parken mit Meerblick, die Sonne tut gut, wenn man im Windschatten ist. Am Abend kommt ein französisches Paar zurück zu seinem Stellplatz und ist empört, dass wir schräg vor ihnen stehen, dass wir ihnen teilweise die Sicht nehmen. Die beiden beschweren sich aber nicht bei uns, sondern beim Betreuer des Campingplatzes. Gemeinsam kommen sie wenig später zum August und der aufgeregte Franzose beginnt sein Streitgespräch, aufgestachelt von seiner „entzückenden" Gattin. Wir können beim besten Willen nicht verstehen, wo das Problem liegt. Uns und zwei Amerikaner amüsiert das Ganze. Leid tut uns nur der arme Marokkaner, er sitzt in der Zwickmühle. Der Franzose steigert sich zunehmend in die Diskussion, wir haben schon Angst, dass er einen Infarkt erleiden wird und sagen ihm das auch. Darauf herrscht er Peter an, den Mund zu halten. War vielleicht ein Fehler ... Unverrichteter Dinge lässt er von uns ab, wir hören ihn die Angelegenheit brühwarm seinen Landsmännern berichten. Die erklären sich solidarisch und schmollen. Am nächsten Tag würdigen sie uns keines Blickes. Es lebe der Kindergarten!

Bevor wir weiter fahren, pflückt Peter noch eine Schüssel voller Miesmuscheln. Wir freuen uns jetzt schon auf das Abendessen! Zuvor geht's jedoch nach Dahkla, der größten Stadt im Süden Marokkos. Dieses Gebiet nennt sich Westsahara, war eine ehemals spanische Kolonie und wurde von Marokko im Jahre 1976 annektiert. Wir müssen Geld wechseln oder beheben, einkaufen und das Zolldokument verlängern. Die Stadt liegt am Meer, als wir Richtung Zentrum fahren, sind wir vom Anblick entzückt. Sind wir wirklich in Marokko?? Für uns sieht es eher so aus wie an der Côte d'Azur. Die Strandpromenade ist großzügig angelegt und mit Cafés und Restaurants gesäumt, dahinter glitzert der Atlantik. Die Behördengänge sind unglaublich schnell und unbürokratisch. Das Zolldokument hat uns der Beamte auf sechs Monate verlängert, falls wir länger bleiben und die Sonne genießen wollen ...

Wir schlendern durch die Stadt, an jeder Ecke entdecke ich eine Konditorei! Ich kann meinen Augen nicht trauen, als ich bei der ersten vor dem Schaufenster stehe. Plundergebäck, Kuchen, Torten, Cremen, kiloweise Kekse in allen Formen, Farben und Geschmacksrichtungen. Um besser sehen zu können, drücke ich meine Nase an die Scheibe und beginne gleichzeitig vermehrt zu schlucken. Ich weiß gar nicht, wie lange ich so stehe, ich vergesse alles rund um mich. Was ich natürlich auch nicht bemerke, sind die Verkäufer in der Konditorei, die mir schon die längste Zeit zuschauen. Als ich schließlich eintrete, bekomme ich zur Begrüßung ein herzliches Lachen und ein Keks! Wir probieren vom Plundergebäck, dazu Joghurtcreme und frisch gepressten Saft. Selig sitzen wir in der Konditorei und genießen. Ungläubig schauen wir die

Verkäuferin an, als sie uns die Rechnung präsentiert: Euro 1,20! Jetzt fahren wir noch in den Souk, Peter bleibt im Auto, denn ich will nur schnell Tomaten, Zwiebel und Knoblauch kaufen. Das afrikanische Standardsortiment eben. Eine halbe Stunde später tauche ich wieder auf. Meine ohnehin langen Arme sind noch ein Stück gewachsen. An meinen Händen baumeln eine Menge Einkaufstaschen. Peter schlägt die Hände zusammen und bekommt einen Lachanfall. Mir sind am Markt die Augen übergegangen, solch ein Warenangebot habe ich seit Südafrika nicht mehr gesehen. Obst, Gemüse und Kräuter liebevoll präsentiert. Daneben Fisch, Meeresfrüchte, Geflügel, Fleisch, Oliven, Gewürze, Datteln, Blätterteigwaren und die Liste ist sicher nicht vollständig. Die Preise sind auch unglaublich und ich muss gar nicht viel verhandeln. Ich muss mich erst daran gewöhnen, dass ich ab nun nicht mehr hamstern muss, dass alles überall erhältlich ist. Obwohl wir noch am afrikanischen Kontinent sind, so haben wir Afrika eigentlich schon verlassen. Fünfzehn Kilometer außerhalb von Dakhla parken unzählige Wohnmobile entlang der Lagune. Wildes Campieren kratzt in Marokko anscheinend niemanden. Wir stellen uns neben zwei 911-Mercedes aus Deutschland. Es sind Moni und Mike aus München und Anne und Helmut aus Lippstadt. Alle vier sehr nett und witzig. Und wir bleiben gleich eine Woche lang. Wir können tun und lassen, was wir wollen. Die Marokkaner sind so etwas von zurückhaltend, nett, zuvorkommend, herzlich, humorvoll und charmant! Wir können es nicht fassen! Marokko … Warum waren wir nicht schon früher hier?

Was machen wir eigentlich die ganze Zeit? Nun, die Sonne genießen, spazieren gehen, am Vortrag arbeiten, den Boiler reparieren, Meeresfrüchte essen, mit Reisenden tratschen, auf Peters neue Brille warten und nach Dakhla pendeln. Und natürlich kochen und essen. Wir werden wohl ein paar Kilo zunehmen, unser Speiseplan sieht etwa so aus: Miesmuscheln im Weißweinsud, Tintenfisch mit Knoblauch und Chili, Hühnercurry mit Reis und so fort. Fast jedes Mal wenn wir in der Stadt sind, zieht es uns in eine Konditorei. Die Temperaturen werden auch allmählich europäischer, was manche Leute aber nicht vom Bad im Atlantik abhält. Brrrrrr! Uns friert schon so genug, wenn die Sonne sich versteckt und eine steife Brise weht. Dann sitzen wir gerne bei Moni und Mike im Lkw bei einem Häferl Glühwein. Nach mehrtägiger Reparatur werden wir heute unseren Boiler in Betrieb nehmen – inshallah. Das gute Ding war seit mehr als 1 ½ Jahren kaputt – wer braucht schon Warmwasser in Afrika? Doch nun werden wir wieder zu Warmduschern. Jedes Produkt, das ausschließlich für Campingmobile gemacht ist, taugt nichts und kostet dafür mehr. Auch an der Heizung muss Peter ein paar Änderungen vornehmen. An was man da wieder plötzlich alles denken muss!

Durch öde Landschaft fahren wir Richtung Norden. Die Küste ist nicht sehr ansprechend, die Fischer, die hier leben, hausen in Verschlägen. Ich denke, ihnen muss furchtbar kalt sein. Dennoch sind sie frohen Gemütes und unglaublich freundlich. Wir nächtigen in Boujdour auf einem Campingplatz – inmitten von weißen Wohnmobilen. Noch immer sind wir über die enorme Anzahl der europäischen Wohnmobilisten verwundert. Einerseits ist es bewundernswert, wenn Rentner nicht zu Hause versauern und auf Reisen sind. Andererseits kommen einige nur des Klimas wegen nach Marokko, sie sind an allem anderen wenig interessiert und ignorant. Sie sind einfach überall, auch an den für uns unmöglichsten Plätzen, wie zum Beispiel unter Sendemasten und Starkstromleitungen. Wir sehen keinen Platz, der uns anspricht, länger zu bleiben. In TanTan Plâge essen wir unsere erste Tajine, das marokkanische Nationalgericht – ein Eintopf geschmort in einem speziellen Tongefäß. Sehr lecker! Als Schlafplatz wählen wir den Ksar Tafnidilt, eine tolle Anlage in Form einer Kasbah, der typischen Wohnburg der Berber. Da hat sich der französische Besitzer wohl einen Traum verwirklicht. Seit langem gibt es hier wieder Moskitos. Und wir dachten schon, dass wir sie los wären! Aber zumindest übertragen sie keine Malaria. Apropos, es sieht ganz so aus, als ob wir malariafrei heimkehren würden. Den letzten problematischen Stich haben wir nämlich in Bamako, Mali, abbekommen.
Im nahen Guelmim kaufen wir Wein und Bier. Das hört sich einfach an, aber wenn man nicht weiß, wo man danach fragen soll, ist das eine äußerst schwierige Angelegenheit. Doch wir bekamen Informationen von anderen Reisenden …

Vom recht kargen und trockenen Süden fahren wir weiter in die Berge, genauer gesagt in den Anti Atlas. Die Landschaft ist traumhaft. Endlich sind die Berge wieder zum Greifen nahe. Noch dazu hat der Frühling Einzug gehalten. Alles blüht! Von den Mandelbäumen bis zu den verschiedenartigsten Wiesenblumen und Sträuchern. Und auf einmal ist alles grün. Das Getreide ist bereits von beachtlicher Höhe, dabei ist es erst Ende Februar. Schwierig ist nur die Schlafplatzsuche, die Bergstraße ist eng und voller Serpentinen. Schließlich bleiben wir in einem kleinen Dorf. Wieder einmal sind die Menschen mehr als herzlich. Es wird eine sehr kühle und windige Nacht. Im netten Bergstädtchen Tafraout wimmelt es wieder vor Touristen. Wir bummeln auf dem kleinen Markt und erstehen die typischen Schuhe für diese Gegend: Babouches. Die blauen Berge sind unser nächstes Ziel. Ein belgischer Künstler hat vor mehr als zehn Jahren einige Felsen in vorwiegend Blautönen angemalt. Für uns hat es wenig mit Kunst zu tun, aber der Platz ist toll. Genial zum Herumstreunen und einfachen Klettern. Zu unserer Überraschung sind kaum Touristen hier.
Im strömenden Regen fahren wir Richtung Agadir, der Touristenhochburg schlechthin. Ewig hat uns schon

nicht mehr gefroren wie eben jetzt. Nasskalt! Obwohl die Heizung in der Kabine auf Höchsttouren läuft, klettert die Temperatur nur auf 19°C. Seit langem gehen wir wieder einmal essen. Leider war die Wahl des Restaurants ein Griff ins Klo. Mit vollem Magen, aber durchgefroren von Wind und Regen ziehen wir uns in unseren tollen August zurück. Gute Nacht!

Wir sind nicht zum Vergnügen hier. Viel gilt es zu erledigen. Wir lassen alle Reifen nachschneiden, versuchen vergebens Frostschutzmittel aufzutreiben, füllen die Wassertanks und unsere Gasflaschen und kaufen im Supermarkt ein. Eine Werkstatt zu finden, die Bremsleitungen tauschen kann, ist gar nicht so leicht. Schließlich haben wir Erfolg, doch da es Samstag ist, bittet man uns, am Montag wieder zu kommen. Kein Problem. Wir wollen ohnehin noch auf den Souk, einen Abstecher in die Berge machen und Solarpanelle kaufen. Dazu fahren wir zum Mega-Campingplatz Atlantica-Park. Wir können es kaum fassen, 1000e weiße Wohnmobile stehen hier, oft den ganzen Winter lang. Manche haben schon einen Zaun um ihr Territorium errichtet und Blumentöpfe aufgestellt. Es gibt hier einfach alles, es ist eine kleine Stadt. Restaurants, Wäscherei, Schwimmbäder, Boccia Spielplatz, einen Supermarkt, einen Bäcker, Gemüsestände, eine Fischhandlung, verschiedene Läden mit Kleidung und Kunsthandwerk, Kioske, tolle Sanitäranlagen, einen Friseur und natürlich Internet. Man kann sich das Fahrzeug reinigen und auch bemalen lassen, eine Markise anfertigen lassen, die Gasflaschen füllen, sich eine Massage gönnen, Wassergymnastik machen. Sollten sich die Rentner nicht wohlfühlen, so gibt es selbstverständlich einen Arzt in der Anlage. Für Kinder gibt es noch Animationsprogramme, Hüpfburgen und einen Wasserpark, für die Erwachsenen Ausflüge am Quad, Musik- und Folkloreabende. Der Campingplatz verfügt natürlich über einen eigenen Strandabschnitt. Alles toll organisiert, alles wie zu Hause, nur das Klima ist besser!! Nach dem Rundgang erwerben wir zwei Solarpanelle plus Regler, fahren zur Montage allerdings an den Strand, wo wir unsere Ruhe haben.

Ein letztes Mal geht es nach Agadir. Alles ist eitle Wonne als wir in der Werkstatt ankommen. Die richtigen Bremsleitungen sind angeblich vorhanden und so baut Peter unsere aus. Danach heißt es warten, stundenlang, denn die Leitungen waren doch nicht in der Werkstatt. Immer wieder werden wir vertröstet. Erst gegen 17 Uhr treffen die Bremsleitungen ein, die Peter nun in aller Eile einbauen muss, damit wir nicht hier in dem engen Innenhof nächtigen müssen. Er schafft es! Es kommt noch eine Überraschung; die Bremsleitungen kosten Dirham 600 (Euro 55), das kommt uns viel vor, doch man versichert uns, dass dies der normale Preis sei. Nun, was soll man machen? Bezahlen natürlich!

Viele Touristen sind in Essaouira. Verständlich, auch uns gefällt dieses ehemals portugiesische Hafenstädtchen sehr gut. Es hat Flair. Die Altstadt scheint nur aus Geschäften, Souvenirläden, Cafés und Restaurants zu bestehen. Wir schlagen gleich zwei Mal zu, ein ordentliches Katermittagessen und dann noch ein spätes Abendessen mit Anne und Helmut aus Deutschland. Die beiden begleiten uns am folgenden Tag in die Königsstadt Marrakesch. Am Fuße des Hohen Atlas gelegen war sie einst die wichtigste Handelsdrehscheibe zwischen Nordmarokko und der Sahara. Gleich am ersten Tag tauchen wir in den riesigen Souks unter – den Märkten von Marrakesch. Obwohl Anne und Helmut schon ein paar Mal hier waren, verlaufen wir uns trotzdem. Völlig egal. Wir haben ohnehin keinen Plan, wo wir hingehen wollen, wir lassen uns treiben. Es sind so viele Eindrücke, für jeden Sinn ist etwas dabei, gerne schließe ich die Augen und atme tief ein. Es riecht fremd, gut, orientalisch, scharf, süß, aber manchmal ist es besser, wenn ich den Atem kurz anhalte. Ein geschäftiges Treiben herrscht. Es ist laut. Das Stimmengewirr ist vielfältig, dominiert von Arabisch und Französisch, aber auch viele europäische Sprachen vernehme ich, dann wieder Musik, Vogelgezwitscher und das Scheppern von Geschirr. Helmuts witzige Kommentare reißen mich aus meinen Gedanken heraus. Er ist vor einem Händler mit Zahnprothesen stehen geblieben. Sein Sortiment liegt auf einem Tuch am Boden. Helmut sondiert und entscheidet sich für ein Oberkiefergebiss. Für den Verkäufer ist es normal, dass die Kunden die Ware auch probieren wollen. Ich breche vor Erstaunen und Lachen fast nieder, als Helmut seine Zähne rausnimmt und die marokkanischen probiert! Er hat wirklich einen schrägen Humor. Vom schönen Kunsthandwerk, im speziellen die Einlegearbeiten und ausgetüftelten Möbelstücke, sind wir begeistert. Blinken unsere Energiespeicher auf Reserve, so füllen wir sie wieder mit allen möglichen Köstlichkeiten. An jeder Ecke lacht uns etwas an, was wir noch nicht probiert haben. Der Platz Djemaa El Fna im Zentrum der Altstadt verwandelt sich am frühen Abend in ein riesiges Spektakel. Unzählige Garküchen werden aufgebaut, Stände mit getrockneten Früchten, frischgepresstem Orangensaft, Gaukler, Akrobaten, Schlangenbeschwörer und Musiker versammeln sich. Frauen, die wunderschöne Hennabemalungen auf die Haut zaubern, sind gekommen und von den vielen Moscheen im Umkreis ruft der Muezzin zum Gebet. Es sind so viele verschiedene Eindrücke, die Atmosphäre ist orientalisch, die Menschen sind fremd – mit Ausnahme von einem: Inmitten von 1000en Touristen und Marokkanern entdecken wir tatsächlich ein bekanntes Gesicht. Es ist meine Schulfreundin Daniela. Die Überraschung und Freude sind groß, nach einer guten Stunde muss sie allerdings wieder in den Reisebus steigen – schade. Das macht uns wieder einmal bewusst, wie frei wir mit unserer Art zu reisen sind. Wir haben keinen genauen Zeitplan, keine genaue Reiseroute. Bleiben, wo es uns gefällt und solange es uns gefällt. Treffen jeden Tag Entscheidungen, verwerfen manche wieder. Lassen uns treiben, hören auf unseren Instinkt, auf unser Inneres. Und das sagt uns nach ein paar Tagen: Raus aus der Stadt!

Unser Ziel ist Ouakaimeden, das Skizentrum Marokkos im Hohen Atlas. Nach vielen Serpentinen erreichen wir den kleinen auf 2.600 Meter gelegenen Ort. Wir sind so ziemlich die einzigen ausländischen Touristen. Es herrscht reger Skibetrieb. Die Skilehrer sind ähnlich gekleidet wie ihre österreichischen Kollegen, allerdings vor 25 Jahren. Doch sie sind genauso stolz, arrogant oder lässig wie auf der ganzen Welt. Wir betrachten neugierig die Leihausrüstung, Schlitten, Skier, Stöcke und Schuhe und fühlen uns in unsere Kindheit zurückversetzt. Viele Marokkaner kommen hierher, manche stellen sich nur für ein Foto auf die Skier. Darunter auch zahlreiche Damen, natürlich mit Kleid und Kopftuch! Für uns kommt das Skifahren nicht in Frage, denn erstens ist der Schnee sehr matschig und zweitens haben wir keine Lust, uns einen Fußpilz von den 30 Jahre alten Skischuhen zu holen. Die Marokkaner kümmert das nicht. Und uns bereitet das Zusehen Vergnügen genug! Das Aprésski sieht auch anders aus als in Europa: Eselreiten, Tajine, Minzetee und marokkanische Livemusik. Das hat was!

Nur mehr 500 Kilometer sind es von hier bis nach Nordmarokko, wo die Fähre nach Spanien ablegt. 500 Kilometer! Das geht uns jetzt doch zu schnell. Wir steuern August nach Süden, wollen nochmals in die Wüste, in die Einsamkeit. Die Passstraße über den Hohen Atlas ist in bestem Zustand.

Die schneebedeckten Gipfel lassen wir hinter uns, auch die wenigen Dörfer und die grünen Felder. Immer

karger wird die Landschaft, nur mehr Felsen, Steine und Berge. Hier gefällt es uns – im Nirgendwo. Obwohl es um uns herum so öde ist, riecht es unglaublich intensiv. Auf einem Spaziergang entdecken wir viele Pflanzen in dieser unwirtlichen Gegend, die wir beim Fahren gar nicht bemerkt haben. Abends sitzen wir vor August und schauen in den Sternenhimmel. Der kräftige Wind trägt süßen Blütenduft zu uns, wohl ein Nachtschattengewächs. Endlich wieder Ruhe und Natur. Einfach schön. Das Draa-Tal ist wirklich beeindruckend. Palmengärten, soweit das Auge reicht, und viele Kasbahs (Festungsanlagen). Die größte Ansiedlung ist Zagora, das Tor zur Wüste. Es liegt am Rande der Sahara und dementsprechend touristisch ist es hier. Das beliebteste Fotomotiv ist ein Schild am Ortsausgang, auf dem „52 Tage nach Timbuktu" steht. Die Zeitangabe bezieht sich auf Kamelkarawanen oder Gehtage. In der Toudhra-Schlucht muss irgendetwas passiert sein, denn es wimmelt nur so vor Marokkanern. Vielleicht eine Hochzeit? Das Vorankommen mit August im engen Tal ist mühsam, denn die Menschen respektieren den Verkehr nicht und gehen keinen Zentimeter zur Seite. Ab und zu touchieren wir jemanden sanft. Tja, wer nicht hören will, muss fühlen. Am Ende der Asphaltstraße drehen wir um, nichts wie weg von hier. Doch das dauert natürlich, die Menschen sind nicht weniger geworden, ganz im Gegenteil. Am Talausgang erfahren wir, dass heute ein Feiertag ist: Das Fest des Propheten Mohammed. Das erklärt natürlich alles!

Auf der Weiterfahrt fällt uns ein äußerst merkwürdiges Fahrzeug am Straßenrand auf. Wir können nicht erkennen, was es wirklich ist. Langsam fahren wir daran vorbei, doch die Neugier lässt uns keine Ruhe. Es ist eines der wenigen Male, wo wir auf unserer Reise kehrt machen. Es stellt sich als Wohnmobil mit Anhänger heraus. Das Fahrzeug ist ein nagelneuer Unimog, der Anhänger hat ausfahrbare Erker. Sogar eine Türklingel gibt es. Wir benutzen sie und kurz darauf öffnet uns ein älterer Franzose die Türe. Er lädt uns sogleich ein, denn er feiert heute seinen 60. Geburtstag. Kurz darauf sitzen wir im Wohnzimmer auf einem gemütlichen Ledersofa, ein Glas französischen Weißwein in der einen und ein Käsebaguette in der anderen Hand. Als der Franzose uns Kaffee anbietet, schaltet er die Espresso-Maschine ein und gleichzeitig startet automatisch ein Stromaggregat. Wir lassen unseren Blick wandern. Alles ist toll verarbeitet, Vollholz und Teakholzfußböden. Das Gefährt verfügt über allen möglichen Luxus: Massagedusche, Waschmaschine, Geschirrspüler, Wäschetrockner, Espressomaschine, Flachbildschirm, Ledersitzgarnitur usw. Gebaut hat der Franzose alles selbst, der dieses Unikum, das sich Ulysse und Penelope nennt, auch verkaufen möchte. Wir sprechen hier von einer Summe von Euro 850.000. Nun ja, viel Glück. Was Ulysse und Penelope allerdings nicht machen können, ist, den Asphalt zu verlassen und dorthin zu fahren, wo wir herkommen. Das Gesamtgewicht beträgt nämlich 35 Tonnen!

Sechs Wochen sind wir nun schon in Marokko. Es gefällt uns hier und dennoch fehlt uns etwas. Es ist ein Urlaubsland, die Touristen sind überall. Vieles geht so einfach. Das Ausdrucken digitaler Fotos ist zum Beispiel eine Angelegenheit von fünf Minuten. In Mali haben wir viel Zeit vergebens damit verbracht …
Ein kleiner Vorgeschmack auf Europa, vielleicht gar nicht so schlecht für uns.
Es gibt Morgenfrost! Nichts wie weg. Schon nach wenigen Kilometern kommt die Sonne hervor und wärmt uns. Wir fahren durch eine schöne frühlingshafte Landschaft, seit langem wieder auch durch Wälder. Das Städtchen Ifrane überrascht uns mit seinen europäisch wirkenden Gebäuden. Es sieht fast aus wie ein typischer Wintersportort. Von nun an geht es bergab. Als wir in Fes, der ältesten Königsstadt Marokkos, ankommen, sind die Temperaturen bereits frühsommerlich. Fes ist das arabische Herz des Landes, Kultur- und Kunststadt ersten Ranges. Wir stellen August am Campingplatz ab und begeben uns sogleich in die Stadt. Nach einem langen Marsch erreichen wir endlich die Medina und sind fasziniert. In der verwinkelten Altstadt lassen wir uns von den Menschenmassen durch die engen Gassen schieben – vorbei an Moscheen, Palästen, Koranschulen und Badehäusern. Ein Muss sind wieder einmal die Souks – die Märkte –, die sich in einzelne Handwerke gliedern. Die wichtigsten sind der Lederverarbeiter, Schuhmacher, Kupferschmied, Töpfer, Weber und Färber. Wir schlendern an bunten Geschäften, Kunsthandwerksläden, Naschereien und Touristenramsch vorbei. Immer wieder muss man Eseln und Mulis Platz machen, die fast alle Waren in der Altstadt transportieren. Von einer Dachterrasse aus beobachten wir die Färber bei ihrer Arbeit. Sie stehen bis zu den Knien in offenen, gefliesten Becken, wo sie die Felle bearbeiten. Ohne Arbeits- oder Schutzkleidung. In allen erdenklichen Farben liegen die Felle dann in der Sonne zum Trocknen. Die Marokkaner sind überhaupt nicht aufdringlich, ganz im Gegenteil, sie verstehen ihr Geschäft und wissen, dass sie mit Witz und Charme einen besseren Umsatz machen. Zumindest bei uns geht ihre Taktik auf.

Unser Plan, ins Riffgebirge zu fahren und dort zu nächtigen, geht leider nicht auf. Die Straße nach Ketama ist zwar traumhaft, aber gesäumt von Haschischverkäufern, die auch nicht davor scheuen, uns nachzufahren und uns die Ware mehrmals anbieten. Wir machen uns einen Spaß aus den Verfolgungsjagden. Schade, man kann nicht einmal in Ruhe zum Pinkeln stehen bleiben. Es hilft alles nichts, wir müssen bis Chefchaouen fahren und kommen dort erst am Abend ziemlich erschöpft an. Unser letzter Stopp in Marokko. Wenn man so durch die Gassen mit den weiß-blau getünchten Häusern schlendert, glaubt man schon fast, in Spanien zu sein. Das macht uns auch bewusst, wie nahe wir schon an Europa sind. Irgendwie bin ich ein bisschen traurig, Marokko und somit Afrika zu verlassen. Noch vor einem halben Jahr habe ich mich mehr auf die Heimkehr gefreut. Jetzt habe ich etwas Angst vor Europa, dem geregelten Leben, dem Spießbürgertum, den vielen unwichtigen Dingen, der Unzufriedenheit, dem Jammern und dem Neid. Ich habe Angst, dass mir all das zu eng werden könnte. Ich möchte nicht mehr Teil einer engen Struktur sein, möchte nicht zeitlich an jemanden gebunden sein, außer an die Launen der Natur. Das möchte ich umsetzen. Und reisen, reisen, reisen. Glücklich und zufrieden sein, wie jetzt eben, immer Ideen, Pläne, Visionen und Blödheiten im Kopf haben und natürlich Peter an meiner Seite.
Am 26. März 2009 erreichen wir Ceuta, das Sprungbrett nach Europa. Die Ausreise aus Marokko ist einfach, unkompliziert und schnell. Die Spanier in Ceuta kontrollieren zwar unsere Pässe, nicht aber unser Fahrzeug. Wir können es gar nicht glauben. Problemlos hätten wir nicht nur Menschen, sondern auch alle möglichen Dinge schmuggeln können. Das ist also die Außengrenze der EU! Bei strahlendem Sonnenschein legt das Fährschiff ab. Wir drehen uns nochmals um, blicken auf den afrikanischen Kontinent und ein arabisches Sprichwort kommt uns in den Sinn: „Die Welt ist ein Pfau – und Marokko sein Schweif." Schon jetzt wissen wir, dass wir uns noch andere Teile des Vogels ansehen wollen.

Heimreise durch Europa

45 Minuten trennen Europa von Afrika. Wir brauchen mehr Zeit bis wir uns ohne Karte orientieren können. Das Straßen- und Schilderaufgebot verwirrt uns etwas. August fährt Richtung Malaga. Alles geht so schnell. Alles ist anders. Wir sind überfordert von der Informationsflut, von der permanenten Werbung entlang der Straße. Seit Marokko hat sich vieles verändert. Wir können im August wieder Licht aufdrehen und lesen so viel wir wollen, denn es gibt weder Moskitos noch andere lästige Insekten. Ich kann kochen, was ich will, denn erstens ist alles erhältlich und zweitens sind die Temperaturen moderat, ich brauche nicht befürchten, dass es zu heiß im August wird. Es gibt überall Trinkwasser, in Europa sogar kostenlos. Alle Straßen sind ausgeschildert, ich muss nicht dauernd fragen und eine Gegenleistung für die Auskunft erbringen. Ich muss nicht mehr um den Preis verhandeln. Ich kann wieder regelmäßig duschen. Aber nicht alles empfinden wir positiv. Wir merken sofort, dass die Leute keine Zeit mehr haben, der Blick auf die Uhr ist obligatorisch. Die meisten Verkäufer machen ein langes Gesicht, die Lkw überholen uns in einem Tempo, dass man meinen möchte, August steht dagegen. Die Preise sind exorbitant hoch, allein die Fähre kostete Euro 213. Wir gehen durch Dörfer und Städte, die fast menschenleer sind, hier läuft das Leben anders. Wie wird wohl unser Leben verlaufen?

Unsere Familien und unsere Freunde sind schon gespannt, wann wir zu Hause eintreffen werden. Doch wir können und wollen ihnen darauf keine Antwort geben. Seit einer Woche sind wir in Europa. Unsere Skiausrüstung ist in Malaga angekommen und wir probieren sie sofort in der Sierra Nevada aus. Da uns die Liftkarte zu teuer ist und wir ohnehin trainieren wollen, greifen wir gleich zu den Tourenskiern. Nach einer Stunde Aufstieg ist gleich mal Schluss am ersten Tag, wir wollen es nicht übertreiben. Wir steigern uns in den nächsten Tagen und haben wunderschöne Pulverschneeabfahrten. Was wir aber noch haben, sind schlaflose Nächte. Wir versuchen, den Grund dafür zu finden. Unsere Blicke bleiben an den zahlreichen Sendemasten, die rund um uns stehen, hängen. Der Elektrosmog raubt uns also den Schlaf! Unglaublich, wie sensibel wir geworden sind.
Gitti und Lukas, die zwei Schweizer, die wir in Ghana kennengelernt haben, wollen wir unbedingt besuchen. Sie wohnen in Südspanien, in der Nähe von Aguilas. Die Verpflegung ist hervorragend, die Gespräche noch besser. Peter geht seiner Lieblingsbeschäftigung nach: Federn tauschen! Marokko hat uns wieder eine abverlangt. Wir passen uns den spanischen Gepflogenheiten an und waschen an einem Sonntag unser Fahrzeug. Das war vielleicht ein Fehler, denn nun sieht man erst, wie rostig August überall ist. Ein bisschen Farbe haben wir noch, um die Stellen wieder zu übermalen.
Über das frühlingshafte Barcelona, Montepellier und das Rhonetal gelangen wir in die noch winterlichen Alpenräume. In Europa haben wir wieder überall Internetzugang. Viele Nachrichten sind in unserem Posteingang und in jeder lesen wir die gleiche Frage: „Wann kommt ihr endlich nach Hause?"

Wir verfassen daher eine letzte E-Mail:

Ein herzliches Grüß Gott aus dem Montafon!   *22. April 2009*

Das Wetter rund um den Mont Blanc machte ein Skifahren leider unmöglich, auch in Grindelwald war es nicht besonders. Dennoch gingen wir eine kleine Skitour mit James, den wir in Mali kennengelernt hatten. Genächtigt haben wir mitten in Grindelwald im August, obwohl uns ein nettes Chalet angeboten wurde. Den Champagner und die Garnelen nahmen wir aber doch bei Christine und James ein ... Was kostet die Welt?
Mach' Urlaub in Österreich, Urlaub bei Freunden. Welch eine schlaue Aussage! Nachdem wir zwei Tage bei Birgit in Lustenau verbracht haben, sind wir weiter zu Christiane und Kuno nach Schruns gefahren. Heute waren wir das erste Mal Alpin Skifahren, echt geil. Zumindest bis Mittag, denn danach wird der Schnee zu sulzig. Falls es das Wetter morgen zulässt, gehen wir mit Kuno noch eine Skitour bevor wir auf den Arlberg weiter fahren.
Und so kommen wir Stück für Stück näher ... Mal sehen, wer als nächster dran ist!

Bini und Peter

Je näher wir an unsere Heimat heran kommen, desto langsamer werden wir. Die Ankunft zögern wir hinaus. Am 4. Mai ist es dann soweit, wir sind zu Hause. Ich bin nervös. Unsere Angst, dass wir keine freie Minute haben werden und Freunde und Bekannte uns belagern werden, war unbegründet. Leer stehende Wohnungen und Häuser werden uns von Freunden angeboten, damit wir endlich wieder gut und ordentlich leben können. Wir lehnen all diese lieb gemeinten Angebote ab, wir fühlen uns wohl in unserem Fahrzeug. August der Reisewagen ist unser Zuhause. Und er hat einen großen Vorteil, er ist mobil.

Epilog

In Österreich halten wir viele Vorträge über unsere Reise. Wir haben eine zweiteilige Multivisionsshow erstellt, mit der wir im deutschsprachigen Raum touren. Wir erleben Afrika immer wieder, bei jedem Vortragsabend. Obwohl wir die Bilder kennen, entdecken wir immer wieder etwas Neues, können uns nicht satt sehen an Afrika. Bei der Musik können wir nicht still sitzen, auch nachdem wir sie viele hundert Male gehört haben.

Unsere Show war nicht geplant, sie hat sich ergeben. Aber auch die 2 ½ Jahre in Afrika waren nicht geplant. Das Unvorhergesehene ist oft das Beste!

Anhang

August der Reisewagen – Daten

Mercedes 1113 LAKO , Modell A, Bj. 1966, OM 352 Motor ohne Turbo, 130 PS, 5600 ccm, Radstand 3,60 m.

Keine Servolenkung, keine Differentialsperre.

Felgen und Reifen in der Dimension 13 R 22,5, schlauchlos.

Reifen: Matador Hector Profil DR 1. Singlebereifung.

4,5 t Seilwinde, 85 m Seil, mechanisch angetrieben vom Nebenabtrieb am Getriebe.

Freilaufnaben der Firma AVM an der Vorderachse.

Gebrauchter Kühlkoffer in selbsttragender Bauweise.

Außenmaße des fertigen Containers: l = 4,2 m; b = 2,3 m; h = 2,2 m.

Dachisolierung 10 cm, Fußbodenisolierung 12 cm und Seitenwandisolierung 4,5 cm.

Zwei doppeltverglaste Dachluken, zwei Thermoglas-Seitenfenster und eine selbstgefertigte Türe.

Heizung Gas Trumatic E 2400, extrem zuverlässig! Gasverbrauch 12 kg pro Woche bei -15 Grad Celsius.

Gasboiler Truma 10 Liter mit Gas, 220Volt. Heizstab hat die Vibrationen in Afrika nicht ausgehalten.

Weiters wurde der Boiler an den Anschlüssen und Schweißstellen mehrmals undicht.

Zwei Solarpanele mit je 75 Watt und zwei Solarpanele mit je 225 Watt am Dach verstellbar montiert.

Gelbatterien mit 455 Amperestunden unter dem Bett.

Starterbatterie 180 Amperestunden.

Windrad Southwest Superwind Marine, 12 Volt bis 30 Ampere Ladestrom und 400 Watt.

Motorvorwärmung Eberspächer 12 Volt Dieselwarmwasserheizung.

Geld

„Geld ist nicht wichtig" und „Geld ist nur Papier". Das ist wohl nur eine Seite der Medaille.

„Wie könnt ihr euch das leisten?", „Ist das nicht wahnsinnig teuer?", „Wie finanziert man solch ein Vorhaben?" und „Wie viel hat die Reise gekostet?", das sind die häufigsten Fragen an uns.

Geld spielt eine Rolle, aber man kann eben nur so viel ausgeben wie man besitzt. Wir hatten keine Ahnung, wie viel wir brauchen würden. Nach dem ersten Reisejahr haben wir die Kosten einmal zusammengerechnet: Euro 13.000 alles inklusive. Da waren wir positiv überrascht. Über den Daumen gerechnet also gute Euro 1.000 pro Monat für zwei Personen. Sicher, es würde noch billiger kommen, wenn man auf mehr verzichten würde. Doch das muss jeder selbst für sich herausfinden. Wir haben gut gelebt und uns einiges gegönnt. Man kann aber auch sehr einfach das Zwei- oder Dreifache ausgeben. Nach oben sind keine Grenzen gesetzt. Ein Drittel unserer Gesamtausgaben waren Dieselkosten.

Eine große Erkenntnis haben wir während der Reise gewonnen: Geld und Zeit hängen unmittelbar voneinander ab. Je langsamer man unterwegs ist, desto weniger Geld braucht man. Und wir haben gelernt, bescheidener zu leben, ohne, dass uns etwas fehlt, das wichtig für uns ist.

Unbedingt dabei haben sollte man Bargeld, vorzugsweise US-Dollar in verschiedenen Noten. Die Scheine sollten makellos sein, also weder einen Knick haben noch geklebt sein. In manchen Ländern ist es nämlich unmöglich, Geld mittels Kredit- oder Bankomatkarte zu beheben. Die Nationalpark- und Visagebühren sind oft ausschließlich in Dollar zu bezahlen.

Ein paar afrikanische Anekdoten zum Thema Geld:

An der Küste Tansanias müssen wir wieder um alles feilschen und natürlich sind wir schon ein paar Mal übers Ohr gehauen worden. Aber für den weißen Mann ist es ja einfach: Ist die Börse leer, geht er einfach zur nächsten Bank und schon ist alles in Butter. Viele Menschen hier glauben tatsächlich, dass man, sobald man ein Konto hat, auch unbegrenzt Geld hat. Wo das wohl her kommt, daran denken sie nicht.

Nachdem mich ein Mann länger angebettelt hat, frage ich ihn, wo er denn glaubt, dass mein Geld herkomme. „Aus dem Bankomat", ist die prompte Antwort. Diskussion beendet, ich biege mich vor Lachen.

Visa

Wenn man länger reist, ist es unmöglich, sich alle Visa im Vorhinein zu besorgen, da manche bis zur Einreise schon wieder abgelaufen sind. Was also tun? Ganz einfach: Man findet heraus, ob es in der Stadt XY eine Botschaft oder ein Konsulat für das nächste oder übernächste Reiseland gibt und holt sich die Sichtvermerke von dort. Für manche Länder bekommt man das Visum nur im Heimatland. Wenn man aber hartnäckig genug und freundlich ist, kann man trotzdem Erfolg haben. Sofern das Glück einem hold ist. Wir haben uns immer adrett und sauber gekleidet und gut vorbereitet. Denn hier gilt ganz besonders: Der erste Eindruck zählt!

Zolldokument

Carnet de passage en douane, so heißt das Dokument, das wir für August im Ausland (außerhalb der EU) brauchen. Man bekommt es bei einem Automobilklub, bei dem man entweder Bargeld oder eine Bankgarantie hinterlegen muss. Es bürgt dafür, dass man sein Gefährt in das jeweilige Land ein- und wieder ausführt ohne es zu verkaufen. Die Höhe des hinterlegten Betrages richtet sich bei manchen Automobilklubs nach dem Fahrzeugwert. Nicht in Österreich, denn hier wurde August auf Euro 40.000 geschätzt! Das Geld bekommt man selbstverständlich wieder zurück, sobald das Fahrzeug wieder in der EU ist und vom Zoll bestätigt wird, dass es sich auch tatsächlich um das angegebene Fahrzeug handelt (Fahrgestell- und Motornummer werden überprüft). Das Zolldokument ist bei jedem Grenzübertritt vorzuweisen und vom Zöllner auszufüllen. Gültig ist es ein Jahr ab Ausstellungsdatum, danach kann man es maximal drei Monate verlängern lassen oder sich ein neues Dokument besorgen.

Wasser

Ein großes und wichtiges Thema. Bis auf wenige Ausnahmen haben wir nie Trinkwasser gekauft. Erstens aus umwelttechnischen Gründen (man stelle sich nur den Haufen Plastikflaschen, der sich in 2 ½ Jahren ansammelt, vor!) und zweitens aus finanziellen Gründen (in vielen afrikanischen Ländern kostet eine 1,5-Liter-Flasche rund einen Euro). In jedem Dorf gibt es eine Wasserstelle. Das kann ein Handschöpfbrunnen oder auch ein mit einem Fußpedal betriebener Brunnen sein. Wenn er nicht stark vermüllt war, haben wir den Dorfvorsteher um Erlaubnis gefragt und anschließend Wasser getankt. Das dauerte oft lange. Aber Zeit hatten wir. Im August befinden sich zwei 130-Liter-Tanks. Bevor das Wasser allerdings dorthin gelangt, läuft es durch einen Filter, der die gröbsten Verunreinigungen nimmt. Der zweite Reinigungsschritt des Wassers erfolgt mittels Silberionen oder Chlor. Zuletzt wird das Wasser noch durch einen Aktiv-Kohle-Filter geleitet, der sich direkt am Wasserhahn im August befindet. Dieser entfernt die letzten Verunreinigungen und nimmt gegebenenfalls den Chlorgeschmack.
Das Brauchwasser kommt aus demselben Tank, geht aber nicht durch den Kohlefilter. Zusätzlich gibt es einen Außentank am Dach. Das Wasser hierfür wird nicht behandelt, da es nur für Waschzwecke gedacht

ist. Wenn wir sparsam mit unseren Reserven umgehen, so reichen sie für etwa zwei Wochen. Versorgungsengpass gab es nur einmal in Angola, wo wir aus einem Fluss tanken mussten. Die Folgen spürten wir schon während der kommenden Nacht …

Essen/Rezepte

Was isst man bloß in Afrika? Bekommt man überall Lebensmittel? Musstet ihr nie hungern?

Für die meisten Österreicher nimmt Essen einen sehr hohen Stellenwert ein. Für uns beide auch. Sofern gerade keine Naturkatastrophe herrscht, bekommt man überall etwas zu essen. Vorausgesetzt man hat Geld. Was auch in den kargsten Landstrichen erhältlich war, waren Zwiebel, Knoblauch, Tomaten und getrocknete Hülsenfrüchte. Oft besteht eine Mahlzeit aus einem Brei aus Mais, Hirse oder Kochbananen mit scharfer Soße. Bei besonderen Anlässen findet man auch Fleischstücke darin. Je nach Saison gibt es leckere, frische Früchte- und Gemüsesorten. Da muss man gleich zuschlagen und ein bisschen hamstern. An der Küste gibt es Fisch und Meeresfrüchte, in Ostafrika auch indische Gerichte, in Südafrika und Namibia ohnehin alles, was in Europa auch erhältlich ist und noch mehr. Leider wird in manchen zentralafrikanischen Ländern immer noch Buschfleisch verkauft, also alles, was in der freien Wildbahn vorkommt und manchmal auch schon vom Aussterben bedroht ist.

Bis auf Buschfleisch und Mopanewürmer (sind eigentlich Raupen), haben wir so ziemlich alles probiert.

Doch zu 90 Prozent haben wir selbst gekocht, weil wir es gerne tun, weil wir dann die Zutaten kennen und weil wir oft dort genächtigt haben, wo kein Dorf weit und breit ist. Das Essen in Afrika ist genauso vielfältig wie der Kontinent selbst. Ein paar erprobte Rezepte wollen wir euch nicht vorenthalten.

Marokkanisches Hühnchen mit Couscous (für 6 Personen)

75 g Rosinen	1 Apfel, entkernt und geschnitten
½ Glas Sherry	6 Hühnerfilets
3 EL Butter	20 g Mandeln, gehackt
50 g Zwiebel, fein geschnitten	Mandeln gerieben
3 EL Mehl	Salz, Pfeffer, Chili
2 EL Curry	ev. Crème fraîche
500 ml Milch	

Rosinen und Sherry mischen, rasten lassen. Zwiebel in Butter dünsten, Mehl und Curry einstreuen, 2 Minuten unter Rühren köcheln lassen. Mit Milch aufgießen und zum Kochen bringen. Rosinen, Sherry, Apfel, geriebene Mandeln, Salz, Pfeffer, Chili und Crème fraîche beimengen, umrühren und abschmecken. Hühnerfilets in gefettete Auflaufform legen, Sauce darüber gießen, mit gehackten Mandeln bestreuen. Mit Alufolie bedecken und ca. 30 Minuten im Rohr backen.
Schmeckt hervorragend mit Kokosnussreis oder Couscous und grünen Bohnen oder Erbsen.

Gedünstete Kürbisblätter

1/2 kg Kürbisblätter (ersatzweise Spinat oder Brennnesseln)
1 Zwiebel, fein geschnitten
3 Zehen Knoblauch, fein geschnitten
Ingwer (3 cm großes Stück), fein geschnitten
Pflanzenöl
Sojasauce
Salz, Pfeffer, Chili

Kürbisblätter waschen, abtropfen lassen und schneiden. In einer großen Pfanne Öl erhitzen, Zwiebel, Knoblauch und Ingwer anbraten. Blätter hinzugeben und weich dünsten. Mit Sojasauce und Gewürzen verfeinern und mit gekochten Erdäpfel oder Reis servieren.

Fisch Satay (für 4 Personen)

1 Zwiebel	500 ml Wasser
4 Knoblauchzehen	4 EL Erdnussbutter
1 Suppenwürfel (Fisch oder Gemüse)	4 EL Zitronen- oder Limettensaft
4 EL Öl	4 EL Zucker
4 Fischfilets (festes, weißes Fleisch)	Salz, Pfeffer, Chili, Gelbwurz, Sojasauce

Öl in einer Pfanne erhitzen, fein geschnittenen Zwiebel und Knoblauch anrösten. Suppenwürfel, Chilipulver, Salz, Pfeffer und Gelbwurz beimengen. Mit Wasser aufgießen und zum Kochen bringen. Erdnussbutter, Zitronensaft, Sojasauce und Zucker einrühren und 3 Minuten köcheln lassen bis die Sauce sich verdickt. In einer zweiten Pfanne inzwischen Öl erhitzen und den gewürfelten Fisch unter ständigem Rühren anbraten. Danach in die Sauce geben und weitere 5 Minuten kochen. Am besten mit Reis servieren.

Gegrillte Ananasspalten mit Ingwer-Rum-Glasur (für 4 bis 6 Personen)

1 Ananas   4 EL Butter, geschmolzen
2 EL brauner Rohrzucker 2 EL dunkler Rum
1 TL gemahlener Ingwer

Ananas der Länge nach in vier bis sechs Spalten schneiden. Den harten Mittelteil entfernen. Das Fruchtfleisch von der Schale und in Stücke schneiden, aber auf der Schale liegen lassen und mit einem Zahnstocher/ Bambusspieß darauf fixieren. Zucker, Ingwer, Butter und Rum vermischen und auf die Ananasspalten streichen. Fünf Minuten auf heißen Griller legen und danach die übrige Marinade darüber leeren.

Bananen-Schoko-Kuchen

4 Eier   Salz
220 g Zucker   1 Pkg. Vanillezucker
120 g Butter oder Öl   ½ Pkg. Backpulver
250 g Mehl   2 reife Bananen, mit Gabel zerdrückt
125 ml Milch   Schokoflocken oder geriebene Schokolade
2 TL mixed spice (Zimt, Koriander, Kardamom, Gewürznelken, Ingwer, Muskatnuss)

Eier, Zucker, Vanillezucker und Butter schaumig rühren. Alle anderen Zutaten unterrühren. Den Teig in gefettete Kuchenform geben und bei 180°C ca. 50 Minuten backen.

Bananen-Papaya-Lassi (für 5 Personen)

500 ml Jogurt   10 g frischer Ingwer
250 ml Milch   3 EL Staubzucker
200 g Banane, geschält und geschnitten 500 g Papaya, geschält und geschnitten

Ingwer schälen und klein schneiden oder reiben. Alle Zutaten vermengen und mixen. Ein paar Stunden kühlen, mit Eiswürfel und einem Schuss Rum servieren.

Literaturempfehlungen
Die folgende Auflistung ist nicht vollständig und nur unsere persönliche Empfehlung.

Reiseführer:
Bradt – englischsprachig, optimal für Individualreisende mit Fahrzeug
Lonely Planet
Hupe – spezialisiert auf Afrika
Reise Know How

Sachbücher, Reisegeschichten und Romane:
Joy Adams, Born Free, 2000.
Felice Benuzzi, Gefangen vom Mount Kenia, 2002
Waris Dirie, Wüstenblume, 2002
Kuki Gallmann, Ich träumte von Afrika, 2003
Jane Goodall, Grund zur Hoffnung, 2001
Bartholomäus Grill, Ach Afrika, 2003
Daoud Hari, The Translator – A tribesman's memoir of Dafur, 2008
Ayaan Hirsi Ali, Infidel, 2006
Ryszard Kapuscinski, Afrikanisches Fieber, 1999
Alexander Maitland, Wilfred Thesiger, 2011
Henning Mankell, Das Auge des Leoparden, 2004
Henno Martin, Wenn es Krieg gibt, gehen wir in die Wüste, 1996
Cynthia Moss/ Martyn Colbeck, Das Jahr der Elefanten, 1996
National Geographic, Africa Adventure Atlas, 2007
John Reader, Africa – A biography of the continent, 1999
Antoine de Saint-Exupery, Wind, Sand and Stars, 2002
Peter Scholl-Latour, Afrikanische Totenklage, 2001
Jeffrey Tayler, Facing the Congo, 2000
Wilfred Thesiger, My Kenia Days, 1995
Wilfred Thesiger, The Life Of My Choice, 1987

Vorträge
Termine, Kontakt und Infos sind auf unserer Website **www.augustderreisewagen.com** zu finden.